지중해
시돈
다메섹
다메섹
(다마스쿠스)
아람
헤르몬산
두로
단
갈릴리
갈릴리 바다
바산(고원지대)
아르곱
그술
나사렛
므깃도
길르앗라못
길르앗
사마리아
사마리아
세겜
브니엘
요단강
실로
벧엘
미스바
기브온
길갈
여리고
예루살렘
베들레헴
헤스본
랍바(암몬)
암몬
아스글론
가사
염해
(사해)
헤브론
그랄
브엘세바
모압
미스바
(길하레셋)
아말렉
네게브
브엘라해로이
에돔
아라바
바란광야
가데스바네아
성경2.0 지도 기호
산
도시(불확실한 위치)
도시
주요도시
바다, 강, 호수 : 파란색 글씨
고대 근동 국가, 지역 : 보라색 글씨
평야, 산지 골짜기 : 녹색 글씨

성경2.0 지도 기호
▲ 산
○ 도시(불확실한 위치)
● 도시
● 주요도시, 지명
✝ 교회(요한계시록 7교회)
— 바다, 강, 호수 : 파란색
— 고대 근동 국가, 지역 : 보라색
— 고원, 산맥, 광야 : 녹색
— 현대 지명 : 빨간색
흑 해
지 중 해
에게해
아 드 리 아 해
티레니아해
홍 해
로마
아리키아
트레아스 타베르네
암비오광장
보디올
네압볼리(나폴리)
폼페이
이달리아
시실리아
레기온
수라구사
마게도니아
<마케도니아>
트리키아
빌립보
네압볼리
데살로니가
암비볼리
아볼로니아
베뢰아
일루리곤
그리스
고린도
겐그레아
아덴(아테네)
아가야
델피
스파르타
그레데
고르티나
미랑
살모네
뵈닉스
가우다섬
무시아
드로아
앗소
아드라미티움
버가모
두아디라
서머나
사데
빌라델비아
에베소
히에라볼리
라오디게아
골로새
밀레도
사모
기오
고스
나도
로도
파다라
무라
아시아
브루기아
루가오니아
비시디아
이고니온
루스드라
더베
안디옥
버가
앗달리아
시데
비두니아
헤라클레아
시노페
이스탄불
(비잔티움)
갈라디아
앙카라
고르디온
<터키>
아나톨리아고원
갑바도기아
가니쉬
아투사
도갈마
다소
길리기아
타우루스산맥
구브로
<키프로스>
살라미
바보
실루기아
안디옥
알레포
에블라
아르밧
갈그미스
하란(밧단아람)
고산히블
앗시리아
미탄니
콤마게네
수바르투
메
코르사바드
갈라(할라)
니느웨
(모술)
앗수르
메소포타미아
유 프 라 테 스 강
마리
아낫
티그리스강
아카드
바그다드
아가데(아카드)
구다
바벨론
바빌로니아
시 날 평 지
수메르
니푸르
움마
라가시
라르사
에렉
우르
에리두
갈대아
엘 람
수사
<쿠웨이트>
쿠웨이트
<이란>
<이라크>
아 라 랏 산 맥
에레반
아라랏산
<아르메니아>
<아제르바이잔>
<조지아>
자그로스산맥
대소금 사막
데이르
스발와임
누지(키르쿠크)
<시리아>
아람
아모리
다드몰
하맛
소바
에마르
우가릿
아르왓
그발
리블라(립나)
시브론
하살에난
비블로스(그발)
베이루트
시돈
두로
다메섹
다마스쿠스
헤르몬산
단
악고
므깃도
가이사랴
세겜
벧엘
길르앗
라밧(암만)
암몬
예루살렘
욥바
가사
헤브론
브엘세바
블레셋
모압
에돔
(세일)
<요르단>
<이스라엘>
가데스바네아
시내 반도
시내산
미디안
엘랏(에시온게벨)
알렉산드리아
라암셋
(원세스)
다바네스
고센
숙곳
온(카이로)
놉(멤피스)
애굽
<이집트>
하부이집트
상부이집트
헤라클레오폴리스
하네스
누 비 아
나 일 강
구레네
베레니게
<리비아>
시로-아라비아
<사우디아라비아>

성경통독을 위한 최고의 자습서

성경 The Bible 2.0

6 예언서들 | 아모스, 호세아, 요엘, 이사야, 미가, 하박국, 스바냐, 예레미야, 예레미야애가, 요나, 나훔, 오바댜, 에스겔, 다니엘

성경2.0 성경 통독을 위한 고품격 성경만화

글 김동순 | **그림** 배광선 | **감수** 문학진

초판 1쇄 발행 2014년 11월 10일
초판 17쇄 발행 2025년 1월 20일

발행처 (주)CMcreative
발행인 이길우
책임 편집 오경희
CG 장유미, 신선영
그림 스탭 이상일, 강지선
표지 디자인 송우진
본문 편집 디자인 SONBOM 민하늬, 김원경, 강현아
마케팅 김돈영
제작 지원 정선숙
인쇄 미래피앤피 최영민

등록번호 제387-2012-000039호
등록일자 2012.6.12

주소 경기도 고양시 덕양구 청초로66 덕은리버워크 A동 819호
전화 032-325-2181(편집부), 032-325-9600(영업부) | **팩스** 032-325-3181

ISBN 978-89-97923-09-0
ISBN 978-89-97923-01-4(세트)

책값은 표지에 있습니다.
잘못된 책은 구입하신 곳에서 교환해 드립니다.

성경통독을 위한 최고의 자습서

성경 The Bible 2.0

6 예언서들 | 아모스, 호세아, 요엘, 이사야, 미가, 하박국, 스바냐, 예레미야, 예레미야애가, 요나, 나훔, 오바댜, 에스겔, 다니엘

김동순 글 | 배광선 그림 | 문학진 감수

CM creative

오랜 세월을 빛어 내놓은 《성경2.0》

2004년에 하나님을 믿게 된 후, 당시 다니던 온누리교회의 구내 서점에서 제 수준에 맞는 책을 찾아보았습니다. 이제 막 하나님을 알아 가기 시작한 제 눈에 들어온 것은 성경 만화책들이었는데, 대부분이 어린이를 대상으로 한 것이었습니다. 내용 또한 성경 전체를 다룬 것은 찾아보기 힘들고, 흥미를 끄는 성경 속 사건 위주의 책들이 많았습니다. 주중의 가족 단위 성경공부 모임에서도 성경의 한 부분씩 따로따로 다루는 형식이어서 성경 전체를 알고 싶은 열망이 있었던 제게는 아쉬움만 남겨주었습니다.

대략적이라도 성경 전체를 알고 싶었습니다. 그래서 성경을 일독하기로 마음먹었습니다. '표준새번역' 성경은 엄두가 나지 않아 '쉬운성경'을 읽기 시작했습니다. 틈틈이 읽다 보니 1년 정도 걸리더군요. 그런데 머리 속에 남는 것이 거의 없었습니다. '쉬운' 성경이라지만 읽는 도중에 무슨 뜻인지 이해되지 않아서 계속 같은 자리만 읽었던 경우도 자주 있었습니다. "40이 넘은 나이에도 하나님 말씀 이해하기가 이렇게 어렵다니 원……."

그 전부터 만화책을 전문적으로 만들고 있었던 저는 그때부터 제대로 된 성경 만화를 만들어 보자는 생각을 자연스레 가지게 되었고, 차츰 구상에 들어갔습니다. 2007년에 김동순 작가를 만나면서 제 구상은 구체화되기 시작했고, 2008년부터 본격적으로 제작에 들어갔습니다.

"성경의 의미를 훼손하지 않는 범위 안에서 '최대한 쉽게' '성경의 모든 것'을 담자!"

열정 하나만 가지고 의욕적으로 시작했지만 일은 예상했던 것보다 훨씬 방대했습니다. 몇몇 사람이 단 시간에 할 수 있는 일이 아니었습니다. 일의 진도는 느렸고, 어디서부터 손을 대야 할지 난감할 정도로 많은 문제를 안고 있었습니다. 출간 일정이 여러 번 미뤄지고 수정과 재작업이 반복되었습니다. 모든 시나리오가 몇 번에 걸쳐 수정되고 다시 쓰였는지 모릅니다. 1권 창세기 편은 아예 그림을 다시 그리기까지 했습니다.

이 일을 계속 진행해야 하나 회의가 드는 위기도 있었습니다. 그런 우여곡절 끝에 7년의 인고의 세월을 안고 이 책을 세상에 내놓게 되었습니다. 그러나 기대보다 많은 걱정이 앞섭니다. 미흡한 부분이 많을 거라 생각합니다. 애정 어린 질책을 당부드릴 뿐입니다.

이 책이 나오기까지 애써주신 문학진 목사님 이하 모든 스태프 분들께 감사드립니다. 특히 긴 시간 동안 시나리오를 맡아 애써준 김동순 작가, 어려운 여건 속에서도 정말 훌륭한 그림을 그려준 배광선 작가께 진심을 담아 감사함을 전합니다.

마지막으로 이 책이 나오기까지 늘 지켜봐주시고 용기를 주신 하나님께 이 모든 영광을 드립니다.

이길우

쉽게 정상을 차지할 수 없는 '성경'이라는 산을 오르며

《성경2.0》은 재미있는 에피소드 위주로 된 기존의 성경 만화와는 많이 다릅니다. 난해한 <레위기><욥기>는 물론 예언서들까지 성경의 모든 책을 다루고 있으며, 성경과 똑같이 '장'으로 구분해서 독자들이 읽어 내려가며 성경과 직접 비교할 수 있도록 되어 있습니다. '성경2.0'이라는 제목이 무색하지 않을 만큼 성경과 유사합니다.

저는 제가 이 일을 하기에 충분히 준비되었다고 생각했습니다. 나름 목회자의 아들이고, 오랜 시간 동안 교회에 헌신하며 신앙생활을 한 기독교인 중의 기독교인으로 살았다고 자부했기 때문입니다. 게다가 수많은 자료들과 든든한 인터넷이라는 정보의 바다가 있으니 두려울 것이 없었습니다. 하지만 좌절감을 느끼기엔 그리 많은 시간이 걸리지 않았습니다.

성경을 읽는 것은 험난한 산을 등반하는 것과 같습니다. 많은 사람들이 의욕적으로 도전하지만 쉽게 정상을 차지할 수 없는 산입니다. 처음 <창세기>를 접하면 이제 막 산을 오르는 기분도 들고 초입이라 기대감도 있습니다. 무엇보다 에피소드 위주라 읽기가 편합니다. <출애굽기>는 모세가 바다를 가르는 장면에서 스릴감과 스펙터클도 느낄 수 있지요. 하지만 <출애굽기> 다음에 나오는 <레위기>에서 모두들 절망이 무엇인지 경험하게 됩니다. <레위기>는 마치 거대한 절벽을 마주했을 때처럼 우리를 막막하게 합니다. 여기서부터 시작된 정신 붕괴는 그동안 쌓인 수많은 낯선 지명과 인물들, 여러 민족의 역사와 문화에 대한 이해 부족과 어우러져 극대화되어 결국 성경 읽기를 포기하게 합니다. 저 또한 얼마나 숱하게 이 등정을 포기했는지 모릅니다.

그리고 이번에도 기세등등하게 《성경2.0》의 등정을 시작했지만 성경이란 산은 너무 높고 가팔랐으며 매서웠고 저는 아직도 충분히 준비돼 있지 않았습니다. 그동안 꽤 많이 알고 있다고 생각했던 성경 지식은 금방 바닥났고, 이해의 부족과 표현의 한계로 몇 번이나 쉬다 미끄러지고 굴러 떨어졌습니다. 그리고 저는 깨달았습니다. 이건 내가 할 수 없는 일이구나. 무지무능해서 용감했을 뿐이었구나.

제가 할 수 있는 건 하나님을 붙드는 일뿐이었습니다. 그것밖에 할 수가 없었습니다. 그렇게 7년 동안 하나님께 매달린 결과 드디어 《성경2.0》이 나오게 되었습니다. 무어라 표현할 수 없을 정도로 감개무량합니다. 그저 감사할 뿐입니다.

지면을 빌어 다시 한 번 감사드리고 싶은 분들이 계십니다. 사랑하는 부모님, 최고의 동역자인 이길우 대표님, 수준 높은 작화를 보여주신 배광선 작가님, 감수의 수고를 마다하지 않으신 문학진 목사님과 그 외 많은 분들께 감사드립니다. 그리고 무엇보다 부족한 저를 붙들고 이 일을 할 수 있도록 동행해 주신 하나님, 감사합니다! 사랑합니다!

김동순

열정과 인내로 빈 항아리를 채워 가며 만든 《성경2.0》

인연이란 우연히 찾아오는 것 같습니다. 성경을 제대로 된 만화로 출간해 보자는 제안에 막막했던 4년 전이 생각납니다.

"성경?"

믿음, 소망, 사랑, 빛과 소금 같은 어디선가 많이 봐온 성경 구절들, 또 구약성경의 여러 가지 재미있는 에피소드들이 제가 알고 있는 성경 지식의 전부였습니다. 물론 서양 역사에 절대적인 영향력을 행사해 온 기독교의 경전이니만큼 서구 문화를 이해하는 많은 키워드를 품고 있을 거라는 기대감은 품고 있었습니다. 작가로서 방대한 역사와 에피소드가 담긴 세계 최고의 베스트셀러를 한 번쯤 봐두면 도움이 되겠다는 생각은 있었지만 작업을 시도할 엄두는 내지 못했습니다.

그러나 뜻밖의 기회가 찾아왔고, 저는 '그래, 이참에 제대로 성경 공부 한번 해보자!'라는 아주 단순한 마음으로 이 작업을 시작하게 되었습니다.

세상 모든 일이 그렇듯 막상 작업을 시작하고 보니, 아는 것보다 알아야 할 것들만 가득한 제 무지의 항아리를 들여다보게 되더군요. 빈약한 성경 지식을 다급히 채워 보려 했지만 짧은 시간 안에 성경을 제대로 이해하고 그림으로 그려낸다는 것은 무리임을 곧 깨닫게 되었지요. 그래서 무지에서 시작된 1권의 그림을 전부 폐기하고 다시 작업하는 힘든 결단의 시간도 필요했습니다.

결국 《성경2.0》의 한 컷 한 컷을 그려가는 과정이 제게는 곧 성경을 이해하고 알아가는 과정이 되었습니다. 제대로 된 고증을 위해 자료를 찾고 또 찾았습니다. 옷차림, 천막, 저울, 물 항아리 하나까지 자료를 찾아서 그 시대를 제대로 담고자 노력했으며, 등장인물들의 마음과 그 의미를 생생하게 전달하고자 수없이 지우개질을 거듭했습니다.

《성경2.0》을 작업하는 과정은 열정과 인내심을 필요로 하는 힘겨운 시간이기도 했지만, 성경에 대해 조금씩 빈 항아리를 채워가는 나의 모습과 이 '인연'이 제 인생에 하나의 전환점이 되리라는 기대로 너무나 행복한 시간이었습니다.

성경이 "가장 널리 알려진, 그러나 가장 덜 읽혀진 책"이란 말을 들어본 적이 있습니다. 기독교 신자가 아닌 사람도 성경책을 모르는 사람은 없을 테고, 어느 집에나 한 권쯤은 있기 마련이니 '가장 널리 알려진' 책임은 분명한 듯합니다. 또 제 주변에서 '성경은 어렵더라' '성경 어디까지는 읽어봤는데……' 라는 말들이 들리는 걸로 봐서 '가장 덜 읽혀진 책'이란 말 또한 맞는 모양입니다. 저 역시 이 작업을 하기 전까지는 어린 시절 누나(지금은 목사가 되셨지요.)의 책장 한 곳을 차지했던 성경의 <창세기>만을 읽어 본 것이 전부였으니 말입니다.

성경이 '제대로 읽혀진 책'이 되는 데 《성경2.0》이 큰 도움이 되리라 확신합니다. 그동안 많은 조언을 주고 함께 고생하신 이길우 대표님과 김동순 작가님, 감사합니다. 특히 긴 시간 고행 같은 작업을 함께해주신 이상일, 강지선 작가님, 서관석 선생님께 감사의 인사를 전합니다.

배광선

성경을 '만화'로 접근하고, 이해하고, 기억하기

근대 교육의 창시자로 알려진 J. A. 코메니우스는 그의 저서《세계도회(世界圖繪)》(Oribis Sensualium Pictus)에서 새로운 언어학습법을 개발해 효과적으로 라틴어를 배울 수 있는 방법을 제시했다. 언어와 그것이 나타내는 사물을 함께 보여주어 보다 재미있게 언어를 익힐 수 있는 그림 교수법으로, 감각적 경험이 주는 교육의 효과를 적용한 것이다. 오늘날 유아들이 글자를 쉽게 익히도록 사용하는 그림책의 효시라고 볼 수 있다.

이런 맥락에서 만화는 전달하려는 내용을 보다 쉽게 이해시키고 오랫동안 기억에 남게 하는 장점을 가졌다고 볼 수 있다. 만화는 흥미로우며, 쉽게 접근할 수 있고, 여간해서 싫증을 느끼지 않는다는 장점이 있다. 이런 이유 때문에 남녀노소 모두 만화를 좋아하는 것 같다.

그동안 성경은 모든 사람들에게 신앙과 지성에 있어 매우 귀중한 책임에도 불구하고, 그 내용이 어려워 이해하기 힘들다는 이유로 선뜻 손으로 집기 어렵고, 혹 집어 든다 해도 처음부터 끝까지 통독하기가 쉽지 않았다. 이런 상황에서 이번에 발간된《성경2.0》은 신앙인은 물론 비신앙인에게도 아주 유익할 것이라 생각된다. 재미있으면서도 충실한 내용으로 인해 성경 내용을 쉽게 파악할 수 있음은 물론 기억에도 오래 남을 수 있기 때문이다.

《성경2.0》의 감수를 부탁받고 성경신학을 전공하지 않았다는 점에서 망설임도 있었다. 그러나 기독교 교육을 전공한 사람으로서 어떻게 하면 학습자에게 기독교 교육의 내용인 성경을 쉽게 이해하고 기억하게 해 그 말씀대로 살도록 도울 수 있을까 고민해 왔기 때문에 오히려 기쁜 마음으로 참여하게 되었다.

《성경2.0》의 주된 목적은 성경 내용을 쉽게 전달하고 오랫동안 기억하게 해 실천하는 신앙인으로 성장하도록 돕는 데 있다. 그래서 작가와의 대화를 통해, 가급적 성경 내용 전달에 충실하고, 불가피하게 해석을 요하는 부분은 'tip'으로 처리해 독자들이 더 깊이 묵상하도록 돕는 데 초점을 맞추었다.

감수자로서 작은 소망이 있다면, 《성경2.0》의 기획 의도대로 많은 사람들이 이 책을 부담 없이 손에 집어 들어 읽기 시작해 성경의 내용을 큰 어려움 없이 이해하고, 그것을 또 오래도록 기억하는 것이다. 그리하여 성경이 말하는 하나님을 제대로 알고, 하나님이 원하시는 뜻을 실천하면서, 하나님이 이 세상을 처음 창조하셨을 때처럼 아름다운 세상으로 회복시켜 나가는 일에 힘쓰며 살아가게 되기를 소망한다.

문학진 목사

이스라엘 예언서

아모스

'짐을 지는 사람'이라는 뜻.
남왕국 유다 출신의 목자였던 그는 하나님의 부름을 받고
이스라엘 왕국으로 가서 하나님의 계시를 전하는 예언자가 되었다.

호세아

'여호와는 구원이시다'라는 뜻.
B.C. 755년경부터 이스라엘이 멸망하기 전까지 이스라엘에서 활약했으며,
하나님의 명령으로 음란한 여인과 결혼해서 마음고생을 심하게 했던 예언자다.

유다 예언서

요엘

'여호와는 하나님이시다'라는 뜻.
그의 아버지가 브두엘이라는 것 외에는 알려진 것이 없으나
이름의 뜻으로 보아 경건한 가문 출신임을 알 수 있다.

이사야

'여호와는 구원이시다'라는 뜻.
왕궁에 자주 출입하며 왕 및 제사장들과 긴밀한 접촉을 가졌던
예언자로 유다 왕들과 백성의 존경을 받았다.

미가

'여호와 같은 자 누구인가?'라는 뜻.
목자 출신인 그는 유다와 이스라엘의 부자들을 몹시 꾸짖고
가난한 자들과 어울리며 지냈다.

스바냐

'여호와가 숨겨주신 자'라는 뜻.
스바냐는 왕족 출신의 예언자였기 때문에, 예루살렘에 살면서 자유롭게 왕궁을
출입할 수 있었으며, 유다의 왕 요시야의 종교개혁 정책에 영향을 주었다.

하박국

'껴안는 자'라는 뜻.
하박국에 대해 알려진 것은 전혀 없다. 다만 그가 수금을 치며 찬양의 기도를
드렸다는 기록으로 보아 레위 지파 출신의 성가대원이었던 것으로 추정된다.

예레미야

'여호와가 세우시다'라는 뜻.
제사장 출신의 예언자이며, 이스라엘 전체의 구원을 위해 많은 눈물을 흘리며 기도한 까닭에 '눈물의 선지자(예언자)'라고 불린다.

이방 민족에 대한 예언서

요나

'비둘기'라는 뜻.
이스라엘의 정치적·경제적 전성기였던 여로보암 2세가 왕이었을 때 활약했던 이스라엘 출신의 예언자다. 그는 이스라엘의 원수인 앗시리아의 수도 니느웨 성에 가서 하나님의 심판을 예언했다.

나훔

'위로자'라는 뜻.
유다 출신의 예언자로, 요나처럼 유다에 위협을 주는 앗시리아의 수도 니느웨 성의 멸망을 예언했다.

오바댜

'여호와의 종', '여호와를 경외하는 자'라는 뜻.
유다 출신의 예언자로 예루살렘의 멸망을 직접 목격했으며 에돔의 멸망을 예언했다.

유다

포로 기간 중 예언서

에스겔

'하나님이 강하게 하신다'라는 뜻.
제사장의 아들로 태어나 제사장임과 동시에 예언자였다.
바벨론의 포로로 잡혀가고 5년 후, 부름을 받고 예언을 시작했다.

다니엘

'하나님은 나의 심판자'라는 뜻.
소년 시절 바벨론에 포로로 잡혀갔으며, 신앙생활을 한다는 이유로 많은 박해를 받았다. 그러나 느부갓네살 왕의 꿈을 해몽해준 일로 바벨론 총리에 오르게 된다.

《성경2.0》을 더 재미있고 더 유익하게 읽기 위해

이 책의 기본적인 제작 방향은 "성경의 의미를 훼손하지 않는 범위 안에서 최대한 쉽게"입니다. 또한 그림으로 표현, 만화 연출, 장면 전환, 한정된 페이지 등 만화의 특성에 맞춰 제작되었습니다.

이 책은 성경과 완전히 똑같을 수는 없습니다. 반복되는 이야기는 하나로 압축시키고, 너무 어려운 문장은 쉽게 풀고, 복잡하고 긴 이야기는 간단하게 요약했습니다. 또한 매끄러운 진행을 위해 순서를 바꾸기도 했으며, 이해가 어려운 부분은 단어나 문장을 교체하거나 추가해서 이해를 돕도록 했습니다.

그런 모든 과정의 목적은 단 하나, **성경을 쉽게 이해하기 위해서입니다.** 이 책은 독자들이 성경을 가장 쉽게, 그러면서도 제대로 알게 해주는 길잡이 역할을 할 것입니다.

이 책은 아주 쉽게 성경을 풀었지만, **성경과 각 장을 비교하면서 봐도 무방할 정도로 성경에 충실하게 만들어졌습니다.** 그동안 성경 읽기에 어려움을 느꼈던 많은 분들에게 하나님의 소중한 말씀을 신나고 즐겁게 전해드릴 것입니다.

1. 본문의 이해를 돕기 위해서
중간 중간에 팁을 활용했어요.

팁 한 번만 더
이 장면은 마치 하나님과 흥정하는 듯한 느낌을 주는데, 이런 태도는 바람직하지 못하다. 그럼에도 하나님께서 아브라함의 간구를 들어주신 이유는 아브라함이 단지 소돔에 살고 있는 조카 롯뿐만 아니라 소돔과 고모라의 모든 사람들을 구원하기 위해 애타게 기도했기 때문이다.

2. 지난 내용이 기억나지 않는다면
Link에 표시된 페이지로 가보세요.

아브라함 때 들었던 흉년 Link 1권 45p 이 또다시 찾아들었어.
비가 오질 않아… 그랄을 거쳐 이집트로 가야겠어.

3. 이해를 돕기 위한 짧은 해설은
해당 컷 아래쪽에 주석(보라색)으로
들어가 있습니다.

나중에 나온 아이는 손으로 에서의 발꿈치를 붙잡아서 이름을 야곱이라 지었지.

※야곱 : '발꿈치를 붙잡다'라는 뜻.

4. 책의 날개에는 각 책 제목이 표시되어 있습니다.

창세기
하나님은 그 제물을 기쁘게 받으시고 스스로 다짐하셨어.
다시는 사람 때문에 땅을 저주하지 않으리라!

5. 성경 각 책의 '장'까지 표시해
성경과 비교해 가며 읽을 수 있습니다.
만화의 특성상 '절'까지 표시하지는 못했습니다.

21장 이삭의 출생

하나님께서 말씀하신 대로 사라를 돌보셨고,

6. 이야기의 원활한 흐름을 위해 각 단원
사이에 다른 단원의 내용이 들어가며,
그것은 이렇게 표시됩니다.

그리고 헤만과 에단(여두둔)과 다른 레위 사람들도 함께 기브온에 올라 하나님을 찬양하는 일을 하게 됐지.
뿌우우우~
그 분의 사랑은 영원할 것이다~!
역대상 16장 41~42절

예) 사무엘하의 내용 진행 중에 역대상 내용이 사이사이에 들어갑니다.

7. 앞에 나왔던 주석이라도 이해를 돕기 위해 필요하면 반복해서 나옵니다.

이스라엘 예언서

아모스, 호세아

성경2.0 독자라면 이스라엘이 북이스라엘과 남유다로 나누어졌다는 건 다 알고 있겠지?
시돈
두로
단
바산
북 이스라엘
암몬
예루살렘
블레셋
남 유다
모압
에돔
모르겠으면 성경2.0 5권을 봐!
5권의 열왕기가 그때 이야기야.

그때, 이스라엘의 멸망을 예언하며 여호와의 뜻을 전한 사람들을 예언자라고 해.
후훗!
바로 우리지!

※그때 : 유다와 이스라엘이 분단된 때.

6권은 바로 그 예언자들의 이야기야. 그렇다면 누가 예언서를 기록했는지 언제, 어디서 활동했는지 표를 통해 알아볼까?

공간 \ 시대	이스라엘	유다	앗시리아	에돔
포로 이전	아모스(B.C.760~753) 호세아(B.C.740)	요엘(B.C.835경) | 이사야(B.C.740~680) 미가(B.C.735~700) | 하박국(B.C.625~587) 스바냐(B.C.625~615) | 예레미야(B.C.627~580)	요나(B.C.782~753) 나훔(B.C.664~611)	오바댜(B.C.586)
포로 기간		에스겔(B.C.594~571) | 다니엘(B.C.605~532)		
포로 귀환 후		학개(B.C.537~515) | 스가랴(B.C.520) 말라기(B.C.400)		

※예언서 : 제목이 예언자들의 이름으로 기록된 구약 17권을 예언서라고 부른다.

여호와가 이스라엘로 보낸 예언자는 엘리야, 엘리사, 아모스, 호세아 이렇게 4명이었는데,
우리 이름으로 된 예언서는 없어.
엘리야
엘리사
하지만 성경2.0 5권, 열왕기에 우리의 활약상이 잘 나와있지.

엘리야와 엘리사가 많은 이적과 기적으로 여호와의 살아계심을 보여주었다면,

6권에 나올 아모스와 호세아는 여호와의 말씀을 있는 그대로 전했어.
하나님 말씀을 알아야 합니다!
하나님 말씀은 성경에 있죠!

아모스가 여호와의 공의를 외쳤다면,
악한 놈들에겐 멸망의 쓴 맛을 보여줄 테다!
아이고!
후덜덜

호세아는 여호와의 사랑에 대해 이야기했지.
그러나 회개하고 하나님께 돌아오면 이뻐해줄 거야.
휴!

※공의 : 선악을 공평하게 평가하는 하나님의 품성을 말함.

여호와는 멸망해가는 이스라엘 백성에게 이렇게 말씀하셨어.
이제라도 내게 돌아와라! 그러면 위로와 구원이 있을 것이다!
무슨 소리가 들리는 것 같지 않아?
아, 됐고! 오늘 밤 쌍쌍 파티 어때?
하하하

하지만 그들은 끝내 여호와를 배신했지.
멸망의 쓴 맛을 보여주마!
이봐, 살살 달래보자고!
와우, 멋져!
멋지다고 할 분위기냐?
헉!
철컥

1. 아모스

※아모스 : '짐을 지는 사람'이라는 뜻. B.C.750경 이스라엘의 예언자이자 아모스서의 필자. 유다 출신의 목자였으며 여호와의 부름을 받고 이스라엘 왕국으로 가서 계시를 전했다.

1~2장 심판에 대한 예언

유다 왕 웃시야 Link 5권 184p, 이스라엘 왕 여로보암 2세 때 Link 5권 183p, 유다 드고아 지역의 목자였던 아모스에게 여호와가 말씀하셨어.
아모스야, 이스라엘에 가서 내 말을 전하라!
네? 양치기인 제가 뭘 안다고…?

그때는 지진이 일어나기 2년 전이었지.
맞고 갈래? 그냥 갈래?
아 네! 갑니다. 간다고요!
후다닥

※지진 : 언제의 지진인지 알 수 없다.

주께서 시온과 예루살렘에서 소리치시니 목자의 풀밭이 시들고 갈멜 산 꼭대기가 메마를 것이오!
유다의 풍요로운 초원과 이스라엘의 울창한 갈멜 산이 황폐해진단다.
뭐? 망한다는 말이야?

※시온 : 예루살렘 남동쪽에 위치한 언덕을 가리키지만 예루살렘 전체를 의미하기도 한다.

tip 이스라엘로 간 아모스

당시 이스라엘은 다윗과 솔로몬 이후 정치·경제적으로 최고의 전성기였다. 그러나 그 이면에는 우상숭배와 방탕이 만연했고, 도덕과 종교의 타락이 극심했다. 이에 아모스는 이스라엘이 아무리 하나님의 선택된 백성이라 해도 계속 부패한 삶을 사는 한 심판을 피할 수 없으며, 죄를 회개하고 하나님께 돌아서야만 구원받을 수 있다고 선포한다.

주께서 이스라엘 주변 나라들을 심판할 것이오!
뭐? 다른 나라를?
심판?

※웃시야 : 유다 10대 왕으로 아사랴로도 불렸다.
※드고아 : 예루살렘 남쪽 16km 지점에 위치한 해발 약 840m 정도의 고원 지대.

다메섹은 쇠 타작기로 타작하듯 길르앗을 괴롭혔으니 Link 5권 175p 주님께서 불을 보내실 겁니다!
오… 그 망할 것들이?!
드디어!

tip 불을 보내다

'불'은 하나님의 '강력한 심판'을 의미한다. 또한 '보내다'는 히브리어로 '쏘다'라는 뜻이며 활처럼 빠르고 강한 무기를 잇달아 쏘는 행위를 가리킨다. 따라서 '불을 보낸다'라는 예언은 하나님의 심판이 전쟁처럼 빠르고 강력하게 이루어질 것을 암시한다.

그뿐만 아니라 블레셋, 두로, 에돔, 암몬, 모압 모두 심판을 받아 멸망할 것이오!
오오!
만세!
할렐루야!

※다메섹 : 아람(시리아)의 수도, 여기서는 아람 민족 전체를 가리킨다.
※길르앗 : 요단 강 동쪽의 므낫세 반 지파, 갓 지파, 르우벤 지파가 살던 곳이다.

가사(블레셋), 그리고 형제의 언약을 어긴 두로는 내 백성을 에돔에 넘겼으며, 에돔은 형제인 이스라엘에 늘 분노의 칼을 품었다. 또한 암몬은 길르앗을 침략해서 임산부의 배를 갈랐고, 모압은 에돔 왕의 뼈를 태워 재로 만들었다!
그래서 내가 불로 그들의 왕과 백성들을 멸망시키겠다. 불이 그들의 요새를 삼킬 것이다!
역시 우리 하나님은 화끈하셔!
와아아아
주님을 찬양하라!
와아

tip 아모스 예언에 깃든 내용

① 가사가 유다를 에돔에 넘김 : 블레셋이 유다를 침략하여 여호람 왕의 아들과 아내들을 잡아간 사건으로 추정. Link 5권 153p

② 두로와 맺었던 형제의 언약 : 솔로몬 때, 이스라엘과 두로가 맺었던 우호적인 조약을 말한다. Link 5권 37p

③ 에돔이 이스라엘에 분노의 칼을 품음 : 에돔이 대대로 유다와 이스라엘 백성에게 품어온 증오와 적개심을 말한다.

④ 암몬이 길르앗 임산부의 배를 가름 : 정확히 언제인지 모르나 엘리사의 예언 Link 5권 150p 을 근거로 암몬이 길르앗을 공격할 때 임산부의 배를 가른 것으로 보인다.

⑤ 모압이 에돔 왕의 뼈를 태움 : 정확히 어떤 사건인지 알 수 없다.

아모스는 유다에 대한 심판도 예언했어.
주께서 유다에도 불을 보내 예루살렘의 요새를 삼킬 것이오!
와아아아
으아악
크윽!

※이 예언은 유다가 바벨론의 느부갓네살 왕에 의해 멸망됨으로써 실현된다. Link 5권 232p

유다가 하나님의 율법과 율례를 업신여기고, 우상을 섬겼기 때문이오!
아이고, 거룩한 척하더니 꼴좋다!
유다 놈들 쌤통!

이어서 이스라엘에 대한 잘못도 얘기했지.
뭐, 이스라엘은 흠이 없는 줄 아시오?
뭐야? 잘 나가다가!
웅?

이스라엘 백성들은 뇌물을 받고는 의롭고 가난한 사람들을 노예로 팔았소!
너는 가난 하니까 유죄!!
낄낄!
켁!

여러분은 가난하고 약한 사람들을 짓밟고, 아버지와 아들이 한 여자에게 드나들며 주의 거룩한 이름을 더럽혔소!
겉옷이라도 벗겨 가야겠다.
honey~!
아버지, 먼저 가볼게요~
크으으

그리고 가난한 사람들에게서 빼앗은 겉옷을 우상 앞에 깔고 음란한 짓을 하며, 벌금으로 거둔 포도주를 마셨소!
부어라!
마셔라!
하하하
전 폭탄주 곱빼기!
깔깔깔

아모스

여러분은 나실인에게 포도주를 마시게 하고, 예언자에게 예언을 못 하게 했소!
무슨 짓이오? 여호와께서…!
크으윽
콸콸
재봉틀 가져와! 저 입을 꿰매버리게.
그런 죄 때문에 이스라엘도 심판을 받고, 그날엔 누구도 도망치지 못할 것이오!
저거 저주 맞지?
아주 걸쭉한데?
살금 살금
잡아 족칠까?
일단 후퇴.

※나실인 : 하나님께 헌신하기로 구별된 사람. Link 2권 142p

3장 첫 번째 설교 : 사마리아 성에 대한 예언

주님은 이집트 땅에서 여러분만을 선택해 데려왔으나, 여러분은 모두 죄를 지었으니 이를 심판하실 것이오!
꺼져! 도대체 우리가 무슨 죄를 지었다고 저주냐?!
뭐야? 또 왔어?
여호와께서는 그분의 비밀을 예언자들에게 알리지 않고서는 어떤 일도 하지 않으시오. 그분이 말씀하시니 내가 이렇게 소리치는 거란 말이오!
하나님 말씀이라니 들어보기나 하자.
아, 네!

※벧엘 제단 : 여로보암이 만든 벧엘의 금송아지 신전을 가리킨다. Link 5권 59p

아스돗과 이집트에 전해라! 사마리아 성에서 일어나는 혼란과 억압을 보라! 그들은 폭력과 강탈을 일삼을 뿐 옳은 일을 할 줄 모른다!
퍽 퍽
와장창!
내가 이스라엘을 심판하는 날, 벧엘 제단의 뿔을 꺾고, 상아로 꾸민 여름 별장과 겨울 별장도 부술 것이다! 적이 사마리아 성을 포위하여 방어벽을 허물고 약탈하니, 이스라엘 자손은 겨우 한 조각만 살아남을 것이다!
악!
후다닥

4장 두 번째 설교 : 상류층에 대한 예언

사마리아 언덕에 사는 바산의 암소들은 들어라. 가난한 자들을 짓밟는 자들아, 남편에게 술을 내오라는 자들아, 너희는 갈고리와 낚시에 꿰여, 무너진 성벽 사이로 끌려가 하르몬에 버려질 것이다!
흑흑

※아스돗 : 블레셋의 5대 성읍이지만 문맥상 앗시리아를 가리키는 것으로 추정된다.
※그들 : 이스라엘의 상류층 사람들.

※바산의 암소 : 바산은 길르앗 땅의 목초지로서 이곳의 소들은 매우 살찌고 품질이 좋았다. 부유한 상류층을 가리키는 말이다.
※하르몬 : 정확한 위치를 알 수 없으나, 다메섹 어느 지역으로 보인다.

깨닫지 못하는 이스라엘

너희는 벧엘과 길갈에서 더 많은 죄를 지어라. 날마다 희생제물을, 사흘마다 십일조를 바쳐봐라. 또 감사제물과 자원 예물을 드리고 자랑해봐라!
하하하

※길갈 : 벧엘과 함께 우상숭배로 심하게 타락했다.

tip 사흘마다 십일조를 바쳐보라

여기서 십일조는 나그네와 과부 그리고 고아를 구제하기 위해 3년마다 한 번씩 드리도록 규정된 것을 말한다. Link 신명기 14장 28절 아침마다 희생제물(번제물)과 사흘마다 십일조를 바치는 형식적인 규례를 지킨다 해도, 백성들을 억압하고 우상을 섬긴다면 그런 십일조는 아무런 소용이 없을뿐더러 그 행위 자체가 오히려 죄를 더하는 것임을 지적하고 있다.

너희는 먹을 게 떨어지고 가뭄이 들어도 내게 돌아오지 않았다!
우리 우상님들이 도와주실 거야.

내가 농작물에 병을 내려 포도원을 망치고, 메뚜기로 무화과나무를 삼켰건만 그래도 내게 돌아오지 않았다!
아, 바알신이여!

※병 : 잎마름병과 깜부기병을 말한다.

내가 이집트에서처럼 전염병을 내려 젊은이들이 죽고 말들을 약탈당해도 내게 돌아오지 않았다!

※이집트에서처럼 : 이집트에 내렸던 5번째 재앙인 악질을 가리킨다. Link 2권 39p

내가 소돔과 고모라처럼 너희 성을 뒤엎어도 내게 돌아오지 않았다!

이스라엘아! 내가 너희에게 다시 그렇게 하기로 작정했으니 너희 하나님을 만날 준비를 해라!
히익!
또?
엄마야!

tip 이스라엘의 죄

아모스는 먼저, 사마리아에 사는 왕과 지도자들을 비판했다. 악한 그들은 약탈과 살인을 저질렀으며, 백성들을 올바른 길로 이끌기는커녕, 우상숭배를 장려했다. Link 5권 59p 둘째, 이스라엘 상류층의 사치와 불의를 비판했다. 그들 역시 백성을 학대하고 벧엘과 길갈에서 우상을 숭배했다. 끝으로, 이스라엘 전체의 잘못을 지적했다. 그들이 회개를 거부했기에 하나님의 심판이 확정되었다는 것이다.

5장 세 번째 설교 : 슬픈 노래

이스라엘아, 내가 지은 슬픈 노래를 들어라!
처녀 이스라엘이 쓰러졌지만 도와줄 사람이 없구나! 너희는 천 명이 싸우러 나간 성에서 백 명만이, 백 명이 싸우러 나간 성에서는 열 명만이 살아남을 것이다!
꼴좋다!
끌끌! 하나님이 그렇게 경고했는데….

※처녀 : 하나님의 신부로서 거룩한 이스라엘을 비유한 표현.

여호와를 찾으라!

너희는 나를 찾으라. 그러면 살 것이다!

벧엘로도, 길갈로도, 브엘세바로도 가지 마라! 길갈 사람은 잡혀가고 벧엘은 무너질 것이다. 내가 요셉의 집을 불사르면 그 불을 끌 자가 아무도 없을 것이다!
흑흑
너희는 공의를 쓰디쓴 쑥처럼 만들었고, 정의를 팽개쳤다. 가난한 자를 짓밟고, 정직하게 재판하는 사람을 미워하며, 바른말 하는 사람을 싫어한다!
아! 때가 악하니 지혜로운 사람이 입을 다무는구나.
퍽
퍽
저… 저런 나쁜 놈들!

※브엘세바 : 당시 바알과 하나님을 함께 섬기는 혼합 종교의 중심지였으며 우상숭배자들의 순례지였다.
※요셉의 집 : 요셉의 둘째 아들인 에브라임, 곧 에브라임 지파가 주도하는 이스라엘을 가리킨다.

너희는 망한다. 여호와의 날을 기다리는 자들아. 왜 그날을 기다리느냐? 그날엔 빛이 아니라 어둠만 있을 것이다. 단 한 줄기 불빛도 없을 것이다!
심판의 날이 빨리 와야 할 텐데.
히히
우린 선택받은 백성이니까 뭐!
재깍~재깍

tip 여호와의 날

아모스가 경고하는 대상은 법과 정의를 왜곡하며, 겉으로는 여호와를 섬기지만 실제로는 각종 우상을 숭배하는 자들이다. 그런데 그들은 자신이 선택된 백성으로서 여호와께 제사를 드리고, 절기를 준수하기 때문에 구원받을 것으로 믿었다. 당시 이스라엘에는 여호와가 죄와 불의를 심판하는 날, 즉 '여호와의 날'에 대한 사상이 널리 퍼져있었다. 그날은 악인에게는 멸망의 날이며 의인에게는 구원의 날이지만, 자신을 선택된 백성이라고 믿었던 이스라엘 백성은 자신은 무조건 구원받고, 다른 민족은 모두 심판 받는다는 생각으로 여호와의 날이 빨리 오기를 기다렸다.

거짓된 자들에 대한 경고

광장마다, 거리마다, 곡소리가 들릴 것이다! 내가 너희 가운데로 지나가는 날 그 모든 일이 일어날 것이다!
난 너희의 절기 행사와 종교 모임이 싫다. 제물도 받지 않겠다. 노래도 하프도 다 집어치워라!
잔치는 끝났다! 집어치워라!
쾅
와장창
이스라엘아! 너희가 광야에 있던 40년 동안 희생제물과 곡식제물을 바친 적이 있더냐?
열심히 드렸는데 기억 안 나세요?
어라?

※가운데로 지나가는 날 : 하나님이 죄와 불의를 심판하는 날을 가리킨다. Link 6권 37p

tip 광야 40년 동안

이스라엘 백성은 광야에서 희생 제사를 드리기는 했지만 마음을 다해 하나님을 섬긴 것은 아니었다. 오히려 금송아지를 숭배 Link 2권 96p 하고 하나님을 불신하다가 징계를 받아 여호수아와 갈렙을 제외한 출애굽 1세대 성인 남자들이 모두 광야에서 죽을 정도 Link 2권 164p 로 불순종했다. 그런데 아모스 시대의 북이스라엘이 그들과 다를 바 없었으니 하나님의 징계를 면치 못할 것이라는 경고이다.

이제 너희는 너희가 만들어 섬기던 우상들을 짊어지고 다메섹 너머로 끌려가게 될 것이다!
아이고! 이건 왜?
별을 만드시고, 어둠을 밝히시고, 낮을 밤으로 바꾸시며, 바닷물을 땅에 쏟으신 분을 찾아라!
아이고, 나 죽네!
하나님 잘못했어요!
꽥

※ Link 아모스 5장 26절 에서 언급된 식굿은 신당을, 기윤은 앗시리아와 바벨론에서 숭배되던 별 모양의 우상을 뜻한다.

강한 자도 망하게 하시고, 단단한 요새도 폐허가 되게 하시는 그분의 이름은 여호와시다!
이렇게 하실 분은 이 세상에 딱 한 분밖에 없지.
POLICE LINE
오직 공의와 정의가 물처럼 흐르게 하라! 주께서 요셉의 남은 백성들에게 자비를 베풀지도 모르니 악을 버리고 선을 구하라! 그러면 만군의 하나님이 너희와 함께하실 것이다!
하나님 도와주세요!
저희가 잘못했습니다!
흑흑
제발!
엉엉

※요셉의 남은 백성 : 요셉의 둘째 아들인 에브라임의 후손, 곧 에브라임 지파가 주도하는 이스라엘의 후손을 가리킨다.

tip 너희와 함께하실 것이다!

아모스는 이스라엘의 멸망을 예언하는 동시에 유일한 생명의 길을 제시하고 있다. 생명의 근원이신 하나님을 찾고 회개할 때 비록 멸망 중에라도 생명을 얻게 된다는 것이다. '끊임없이 불순종하는 악한 이스라엘 백성들'과 '멸망 중에도 마지막까지 구원의 손길을 내미시는 하나님'이 이 예언에서 서로 극명한 대비를 이루며 드러난다. 아모스는 또한 율법에서 규정된 절기를 지키고 제사를 드리면서도 각종 우상을 섬기는 거짓 예배자들에 대해서 경고한다. 그들은 비록 선택된 백성이라 해도 여호와의 날에 심판을 면치 못할 것이다.

※하맛 : 이스라엘의 북쪽 끝에 위치한 도시
※가드 : 블레셋 5대 성읍 중 하나

6장 이스라엘의 멸망

너희는 망한다! 시온과 사마리아 성을 믿고 안심하는 이스라엘의 고귀한 자들아!
어째 분위기가 꿀꿀하네….
콰르릉
으스스하네.

※시온 : 예루살렘 남동쪽에 위치한 언덕을 가리키지만 예루살렘 전체를 의미하기도 한다.
※고귀한 자 : 지배 계층의 사람들을 가리킨다.

너희는 갈레로, 하맛으로, 가드로 가보아라. 그들이 너희보다 강하고 영토가 더 넓으냐?
아빠가 너한테 못해준 게 뭐냐? 응?
됐고요!
흥!
너희는 닥쳐올 재난이 멀다고 하면서 폭력을 가까이 했다!
하나님께서 용서치 않을 것이오!
그건 나중 문제고 일단 맞고 얘기하자.
질질
상아 침대에서 송아지 요리를 먹고, 헛된 노래를 홍얼대면서도 요셉의 집이 망할 걱정은 하지 않는 자들아!
응?
왜요?

※다른 민족보다 더 풍요롭고 넓은 땅을 받았음에도 불순종하고 악한 짓을 하는 이스라엘을 탓하는 내용이다.
※갈레 : 고대 바벨론의 5대 도시 중 하나로 정확한 위치는 알 수 없다.

잔치는 끝났다! 이제 너희가 가장 먼저 끌려갈 것이다!
잔치 끝이다! 집어치워라!
쾅
와장창
나는 야곱의 영광과 궁궐이 싫다! 내가 그 모든 것을 적에게 넘길 것이니, 그때는 한 집에 열 사람이 있을지라도 다 죽을 것이다!
한 놈도 살려두지 마라!
와악
우당탕
쾅
으악!

※야곱의 영광과 궁궐 : 하나님이 이스라엘 민족(유다+이스라엘)에게 주신 풍요로움과 이스라엘의 수도인 사마리아 성, 즉 이스라엘을 가리킨다.

※한 나라 : 앗시리아를 가리킨다. ※하맛 : 이스라엘의 북쪽 끝에 위치한 도시.
※아라바 골짜기 : 사해 아래로 길게 뻗어 홍해의 아카바 만으로 이어지는 골짜기.

바위 위에서 어찌 말이 달리고, 소가 밭을 갈겠느냐? 그런데도 너희는 공의와 정의를 쓴 독으로 만들었다!
정의든, 공의든 알게 뭐야.
정의
공의
정의
너희는 로드발을 점령했다고 기뻐하며, 가르나임을 너희 힘만으로 차지했다고 한다!
이건 히브리어를 알아야 이해할 수 있는 비유라서 좀 어렵지.
내가 한 나라를 일으켜 너희를 칠 것이다! 그들이 하맛 입구에서 아라바 골짜기까지 너희를 억압할 것이다!
크르르르
어째 분위기가
딸꾹!

※심판을 피하기 불가능할 텐데도 죄를 범했다는 뜻이다.
※로드발 : 허무하다는 뜻. ※가르나임 : 뿔이라는 뜻.
※이스라엘 왕 여로보암 2세가 정복한 성 중에 로드발과 가르나임이 있었는데 그것을 차지한 일이 허무하다는 의미다.

tip 이스라엘 멸망에 대한 예언

아모스는 유다와 이스라엘의 지도자들이 정치·경제적 번영에 도취되어 사치와 환락에 빠진 것을 책망했다. 그리고 이들 때문에 이스라엘이 심판받게 될 것을 경고하며 공의와 정의를 쓴 독으로 만든 자들은 결코 구원받을 수 없고, 반드시 심판이 임할 것임을 선포했다. 아모스의 이 예언은 실제로 앗시리아에 의해 이스라엘의 모든 영토가 짓밟힘으로써 성취된다. Link 5권 196p

7장 첫째 환상 : 메뚜기

여호와가 5가지 환상을 아모스에게 보여 주셨는데…
응? 뭐지?
첫째는, 왕에게 바칠 곡식을 거두고, 두 번째 뿌린 씨가 싹틀 때였어.
우우우웅
메뚜기 떼다!
맙소사!
까악

※메뚜기 재앙은 외세가 이스라엘을 침략하여 모든 것을 남김없이 노략한다는 비유이다.

하지만 아모스가 기도하자 여호와는 뜻을 돌이키셨지.
주여, 어린 야곱이 어떻게 이런 재앙을 견디겠습니까?
음, 알았어!
둘째 환상 : 불
둘째, 큰 불이 깊은 땅속의 지하수를 말리고 농경지를 태워버렸어.
크윽! 뜨거워!
물도 다 말랐어!
하지만 아모스가 기도하자 여호와가 다시 뜻을 돌이키셨지.
주여! 어린 야곱은 이 불을 견딜 수 없습니다.
그래? 미안!

※어린 야곱 : 하나님 앞에서 힘없는 이스라엘과 유다를 말한다. ※불의 재앙은 이스라엘을 침략할 나라들의 칼과 창을 비유한다.

셋째 환상 : 다림줄

셋째, 여호와가 다림줄을 들고 성벽 옆에 서 계셨어.
아모스야, 무엇을 보고 있느냐?
다림줄입니다.

내가 다림줄로 이스라엘의 죄를 정확히 잴 것이다!
히히, 어쩔래?
무죄
유죄
아이고!
크, 큰일났다.

tip 여호와의 다림줄

하나님이 이스라엘을 심판하실 때, 한 치의 오차도 없이 정확히 시행하실 것을 상징하는 물건이다. 하나님이 공의로 정확히 심판하면 멸망하지 않을 사람은 단 한 사람도 없다. 이 다림줄 환상은 자신은 안전할 것이라고 굳게 믿는 이스라엘 백성들에게 누구도 심판을 피할 수 없음을 가르쳐주고 있다.

내가 더는 이스라엘을 용서하지 않겠다!
이삭의 산당들이 무너지고,
이스라엘의 성소들이 파괴될 것이다.
내가 여로보암의 나라를 칼로 치겠다!
어떻게 이런 말도 안 되는 일이…?!
쾅

아모스 vs 아마샤

아모스는 벧엘 사람들에게 자기가 본 환상을 말했어.
주께서 경고하셨습니다. 누구도 심판을 피할 수 없소! 모두 여호와께 돌아가야 합니다!
설마…?
음…!
우린 선택된 백성이잖아!

※이삭 : 12지파의 조상이자 야곱의 아버지, 즉 이스라엘 전체를 가리킨다.
※성소들 : 우상을 숭배했던 벧엘, 단, 길갈 등을 가리킨다.

그때 벧엘의 제사장 아마샤가 여로보암 2세에게 사람을 보냈지.
아모스가 반란을 선동하고 있습니다. 그는 여로보암이 칼에 죽고, 백성들은 포로로 끌려갈 것이라고 합니다.
시큰둥

tip 여로보암 2세의 반응

여로보암 2세가 아마샤의 고발에 도 아무런 조치를 하지 않았기 때문에 아마샤가 등장한 것인지, 아니면 아마샤가 먼저 대제사장의 권한으로 아모스를 추방함으로써 왕에게 칭찬받고자 했는지는 분명치 않다. 다만 여로보암 2세는 종교 문제에 개입하기를 꺼려 아무런 조치도 취하지 않은 것으로 보인다.

아마샤가 아모스에게 가서 말했어.
예언자야! 유다로 도망가서 빌어먹고 살아라!
대제사장님!

※여로보암 2세 : 이스라엘의 13대 왕. Link 5권 183p

난 예언자도, 예언자의 아들도 아니오. 그저 목자고, 뽕나무를 기르던…
됐고! 여기는 왕의 거룩한 궁궐이다. 당장 벧엘에서 꺼져라!

주께서 주의 백성에게 예언하라고 하셨는데 당신은 이삭의 집을 치는 예언을 못 하게 막았소!
그래서? 어쩔래? 응?

주께서 말씀하셨소! 당신의 아내는 창녀가 되고, 당신의 자녀는 칼로 죽을 것이오!
뭐… 뭐야?!

※예언자가 아니다 : 늦게 부름을 받은 무명의 예언자로 전문적인 예언자가 아니라는 뜻.
※궁궐 : 실제 궁궐이 있다는 게 아니라 그만큼 중요한 곳이라는 뜻.

당신은 땅도 빼앗기고, 낯선 땅에 포로로 끌려가 죽을 것이오!
뭐야? 이게 어디서 막돼먹은 말을?! 야 덤벼!
예언자도 아니라잖아요.
아우! 참으세요.

그뿐만 아니라, 이스라엘 백성들도 사로잡혀 포로로 끌려갈 것이오!
예언자도 아니라면서 왜 놀래?!
켁!
뭐야?

8장 넷째 환상:과일 바구니

네 번째 환상에서 여호와께서는…
아모스야, 무엇이 보이느냐?
여름 과일이 담긴 바구니입니다.

내 백성 이스라엘은 끝났다! 내가 더는 그들을 용서하지 않겠다!
과일 바구니랑 그게 무슨 관계가…?
팁을 봐야 이해가 되겠네요.
??

tip 여름 과일 바구니 환상

이스라엘에서 여름 과일은 1년 추수 중 마지막에 수확하는 산물로, 이스라엘에 최후 심판이 임박했음을 나타낸다. 또한, 여름 과일에 해당하는 히브리어는 '카이츠'이고, 끝은 '케츠'라고 하는데, 끝(케츠)과 비슷한 발음의 여름 과일(카이츠)을 보여주어 이스라엘의 멸망을 암시했다.

그날이 오면 왕궁의 노래가 통곡으로 바뀌고, 이 땅에 수많은 시체와 침묵만이 있을 것이다!

※그날 : 여호와의 날, 즉 심판의 날을 가리킨다.

내가 모든 절기를 통곡으로, 모든 노래를 장송곡으로 바꾸겠다! 모든 사람에게 베옷을 입히고 외아들을 잃은 것처럼 비통한 날이 되게 하겠다!
쏴아아아아
흑흑
엉엉

내가 이 땅을 굶주리게 하겠다! 먹지 못해서가 아니라 주의 말씀을 듣지 못해 굶주리고 목마를 것이다! 그때는 그들이 온 땅을 헤매도 주의 말씀을 찾지 못할 것이다!
제사장과 예언자들을 통해 주의 말씀을 듣던 우리 민족의 특권이 이젠 없다는 것이오!

사마리아의 역겨운 우상을 의지하는 자들아, 너희는 쓰러져서 다시는 일어나지 못할 것이다!

9장 다섯째 환상 : 이스라엘의 멸망

여호와는 성전 제단 곁에 서 계셨어.
성전의 기둥머리를 쳐서 무너지게 해라!
제가 무슨 힘이 있다고…?
이렇게요?
툭

거기서 살아남은 자들은 내가 칼로 죽이겠다!
쿠구궁
헉!
성전에 숨으면 보호해 주셔야지!
으아악!

※성전 : 예루살렘 성전을 말한다.

아무도 도망칠 수 없을 것이다!
슈우웅!
칼로 죽인다면서요!
으아악!
어차피 죽을 거, 아무렴 어때!

tip 성전 파괴의 환상

예루살렘 성전은 유다에 있었다. 따라서 성전 파괴 환상은 하나님의 심판이 이스라엘뿐 아니라, 유다에도 임한다는 암시였다. 또한 성전이라는 건물이 구원의 보증이 될 수 없으며, 하나님께 선택된 백성이라도 죄를 지으면 심판받는다는 사실을 알려준다.

땅속이든, 하늘이든, 갈멜 산 꼭대기든, 바다 밑이든 어디에 숨어도 잡아내 죽이고, 적에게 잡혀서도 죽을 때까지 지켜볼 것이다!
쿠우우우
후덜덜
아! 숨을 곳이 없어.
으아악!
끌꺽

※갈멜 산 : 엘리야가 바알 예언자들과 대결했던 곳. Link 5권 88p 산이 높아 숲이 깊고 동굴이 많아 숨기에 용이했다.

너희는 내게 에티오피아 사람들과 같다. 내가 이스라엘을 이집트에서, 블레셋을 갑돌에서, 아람을 기르에서 이끌어냈다!
이제 이스라엘도 이민족처럼 의미가 없게 되었다는 뜻이오!
내가 모든 민족을 체질하여 이스라엘 백성을 남김없이 골라내겠다!
잘못 했어요!
아이고! 꼼짝마라네.
부르르
으아아
덜덜덜
다 걸러지고 우리만 남았네.
그래서 그중에 재앙이 멀었다고 하는 죄인은 모두 칼에 죽을 것이다!
다음 나와!
덜덜덜
새치기 하지 마.
아이고!

※에티오피아 : 노아의 아들 함의 자손으로 검은 피부 때문에 이스라엘에서 경멸의 대상이었다. 그처럼 이스라엘도 하나님께 경멸의 대상이 되었다는 의미다.

tip 다섯 가지의 환상

다섯 가지의 환상(메뚜기, 불, 다림줄, 과일 바구니, 성전 파괴)은 이스라엘의 멸망 과정과 멸망 이후의 참상을 보여준다. 그중 메뚜기와 불의 환상은 아모스의 기도 결과, 이스라엘의 멸망이 두 번이나 유보되었음을 말해준다. 이스라엘 백성이 구원되기를 바라는 하나님의 무한한 긍휼을 보여주고 있다. 나머지 세 환상은 각각 이스라엘에 임할 심판이 확정되었고 임박했음을, 또한 심판의 원인이 여호와 신앙의 붕괴에 있음을 보여준다.

이 환상들을 다 본 후, 아모스는 백성에게 선포했지.
이스라엘은 분명 멸망합니다. 하지만 모두 망하게 하지는 않으실 것이니 정의를 행하고 주님께 회개한다면 구원받을 것이오!
지겨워, 만날 뭔 소리야?
우린 선택받은 백성이라고!
웅성 웅성

※정의 : 여기서 정의는 하나님이 주신 율법을 지켜, 가난한 자들을 돕고 보살피며 악을 행하지 않는 것을 말한다.

이스라엘의 회복

내가 무너진 다윗의 초막과 울타리를 다시 예전처럼 세우겠다!
와아아
그래서 남은 에돔 사람들과 내게 속한 민족을 이스라엘이 차지하게 하겠다!
하나님께 속한 민족이 누구죠?
말씀을 안 해주셔서.
아, 그, 그건….
내가 포로로 끌려간 내 백성을 데려오겠다. 그들은 무너진 성을 다시 세우고 자신들이 만든 포도주와 과일을 먹을 것이다!
까르르
와하하
부릉

내가 내 백성을 내가 준 땅에 심어서 다시는 뿌리 뽑히지 않게 하겠다!
와하하
하하하
덩실덩실

tip 영원한 나라, 메시아 왕국

이스라엘의 멸망 예언은 B.C.722 앗시리아에 의해 이루어진다. Link 5권 196p 아모스가 예언한 회복될 '영원한 나라'는 1차적으로 '다윗 왕국'을 말하며, 2차적으로는 하나님의 영의 백성의 나라인 '교회'를 가리킨다. 또한 궁극적으로는 예수 그리스도께서 다스릴 메시아 왕국인 천국을 가리킨다. 지상 왕국 이스라엘은 멸망할지라도, 메시아 왕국은 영원히 존속될 것이다. 학자들은 아모스의 예언 활동 기간을 수개월, 혹은 그 미만으로 추정하고 있으며, 이후 말년의 행적은 정확히 알 수 없다. 다만, 아마샤의 박해로 이스라엘에서 추방되어 고향 드고아에 돌아와, 아모스서를 기록하고 생을 마친 것으로 보인다.

※메시아 : 구세주라는 뜻으로 예수 그리스도를 가리킨다.

2. 호세아

※호세아 : '여호와는 구원이시다'라는 뜻. 하나님의 명령으로 음란한 여인과 결혼해서 마음고생을 심하게 했던 예언자다.

1장 음란한 아내와 신실한 남편

이스라엘 왕 여로보암 2세 때 Link 5권 183p , 여호와가 브에리의 아들 호세아에게 말씀하셨어.
넌 음란한 여인과 결혼하여 음란한 자식들을 낳아라! 이 나라가 나를 버리고 음란하기 때문이다!
네? 주님의 예언자인 제가 어찌…?

쓰읍! 맞고 할래?
훌쩍
흑! 네에….
하나님 미워, 잉.

※여로보암 2세 : 이스라엘 13대 왕.
※브에리 : 알려진 정보가 없다.

※예후 : 이스라엘 10대 왕. Link 5권 155p 여로보암 2세는 예후의 증손자였다.

tip 음란한 여인, 음란한 자식

음란한 여인이란 마음이 음란한 상태가 아니라, 음란한 행위를 한 여인, 즉 창녀를 뜻한다. 음란한 자식이란 남편에게서 낳은 자식이 아닌, 다른 남자에게서 낳은 자식을 말한다.

호세아는 디블라임의 딸 고멜과 결혼하여 얼마 후 아들을 낳았지.
그렇게 기뻐요?
내 아이가 아니라서 슬픈 거다.
흑

※디블라임 : 모압에 있는 지명이며, 정확한 위치는 알 수 없다.

그 애를 이스르엘이라 해라. 내가 이스르엘에서 살육한 예후의 죄를 물어 그의 왕조를 없애고, 이스르엘 평원에서 이스라엘의 활을 꺾겠다!
흑흑
네에!
?
응애애

※이스르엘 : '하나님께서 흩으시다'라는 뜻으로 악한 이스라엘이 멸망한다는 선포다.

tip 예후의 죄와 이스르엘 평원

예후가 왕조를 세우는 과정에서 아합의 집과 바알 숭배자들을 몰살한 것 Link 5권 163p 은 하나님의뜻이기에 Link 5권 165p 이를 그의 죄라 할 수 없다. 다만, 벧엘과 단에 세운 금송아지 우상을 제거하지 않고 섬긴 일을 그의 죄로 볼 수 있다. 이스르엘 평원은 군사, 무역의 요충지이며, 기드온이 미디안을 물리치고 Link 3권 111p , 사울이 마지막으로 블레셋과 싸운 곳 Link 4권 120p 이다.

고멜이 다시 딸을 낳았어.
그렇게 기뻐요?
기쁠 리가 있겠냐? 또 남의 아이인데….
응애
흑흑

그 애를 로루하마라 해라. 내가 다시는 이스라엘을 용서하지 않을 것이기 때문이다!
흑! 네에.
응애응애

※로루하마 : '동정받지 못하다'라는 뜻으로 하나님이 이스라엘에서 은총을 거두시겠다는 선포다.

그러나 유다는 불쌍히 여겨 내가 직접 구하겠다. 다만, 활이나 칼, 전쟁, 군마, 기마병으로 구하진 않겠다!
하나님께서는 어떻게 유다를 구하셨을까요?

※정답 : Link 5권 213p

tip 이스라엘과 유다의 차별

이스라엘과 유다의 심판에 차이가 있는 이유는 다음으로 보인다.

① 유다는 다윗의 왕통을 유지했다.
② 이스라엘의 모든 왕이 악했던 것에 비해 유다에는 하나님을 경외한 선한 왕도 많았다.

심판의 내용도 차이가 있다. 이스라엘은 무기한으로 앗시리아의 포로였으나, 유다는 70년 동안만 바벨론의 포로였다.

로루하마가 젖을 뗄 때, 고멜이 다시 아들을 낳았지.
그렇게 기뻐요?
세 번씩이나…. 네 패악질에 감동했다야!
크흐흑!
꺄르르

※젖 : 이스라엘에서는 출산 후 약 3년 동안 젖을 먹였다.

그 애를 로암미라 해라. 이스라엘은 이제 내 백성이 아니며, 나 또한 그들의 하나님이 아니기 때문이다!
흑
얘가 제 아이가 아닌 것처럼 말이죠.
꺄르르

※로암미 : '내 백성이 아니다'라는 뜻.

그러나 이스라엘과 유다 자손은 바닷가의 모래처럼 많아지고 한 지도자를 세울 것이다! 그때는 '주의 백성이 아니다'라고 한 이 땅에서 '살아계신 하나님의 백성'이라고 할 것이며, 이스르엘의 날이 크게 번창할 것이다!
하하하
와하하!
풍년이다!

2장 고멜의 부정과 이스라엘의 부정

네 어머니를 고발해라! 그녀는 내 아내가 아니며, 난 그녀의 남편이 아니다!
버럭
흐흑
펄쩍

※이스르엘의 날 : 이스르엘은 이스라엘을 상징하는 또 다른 저주의 이름이다. 따라서 낮아졌던 이스라엘의 한 시대가 크게 번창할 것이라고 해석할 수 있다.

그녀의 얼굴에서 색욕을, 젖가슴에서 음행을 없애지 않으면 그녀를 발가벗겨서 사막처럼 말라 죽게 하겠다!
그녀가 수치스럽고 음란하게 낳은 자식들도 불쌍히 여기지 않겠다!

그녀가 말하길…
내게 빵과 물과 양털과 모시옷과 기름을 주는 애인을 따라가겠어요.
헉
뭐?

그러니 내가 가시나무로 막고, 담을 세워 길을 찾지 못하게 하겠다!
아, 어디로 가야 하지?

그녀는 애인들을 찾지도, 따라가지도 못할 것이다!
아, 남편에게 돌아가야겠다. 지금보다 그때가 더 좋았어.
스스슥

그녀는 자기에게 온갖 식량과, 바알을 위해 쓸 금은까지 넉넉히 준 이가 나라는 것을 모른다!
이건 다 바알님이 준 건데.
호호

이제 내가 준 것을 다시 빼앗고, 그녀의 애인들 앞에서 그녀의 수치를 드러내도 아무도 그녀를 구하지 못할 것이다!
꺅!

또 그녀의 즐거움, 온갖 잔치, 초하루, 안식일과 모든 절기의 모임을 끝내겠다!
잔치는 끝났다! 집어치워라!
콰앙
와장창!
그녀의 애인들이 그녀에게 몸값으로 준 포도나무를 망쳐서 들짐승들이 먹게 할 것이다!
또 바알을 섬기고, 보석으로 치장하고, 애인을 쫓아 나를 잊어버린 시간만큼 그녀에게 벌을 내릴 것이다!
너무 멀리 왔어.
헉헉
하나님이 계시는 곳 1152km

※초하루 : 매월 첫째 날 드리는 번제. Link 2권 201p

※바알 : 본래 의미는 주(主)이다. 하나님이 이제 이스라엘의 주가 아니라, 이스라엘과 동등한 존재인 남편이라는 선포. 우상의 대명사인 바알을 부르지도 못하게 하신다는 의미다.

이스라엘의 회복 약속

이제 내가 광야에서 그녀에게 부드럽게 말하고, 포도원을 돌려주고, 아골의 골짜기를 소망의 문이 되게 하겠다! 그러면 그녀는 어린 때, 이집트 땅에서 나왔을 때처럼 나를 대할 것이다!
흑흑
그녀는 나를 남편이라 하고 다시는 나의 바알이라 하지 않을 것이며, 그녀가 다시는 바알을 부르지 못하게 할 것이다!
누… 구세요?
흑! 나야, 바알 몰라?
꼬옥

※아골의 골짜기 : 아이 성 전투에서 패하고 아간을 처형한 뒤 붙인 지명. Link 3권 39p 아골은 환난, 괴로움이라는 뜻. 따라서 이 문장은 이스라엘의 괴로움을 축복으로 바꾼다는 뜻이다.

내가 들짐승, 새, 곤충들과 언약을 맺고, 활과 칼과 전쟁을 없애 이스라엘이 편히 살게 하겠다!
와아!
꺄르르
내가 그녀를 정의와 공평과 사랑과 동정으로 영원히 아내로 삼을 것이니 그녀가 여호와를 알게 될 것이다!
이렇게 나쁜 저를 다시 사랑해주니 이제야 당신을 알겠어요.
그날에 난 하늘에, 하늘은 땅에, 땅은 곡식과 포도주와 기름에 응답하고 또 그것들이 이스르엘에 응답할 것이다!
다시 내게 돌아오니 모든 것이 당신을 축복할 것이오.

※이스르엘 : 이스라엘을 상징하는 또 다른 저주의 이름이다. 즉, 낮아진 이스라엘을 모두가 다시 축복할 것이라는 뜻이다.

그때 내가 이스라엘을 이 땅에 심고, 동정받지 못한 자를 동정할 것이며, 내 백성이 아닌 자를 내 백성이라 할 것이다! 그러면 그들은 내 주는 하나님이라 할 것이다!

※동정받지 못한 자, 내 백성이 아닌 자 : 북이스라엘 백성을 가리킨다.

tip 고멜과 이스라엘

고멜은 다른 남자들과 부정한 관계를 가졌으며, 심지어 호세아가 제공한 물질마저도 자신과 관계를 맺은 다른 남자들이 준 것으로 착각하는 지경에 이르렀다. 이러한 고멜의 모습은 당시 이스라엘의 모습을 그대로 반영한다. 즉 이스라엘 백성은 하나님을 버리고 우상들을 섬겼으며, 하나님이 주신 풍요와 평화를 우상들이 준 것으로 생각해 우상들에게 감사의 제사를 드렸다. 하나님은 이러한 이스라엘을 심판하고, 심판 이후에는 무한한 사랑으로 이스라엘을 회복시키고 풍요로움을 주시겠다고 약속한다.

3장 고멜을 구원한 호세아

넌 다른 남자의 품에 있는 네 아내를 데려와라!
네? 그런 여자를 왜요?

이스라엘이 아무리 우상을 섬기고 건포도 빵을 좋아해도 내가 사랑한 것처럼 너도 네 아내를 사랑해라!
음….

※건포도 빵 : 맛있는 음식을 뜻하며, 여기서는 바알에게 바쳤던 제사 음식을 가리킨다.

호세아는 은 15세겔과 보리 1호멜 반으로 고멜을 사서 데려왔어.
여기가 당신 집이오.

※15세겔 : 약 171g
※1호멜 반 : 약 330ℓ

tip 은 15세겔과 보리 1호멜 반

여종 한 사람의 몸값은 은 30세겔이었고, 보리 1호멜 반은 은 15세겔에 해당했다. 따라서 은 15세겔과 보리 1호멜 반의 합은 여종의 몸값인 은 30세겔과 같았다. 이는 고멜이 종의 신분처럼 낮아지고 천해졌음을 의미한다.

목욕부터 하고 옷을 갈아입도록 합시다.
흐흐흑
저 같은 여자를 왜 데려오셨나요?

당신을 사랑하기 때문이라오.
네?!

크흐흑
제가 이제야 주의 마음을 조금 알겠습니다. 이스라엘을 사랑하시는 그 마음을….

내가 오랫동안 당신과 함께할 테니 부정한 짓을 하지 말고, 다른 남자도 만나지 마시오.
흐흐흑

그 후, 호세아는 여호와의 말씀을 백성들에게 전했지.
이스라엘은 오랫동안 왕이나 지도자도, 제사나 제단도, 에봇이나 드라빔도 없이 살 겁니다!
그런 뒤에야 마음을 돌이켜 주님을 찾고, 저들의 왕 다윗을 찾을 것이며, 마지막 날에 주님께서 주시는 복을 받을 겁니다!

※저들의 왕 다윗 : 구원자이신 예수 그리스도를 상징한다.
※마지막 날 : '여호와의 날', '심판의 날'과 같은 뜻으로 예언서에서 자주 언급된다.

4~14장 타락한 이스라엘과 의로운 하나님

이스라엘에 심판이 예언된 건 그들의 죄 때문이었어.
우리가 무슨 잘못을 했다고?
우리처럼 착한 백성 있으면 나와보라고 그래!
제사도 잘 드리고 절기도 잘 지켰다고!

그들은 금송아지에 절하고 우상을 섬겼으며, 심지어 추수의 풍성한 수확도 우상에게 돌렸지.
감사패! 바알, 귀하의 은총으로 이스라엘이 짭짤하게 한몫 챙겼으므로 이에….
와아아
우오오오
바알만세!
쑥스럽게 뭘 이런 걸….

또한 나라가 어려울 때면 주변 강국인 앗시리아나 이집트를 의지하면서 여호와를 외면했고,
완전히 포위 당했습니다.
아이고! 큰일 났네!
하나님께 도움을 구해야….
됐고! 이집트가 우리를 도와줄 것이다!

이웃을 사랑하라는 여호와의 뜻과는 반대로 살인과 불의를 일삼았어.
돈을 못 갚으니 여자를 데려가겠다!
꺄악!!
크흐흑!

제사장과 예언자는 악한 백성을 오히려 옹호하거나 방관했지.
내 딸을 잡아 갔으니 복수해야 겠습니다.
그럼 그럼, 당했으면 갚아줘야지. 화끈하게 복수해줘!
와하하
불끈

이에 백성들은 율법과 여호와에 대한 지식이 없어지면서 타락의 길을 걷게 되었어.
감히 날 건들다니 다 죽여버리자!
와아
제사장이 속제죄를 지내면 하나님께서 다 용서하신다고 했어!

tip 제사장의 타락

제사장은 하나님과 백성 사이에서 성결한 삶을 살면서 백성들에게 하나님 말씀을 가르치고 지키게 해야 할 책임이 있었다. 하지만 이스라엘의 제사장들은 백성의 속죄제물이 자신의 몫이 된다는 사실에 욕심을 내어, 백성들이 죄를 짓길 바라고 심지어 죄를 부추기기까지 했다. 따라서 백성들이 하나님에 대한 지식을 점차 잃어버리게 되었고, 이스라엘은 타락하여 하나님의 심판을 피할 수 없게 되었다.

여호와는 여러 예언자를 보내 경고하셨지만,
길르앗은 악하고 길갈은 우상을 숭배하고 있소!
뭐야?
저것이!

그럼에도 이스라엘은 우상숭배와 타락에서 벗어나지 않았지.
꺼져라! 누가 악하다는 거야?
하나님은 우리의 제사를 받으신다고!!
떡
에잇
어이쿠!

※길르앗: 요단 강 동편에 위치한 곳으로 길갈과 더불어 이스라엘의 우상숭배의 중심지였다.

결국, 심판은 피할 수 없는 징계였던 거야.
말이 안 통하니 본때를 보여줘야겠지?
끼이잉!
철컥
심판1호
심판2호
호세아는 이런 사실을 알렸어.
불순종에 대한 심판이 곧 닥칠 것이오!
우린 선택받은 민족이래도!
제발 좀 꺼져라. 응!
사실 여호와가 바라셨던 건 회개였지.
거 참, 징하게 말 안 듣네!
한정판이라 내일은 못 사요!
목이 술술 스페셜 우상 3종 세트 / 배송비 무료
멋진데?
나도 한 세트만 주셔.
와아

※피할 수 없는 징계 : 이스라엘이 앗시리아에 의해 멸망함으로 이루어진다. Link 5권 196p

※호세아가 활약하던 여로보암 2세 당시 이스라엘은 경제·군사적으로 큰 부흥기였다.

호세아의 예언에도 여전히 불순종하는 백성들이 있었어.
이스라엘이 어린아이일 때 내가 아들을 사랑하여 이집트에서 불러냈다! 하지만 내 아들은 부를수록 내게서 멀어졌다!
3종 세트 / 배송비 무료
하하하
헤헤
내가 에브라임을 내 품에서 기르며 걸음마를 가르쳤다. 에브라임아, 너를 버리려 해도 너를 사랑하는 내 마음이 허락하지 않는구나!
히히
와아아

※에브라임 : 에브라임 지파가 주도하는 이스라엘을 가리킨다.

여호와는 심판과 동시에 회복의 약속을 주셨지.
우리가 심판을 받아도 회개하고 우상을 버린다면, 주께서 구원과 함께 큰 복을 주실 것이오!
이미 바알이 복 많이 주는데?
뭘 회개해?
그러면 나는 분노를 풀고 이스라엘을 사랑하겠다! 내가 그들 위에 이슬처럼 내릴 것이니 풍성함이 가득할 것이며, 무성한 잣나무 같은 내게서 생명의 열매가 가득 열릴 것이다!

※이슬 : 강우량이 적은 팔레스타인에서 이슬은 농작물에 꼭 필요한 것으로 하나님의 축복을 상징한다.
※잣나무 : 많은 열매를 맺고 더위를 피할 수 있는 넓은 그늘을 제공하는 것으로 하나님의 은혜를 상징한다.

그러나 이스라엘 백성은 결코 회개하지 않았어.
주님의 길은 올바르니, 의로운 백성은 그 길을 따라 살겠지만 죄인은 넘어질 겁니다. 고멜과 나를 통해 보여주신 하나님의 사랑을 깨닫고 제발 돌아오시오!
뉘 집 개가 짖나?
마누라 간수도 잘 못 하는 주제에.
쿵!

tip 아모스와 호세아의 예언

아모스는 이스라엘이 정치, 경제적으로 최고의 전성기를 누리던 때(B.C.760~753), 호세아는 타락이 극에 달할 때부터 멸망 1년 전까지(B.C.755~B.C.723) 활약했다. 예언서는 많은 부분이 반복되는데, 아모스의 예언도 호세아에서 반복된다. 따라서 성경2.0에서는 호세아의 예언을 간략히 정리했다. 아모스가 '하나님의 공의'를 선포하며 회개를 촉구했다면, 호세아는 자신의 가정사를 바탕으로 '하나님의 사랑'을 전하며 회개를 촉구했다. 그러나 이스라엘은 회개는커녕 더욱 악행을 일삼아 B.C.722년 결국 앗시리아에 의해 수도 사마리아가 함락되고 백성들이 포로로 끌려가는 신세가 되었다. Link 5권 196p 호세아의 이후 행적은 알 수 없다.

유다 예언서

요엘, 이사야, 미가, 하박국, 스바냐, 예레미야, 예레미야애가

이사야
스바냐
하박국
미가
요엘
예레미야

유다가 바벨론에 멸망당하기 전, 여섯 명의 예언자가 유다에서 활약했어.
후훗! 우리가 2000년 베스트셀러 저자라고!
싸인 해줄까?
미가
요엘
이사야
하박국
스바냐
예레미야

여호와는 그 예언자들을 통해 말씀하셨지.
하나님 말씀을 전하신다고요?
그렇습니다. 하나님께서는 지금도 늦지 않았으니 그분께 돌아오라고 말씀하시죠.
NEWS 24
험!
회개하고 주님께 돌아가야 심판을 피할 수 있습니다.

유다의 모든 예언서가 공통으로 주장하는 요점은 이런 거야.
NEWS 24
우상을 섬기고 율법을 지키지 않는 유다에 하나님의 심판이 내릴 겁니다! 그러니 회개해야 합니다!
참 나! 하나님께 선택받은 백성을 뭘로 보고?
저런 공갈 사기단은 다 집어넣어야 해!
하지만 유다 백성은 여전히 우상을 섬기며 죄를 지었지.
와! 이거 멋진데? 어디서 샀어?
'복이 술술' 스페셜 한정판이라 이젠 없을 걸?
번쩍
번쩍
어쩐지 네가 요즘 일이 잘 풀리더라. 부럽다야.
예언자들은 심판을 면할 수 없다는 사실을 알았어.
백성들이 하는 짓을 보면 심판을 면하긴 글렀소.
그러게요. 망하고 난 뒤 걱정이나 합시다.
그래서 심판받아 멸망할 때, 어떤 자세로 받아들여야 할지 얘기했지.
심판 때는 하나님께 불평과 원망이 아닌, 회개와 인내로 순종해야 합니다.
NEWS 24
심판 뒤에 반드시 구원해주시겠다는 하나님의 약속을 믿어야 해요!
심판 같은 소리 하고 자빠졌네!
흥!
절대 멸망할 리가 없잖아.
유다에는 하나님이 계신 성전이 있다고!
여호와는 심판 뒤 한 명의 지도자를 보내주셔서 전쟁과 고통이 없는 평화의 나라, 시대를 초월해 모든 죄인이 구원받게 될 나라를 세우실 거라고 약속하셨어.
하하하
와아아
그럼 여호와가 보내실 한 명의 지도자는 누구일까?
예수 그리스도!
정답!
오, 제법인데?
여호와는 예언서를 통해 심판만이 아니라, 구원의 약속도 하셨다는 걸 꼭 기억하길 바라!
어서 우리도 예루살렘으로 가보자!
아아!

1. 요엘

※요엘 : '여호와는 하나님이시다'라는 뜻. 그의 아버지가 브두엘('하나님의 성실'이라는 뜻)이라는 것 외에는 정보가 없으나 이름만 보면 요엘의 가문이 경건한 가문임을 알 수 있다.

1장 메뚜기 재앙

노인들아, 유다 사람들아 들어라! 지금까지 이런 일이 있었느냐?
으잉?!
뭐!?

콰아아아
수많은 메뚜기가 사자 같은 이빨로 땅을 덮쳐 모든 것을 먹어치웠다!
으아악!
꺄아악
사람 살려!

그때 브두엘의 아들 요엘이 여호와의 말씀을 전하려고 나타났어.
농부들아, 통곡해라! 포도송이와 올리브 열매가 말라붙고 밀과 보리가 다 죽어서 황폐해졌다!

모든 땅이 황폐해져 포도주뿐 아니라, 심지어 제사에 드릴 제물도 모두 떨어졌지.
제사장들은 굵은 베옷을 입고 성전에서 밤새 통곡해라! 너희가 아침저녁으로 바칠 제물이 떨어졌다!
도대체 왜 이런 재앙이 일어난 겁니까?
크흐흑! 이제 어찌 살라고!

※브두엘 : 특별한 정보가 없다. 다만 성경에는 12명의 요엘이 등장하기 때문에 그들을 구별하려고 표기한 것으로 보인다.

이제 거룩한 금식을 선포한다. 유다의 백성은 성전에서 주께 부르짖어라!

슬프다! 심판의 날, 파멸의 날이 다가왔다!
크흐흑
주여!

tip 요엘의 예언서

요엘서는 다른 예언서와는 달리 도입부에 저자 요엘의 활동 시대에 대한 언급이 없다. 학자들은 그의 활동 시기에 대해 여러 가지 추측을 하지만, 대략 유다 왕 요아스 Link 5권 109p 의 통치 초기일 것으로 본다. 요아스 왕이 정치, 종교적으로 개혁을 단행하던 이 시기, 갑자기 닥친 메뚜기 재앙으로 유다 전체가 큰 혼란에 빠지게 되자 하나님은 요엘을 보내 자신의 뜻을 밝힌다.

2장 다가오는 여호와의 날

이 메뚜기 재앙은 유다 백성의 죄 때문이었어.
우리가 무슨 죄를 졌다고 그래요?
우리처럼 착한 백성이 어디 있다고!
낑!
참 나! 기가 막혀서….

요엘은 이 재앙이 심판의 날의 징조임을 밝혔지.
이 모든 것은 여호와의 날이 가까이 왔기 때문입니다.
여호와의 날? 그게 뭐야?
공휴일인가?
여기 팁을 봐!
성경2.0

tip 여호와의 날 (또는 심판의 날)

여호와의 날이란 여호와가 역사의 어느 한 순간 결정적으로 개입하여 의인을 구원하고 악인을 멸하는 심판의 날을 가리킨다. 의인과 회개하는 자에게는 축복의 날이지만, 악인에게는 저주의 날이다. 이 날은 다음 4가지 의미를 지니며, 문맥에 따라 다르게 풀이된다.

① 이스라엘과 유다가 하나님의 심판으로 멸망하는 날
② 이스라엘과 유다를 괴롭히던 이방 나라가 심판받아 멸망하고, 이스라엘과 유다가 포로에서 해방되는 날
③ 메시아(구원자)가 와서 이스라엘 백성에게 승리와 평화를 주는 날
④ 세상 끝날, 즉 대종말

요엘은 여호와의 날에 대해 이렇게 설명했어.
그날엔 여호와의 군대가 메뚜기 떼처럼 휩쓸고, 불처럼 초목을 삼켜 이 땅이 황무지가 될 것이다. 무시무시한 심판의 그날을 누가 견디고, 피해갈 수 있겠느냐?

※군대 : 유다를 심판할 때 사용될 이방 나라의 군대를 말한다.

회개하라!

지금이라도 너희는 금식하고 슬퍼하며, 나 하나님 여호와에게 돌아오라! 옷이 아니라 너희의 마음을 찢어, 진정으로 회개하고 내게 돌아오라!
하나님은 은혜롭고 자비로우시다. 오래 참으시고, 한결같은 사랑을 늘 베푸시며, 불쌍히 여기는 마음이 많으시니 그 뜻을 돌이켜 재앙을 거두실 것이다!!

이제 제사장들은 금식을 선포해라! 장로들과 백성들은 굵은 베옷을 입고, 성전에 모여 회개해라! 하나님께 부르짖어라!
하나님 앞에 나가자!
이대로는 안 돼!
수군수군

주의 백성을 불쌍히 여겨주시고 이방인들에게 수모와 조롱을 당하지 않게 해주소서!

회개한 자에게 주시는 축복

회개하면 하나님이 어떻게 하실까요?
끌끌! 한심한 놈들.
이라고.
됐거든!

하나님의 말씀을 들어보세요!
너희가 회개하면 내 마음이 뜨거워져, 너희를 불쌍히 여길 것이다! 내가 북쪽에서 온 군대를 쫓아내고, 너희가 더는 조롱거리가 되지 않게 하겠다!
잘못했다고 기도했더니….
메뚜기 떼는 다 어디 갔지?

tip 북쪽에서 온 군대

북쪽에서 온 군대는 우선, 메뚜기 떼를 상징한다. 일반적으로 메뚜기 떼는 바람을 타고 팔레스타인 북쪽으로 이동했다가, 가을철에 바람을 타고 팔레스타인을 급습한다. 또한 유다 땅을 침범할 이방인의 군대를 가리키기도 한다. 이를 히스기야가 다스리던 시대에 유다를 침략했던 앗시리아 군대 Link 5권 207p 라고 주장하는 학자도 있지만, 심판의 날 완전히 멸망하게 될 사탄의 세력으로 볼 수도 있다.

두려워 마라, 주 안에서 기뻐해라! 주께서 봄비와 가을비를 흡족하게 내려주시어, 이 땅이 풍성한 열매를 맺을 것이다!
풍년이로다!
와아아

여호와의 날

그런 후, 내가 모든 사람에게 나의 영을 부어줄 것이다! 너희 아들, 딸이 예언할 것이고, 노인들은 꿈을 꾸며, 젊은이들은 환상을 볼 것이다!
엇?!
스스스
아니…?!

심판의 날이 오기 전에 피와 불과 연기 기둥이 나타나고, 해가 어두워지며, 달이 피처럼 붉어질 것이다.
크고 두려운 날이 오기 전에 이런 일이 먼저 일어날 것이다!
그… 그날이 온다!
여호와께서 오신다!

그러나 여호와의 이름을 부르는 사람은 모두 다 구원받을 것이다!
여호와의 이름을 부르짖어라! 여호와께 매달려라!

tip 나의 영(성령)을 부어주다

하나님의 영이 사람의 육체로 들어와 모든 사람이 예언하고, 꿈을 꾸며 환상을 보게 된다는 뜻이다. 이는 그들이 구약시대의 예언자처럼 하나님의 계시를 받게 된다는 의미가 아니라, 성령을 통해 하나님을 알게 되고, 하나님과 영적 교감을 이루게 된다는 의미다. 구약시대에서 성령이 임하는 사건 Link 2권 153p 은 예언자나 왕에게만 제한적으로 발생했다. 그러나 신약시대, 예수님이 부활 승천한 사건 이후, 다락방에 모인 제자들에게 집단적으로 성령이 임하는 일이 일어나게 된다. Link 사도행전 2장 1~4절 오순절 Link 2권 127p 에 일어난 사건이라 이를 '오순절 성령강림 사건'이라고 하는데, 이 사건 이후 누구에게나 성령의 임재가 가능하게 되었다.

3장 심판 후 하나님의 언약

여호와의 심판의 도구로 쓰임 받아, 이스라엘을 침략하고 노예로 삼았던 이방 민족들이 있었어.
우린 이스라엘을 잘근잘근 밟아줬지.
우상 따위나 섬기면서 징징 짜는 꼴하고는….
킥킥
킬킬킬

여호와는 그들에 대해서도 말씀하셨지.
그날이 오면 유다와 예루살렘을 회복시키고 번성케 하겠다! 그리고 여호사밧 골짜기에 모든 민족을 불러들여, 그들이 나의 백성 이스라엘에게 저지른 일을 심판하겠다!
응! 어째서?
하나님이 시켜서 한 건데?
헉!
히익!

tip '그날'이란?

① 모든 유대인이 회개하는 종말의 날.
② 최후 심판이 있기 전에 유다 왕국이 다시 세워지는 날.
③ 유다가 바벨론 포로에서 귀환하는 날, 더 나아가 이스라엘이 구원되는 말세의 날, 궁극적으로는 그리스도로 인해 하나님이 선택한 백성 전체가 구원받는 종말의 날.

일반적으로 ③의 견해를 가장 타당하게 보고 있다.

내 백성을 폭행하고 죄 없는 사람을 죽인 이집트는 황무지가 되고, 에돔은 황량한 사막으로 바뀔 것이다!
휘이잉

※심판의 도구 : 두로, 시돈, 블레셋, 앗시리아, 바벨론 등의 나라가 심판의 도구로 쓰임을 받았다.

※여호사밧 : 여호와가 심판하신다는 뜻. 특정한 위치를 말하는 게 아니라, 종말의 때 심판하는 장소를 상징한다.

그때 이스라엘은 내가 주 하나님임을 알 것이다! 나는 거룩한 산 시온에서 산다! 예루살렘은 거룩한 곳이 되어 다시는 이방인이 침범하지 못할 것이다!
하하하

그날이 오면 산마다 새 포도주가 흐르고, 언덕마다 젖이 흐를 것이다! 유다의 개울마다 물이 차며, 성전에서 샘물이 흘러 싯딤 골짜기를 적실 것이다!
깔깔깔

※시온 : 예루살렘 남동쪽에 위치한 언덕을 가리키지만 예루살렘 전체를 의미하기도 한다.

※성전 샘물 : 단순한 물이 아니라 영적 생명을 뜻한다.
※싯딤 : 사해 북동쪽 모압 평원에 위치한 성읍의 지명. 예루살렘에서 42km 지점.

유다와 예루살렘은 영원하고, 나 여호와는 시온에서 살 것이다!

요엘은 이 모든 말을 유다 백성에게 전했어.
요엘 토크 콘서트
'하나님의 심판과 약속에 대한 예언'
이 재앙이 주는 교훈을 부디 잊지 마세요!

tip 요엘서가 말하는 것

요엘서는 유다 땅 전역을 휩쓴 메뚜기 재앙보다 더 크고 두려운 여호와의 심판이 임할 것을 밝혔다. 그 의미는 다음과 같다.

① 현재의 고난에 좌절하지 말고
② 지난날의 죄를 회개하며
③ 여호와의 날에 멸망하지 않도록 영원한 구원을 소망하며
④ 하나님을 찾아라.

요엘은 말년, 어떻게 되었는지 알 수 없다.

2. 이사야

※이사야 : '여호와는 구원이시다'라는 뜻. 왕궁에 자주 출입하며 왕 및 제사장들과 긴밀하게 접촉했던 예언자로 유다 왕들과 백성의 존경을 받았다.

1장 유다의 죄악과 심판

이사야서는 아모스의 아들 이사야가 유다 왕 웃시야와 요담, 아하스, 히스기야 시대에 보았던 유다와 예루살렘에 대한 계시야.
어째서 이런 일이…?
흑흑
크흐흑

※아모스 : 이스라엘 예언자 아모스와는 다른 인물로 왕족이었다.

tip 이사야 시대의 유다 왕들

이사야는 유다 왕 웃시야(아사랴)가 사망한 B.C.739경부터 B.C.687 이후까지 활동했다.

왕	재위(B.C.)	주요 행적
웃시야(아사랴) Link 5권 184p	791~739	초기에는 의로운 통치를 했으나 교만해져 나병에 걸려 죽음.
요담 Link 5권 189p	747~731	하나님을 공경하며 의롭게 통치함.
아하스 Link 5권 190p	731~716	앗시리아 우상을 섬기고, 아들을 제물로 바침.
히스기야 Link 5권 200p	715~687	종교개혁을 실시함.

전쟁이 지나간 뒤 이사야가 유다 백성에게 말했어.
하늘이여 들으라, 땅이여 귀를 기울이라!! 주께서 말씀하셨다!
어? 이사야 님이다!

내가 기른 자식이 나를 거역했다. 소도, 나귀도 제 주인을 알건만, 이스라엘은 알지도 깨닫지도 못하는구나!
우리가 주님을 거역했다고요?
왜 우리가 소, 나귀만도 못해?
영감, 농담 마셔!
차라리 사악하기만 하든가. 저 돌대가리는 대체…!
아이고!

※전쟁이 지나간 뒤 : 이때가 언제인지, 어떤 민족의 침략이었는지 알 수 없다.

유다 백성은 여호와의 은혜를 저버렸고,
슬프다! 죄 많은 민족, 허물 많은 백성, 악한 종자, 타락한 자식들. 너희가 이스라엘의 거룩하신 분을 버렸구나!
도대체 어떤 종자야?
나쁜 놈들! 만나기만 해봐라.
흑! 하나님이 불쌍해.

여호와께 형식적인 제사만을 드리는 죄를 저질렀지.
다시는 헛된 제물을 가져오지 마라! 너희 제사와 절기들이 다 역겹다!
아! 지겨워
빨리 안 끝나나? 집에 가서 드라마 봐야 하는데….
난 쌍쌍파티에 가야 해.
수군
수군

tip 형식적인 제사

이사야는 유다의 여러 죄악 중 가장 먼저 종교적 범죄에 대해 지적했는데 회개와 순종의 마음 없이, 습관적이고 형식적인 제사를 드린 죄가 그것이었다. 이스라엘 백성은 마음속에 죄악을 품은 채로, 회개 없는 형식적인 제사를 드렸다. 마음의 중심을 보시는 하나님은 선한 행위 없이 그저 제사만으로 모든 것이 해결될 거라는 태도를 원치 않으신다.

또한, 가난하고 약한 사람들을 괴롭혔어.
너희는 스스로 정결해라! 악을 버리고 옳은 일을 배워라! 정의를 찾고 억압받는 사람을 도와주어라!
유다는 이러한 죄 때문에 하나님의 심판을 받은 거요.
난 빌려준 돈을 받고, 너희는 취직하고.
노예들
정말 좋은 일 하는군요.
내가 원래 좀 착해.
낄낄!

자! 와서 우리 함께 변론하자! 너희 죄가 주홍빛 같아도 눈처럼 희어질 것이며, 진홍빛 같이 붉을지라도 양털처럼 희게 될 것이다!
하나님께서 재판장에 나오라고 하셔.
아, 됐고! 모른 척할래.
우린 찔리는 게 없잖아. 나가보자.
이 돌띠야. 정말 없다고 생각하냐?
나가면 탈탈 털릴 거야. 버텨야 해.

tip 변론하다

법정 용어인 변론은 논쟁으로 사건의 진위를 판가름하는 행위를 의미한다. 하나님이 유다의 죄악을 일방적으로 벌하지 않으시고, 함께 옳고 그름을 따져보자고 제안하신 것이다. 이는 심판에 앞서, 유다 스스로 자신의 잘못을 충분히 깨닫고 회개할 기회를 주신 것이다. 아무리 큰 죄를 지은 사람이라 할지라도, 이 권유를 받아들여 진정으로 회개한다면 눈이나 양털처럼 깨끗해질 것이라는 말씀이다.

이사야

너희가 내게 순종하여 회개하면, 땅에서 나는 가장 좋은 작물을 먹게 될 것이다!
와우! 순종했더니 대박이다!
하하하

그러나 너희가 나를 거절하고 배반하면, 원수의 칼이 너희를 삼킬 것이다!
그러니 회개하고 하나님을 찾아야 합니다!

2장 메시아 왕국 ①

유다와 예루살렘에 대한 환상을 본 이사야가 말했어.
그날, 여호와의 성전이 있는 시온 산이 모든 산 중에 가장 높이 서고, 모든 민족이 이곳에 모일 것이다! 이곳에서 주님이 분쟁을 판결하고 갈등을 해결하시므로, 전쟁이 없는 나라가 될 것이다!
다 함께 주의 산으로 올라가자!
주께서 가르치시는 길을 따르자!
시온에서 율법이 나오고, 예루살렘에서 여호와의 말씀이 나온다!

이사야는 유다가 심판받게 되는 세 가지 이유를 지적했는데, 첫째, 우상을 섬기는 이방인들과 교류한 때문이야.
골라, 골라! 올해 신상 우상이 왔어요!
이거 얼마?
이 안에 든 '지니'라는 신은 3가지 소원을 들어주죠.
오오! 판타스틱 하군요.

※그날 : 마지막 날, 심판의 날, 여호와의 날을 가리킨다. Link 6권 39p
※시온 산 : 예루살렘의 언덕. 솔로몬은 이곳에 성전을 세워 정치와 종교의 중심지로 삼았다.

※이방인들과의 교류로 물질주의, 우상숭배 사상이 자연스럽게 유다로 들어왔다.

둘째, 경제력과 군사력만 믿고 교만해졌기 때문이지.
보이지 않는 하나님보다 황금과 이 병사들이 진정한 힘이야.
흐흐

셋째, 우상을 숭배했기 때문이야.
문지르면 '지니'라는 신이 분명 나온다고 했는데…?
헉
헉
에휴!
박박
참 나! 동화책 같은 이야기를 진짜 믿다니.

3장 유다에 대한 하나님의 심판

유다 백성이 의지하는 빵, 물, 용사, 군인, 재판장, 장로, 점쟁이 등 모든 것을 주께서 없애실 것이다!!
그게 무슨 말이죠?
왜요?

좀 더 쉽게 정리해주지.
①생계 유지에 필요한 양식과 식수가 단절됨
②현재의 정치·군사·종교 지도자가 모두 사라짐
③철부지와 어린애들이 나라를 통치하게 됨
그럼 나라가 엉망이 될 텐데?
켁!
말도 안 돼.

※철부지와 어린애 : 미숙한 자들이라는 의미이며, 능력이 부족한 사람을 말한다.

이사야는 또한 가난한 백성을 착취한 지도자와 장로들에 대해서도 말했어.
주의 포도원을 망치고 가난한 자들을 약탈한 지도자들아, 너희는 전쟁으로 죽을 것이다! 부귀영화가 사라지고, 예루살렘은 폐허가 된다!
뭐야?
노인네가 망령 났나?

4장 남은 자들의 회복과 영광

하지만 그런 중에도 여호와를 믿고 의를 지킨 자들이 있었지.
그때, 시온에 남은 백성들은 모두 거룩하며, 주께서 심판의 영과 불의 영으로 시온의 부정과 예루살렘의 피를 닦아주실 것이다.
하나님 말씀을 아는 게 중요하죠. 이 책을 꼭 챙겨서….
저거 뭐야?
치워라!
성경20

그들에게 심판의 날은 축복과 영광의 날이 될 거라 했어.
그리고 시온 산과 예루살렘을 영광으로 덮으셔서 피난처가 되게 하실 것이다.
난 예루살렘에 남을 거야.
넌 어림도 없어. 나라면 모를까.
호오! 집에 있는 우상이나 치우시지.
빠각!
켁!
성경20

5장 포도원의 노래

제가 사랑하는 분을 위해 노래 한 곡 할게요.
Love Song Of Isaiah
응? 누구한테 프러포즈하나?
아아
이사야님이 사랑하는 분은 하나님이야.

그분께서 기름진 언덕 위에 포도원을 가꾸었네.
땅을 일구고 돌을 골라내어 가장 좋은 포도나무를 심었지~♫
그분은 포도원 한가운데에 망대를 세우고,
포도주 틀도 만들었다네.♫
그분은 거기에 좋은 포도가 열리기를 바랐지만
나쁜 포도가 열렸다네.~♫
내가 뭘 더 해야 하느냐? 내가 하지 않은 일이 무엇이냐? 왜 나쁜 포도가 열린 것이냐?
크아악
퍼억
커헉!
나는 그 포도원을 황무지로 만들고, 울타리와 담을 마구 짓밟겠으며, 구름이 그 위에 비를 내리지 못하게 하겠다!
이 노래에서 포도원은 이스라엘 민족을, 포도는 유다 백성을 상징해.
유다 백성이 선하길 바랐는데 살육뿐이었어.
그들이 올바르길 바랐는데
울부짖음뿐이었다네.♪
노래를 끝낸 뒤 이사야는 말했어.
아 참! 주님께서 제 귀에 여러분의 운명을 속삭이셨소.
꿀꺽!
많은 집과 땅을 차지한 탐욕스러운 자들과 술에 취해 방탕한 자들에게 재앙이 닥칠 것이다! 귀족은 굶주리고 평민은 목이 탈 것이다!
거짓 예언자와 악한 재판관들의 시체가 쓰레기처럼 뒹굴 것이며, 다른 나라 군대가 나쁜 포도 열매를 맺은 이스라엘을 철저히 파멸시킬 것이다!
으악
퍼억
꺄아악

※이는 유다의 전반적인 죄악을 심판하고 구원하실 하나님의 약속에 해당하며, 예언의 정확한 시기와 세부적인 장소는 (유다인 것 외에는) 알 수 없다.

6장 하나님을 만난 이사야

유다 10대 왕 웃시야가 죽던 해, 이사야는 성전에서 환상을 보았지.
주께서 높이 들린 보좌에 앉아계시고, 그 옷자락이 성전에 가득 차있구나!
두둥

그분 위에서 여섯 날개를 가진 스랍들이 찬양하고 있었는데, 그 소리로 문지방이 흔들리고 성전에 연기가 가득했어.
거룩하다! 거룩하다! 만군의 여호와여, 그 영광이 온 땅에 가득하리다!
쿠구궁!!
허억!

※웃시야가 죽던 해 : B.C.739경으로 추정되며, 이사야는 이 환상을 보기 전부터 궁중 예언자로서 활동하고 있었다.

※스랍의 원 발음은 사라프로 '불같은 자들'이라는 뜻이다. 이 어원과 6날개를 가진 것으로 보아 스랍은 세라핌이라는 계급의 대천사인 듯하다.

내게 재앙이 닥쳐 죽는구나! 난 입술이 부정한데, 입술이 부정한 백성들과 함께 사는데, 만군의 여호와를 뵙다니!!!
덜덜덜

tip 하나님을 본 것이 재앙?

'거룩하신 하나님을 본 사람은 반드시 죽을 것 Link 2권 101p'이라는 말씀 때문에 이사야가 재앙이 닥쳤다고 말한 것이다. 이사야가 거룩하신 하나님을 대면했을 때, 가장 먼저 깨달은 것은 본성상 타락한 죄인인 더러운 자신의 모습이었다. 그래서 이사야는 거룩하신 하나님의 심판을 두려워한 것이다.

그때 한 스랍이 제단에 타고 있던 숯을 부집게로 집어 이사야의 입술에 댔지.
흐흐, 이리 온.
이 숯이 네 입술에 닿으면 너의 악은 사라지고, 죄도 용서받을 거야.
흐…다… 다른 방법은 없을까요?

※입술이 부정하다 : 마음속의 더러운 생각이 입술로 드러나는 것을 말하며 인간의 모든 죄를 대표한다.

그때, 이사야는 여호와의 말씀을 들었어.
누구를 보낼까? 누가 우리를 위해 갈까?
저요! 제가 여기 있습니다. 저를 보내주세요!
너… 뭔지나 알고 손 드냐?

너는 유다 백성에게 그들이 들어도 깨닫지 못할 것이며, 보아도 알지 못할 것이라고 말해라!
백성의 마음을 둔하게 하고, 귀와 눈을 막아 그들이 볼 수도, 들을 수도, 깨닫지도 못하게 해라! 그들이 보고 듣고 깨달아서 내게 돌아와 고쳐질까 걱정이다!
백성이 고쳐질까 걱정이시라고요?
??
팁을 봐야 하나님의 뜻을 알 수 있겠다.

※우리 : 성부(하나님), 성자(예수님), 성령(하나님의 영)을 뜻한다.

tip 하나님의 고뇌

하나님의 이 말씀은 역설적인 표현이다. 백성들이 회개하고 돌아오는 것을 막겠다는 뜻이 아니다. 단지 이집트에서 구원된 이후 많은 예언자를 통해 하나님 말씀을 들었음에도 불구하고, 눈과 귀를 막고 일관되게 우상을 섬기고 죄를 지은 완고한 이스라엘 백성을 나무라는 표현이다.

주님, 언제까지 그렇게 하실 겁니까?

모든 곳이 황폐해져 아무도 살지 못할 때까지, 사람들이 먼 나라로 흩어져 이 땅이 모두 버려질 때까지 그렇게 하겠다!
휘 이 잉

그러나 나무가 잘려도 그루터기는 남듯이, 거룩한 씨가 남아서 그 땅의 그루터기가 될 것이다!

※거룩한 씨 : 심판에서 살아남은 소수의 의인(하나님께 순종한 자)들을 말하며, 성경에서는 '남은 자'로 언급한다.

7장 임마누엘

유다 왕 아하스 때, 아람 왕 르신과 이스라엘 왕 베가가 연합해 예루살렘에 쳐들어왔지만 Link 5권 191p 성을 정복하진 못했어.
베가
르신

※르신 : 아람 왕국(메소포타미아 북부에서 시리아에 걸친 지역에 위치)의 마지막 왕으로 반앗시리아 정책을 폈다.
※베가 : 이스라엘 18대 왕 Link 5권 189p

당시, 다윗 왕실에 아람-이스라엘 연합군의 소식이 전해졌을 때,
왕이시여, 르신과 베가의 연합군이 에브라임에 주둔해있습니다!
뭐이?
아하스

아하스와 백성들은 두려워하며 바람에 요동치는 수풀처럼 떨었지.
크… 크… 큰일 났다!
덜덜덜
아이고!

tip 아람과 이스라엘의 침공

당시는 이스라엘을 포함한 주변 국가 대부분이 친아람, 반앗시리아 정책을 유지했는데, 유독 유다만이 친앗시리아 정책을 폈다. 이런 유다의 정책을 괘씸하게 여긴 아람은 이스라엘과 연합해 유다를 정복하고 친아람, 반앗시리아 정권을 세우려 했다.

※에브라임 : 이스라엘의 10지파 중 대표 지파가 에브라임이었기 때문에 이스라엘을 에브라임이라고도 불렀다.
※아하스 : 유다 12대 왕으로 우상을 숭배했으며 자기 자식을 불에 태워 제물로 드리기도 했다.

이때, 여호와가 이사야에게 말씀하셨어.
네 아들 스알야숩과 함께 윗연못 수로 끝, 세탁자의 밭으로 가서, 그 길목에 있는 아하스를 만나라!
가자!
스알야숩
부다당
야호!

tip 윗못 수로 끝 세탁자의 밭

기드론 골짜기에 있는 기혼 샘에서 예루살렘 성으로 흘러 들어오는 물을 저장하는 장소를 말하는데, 이곳에서 주로 세탁과 건조가 이루어진 것으로 보인다. 또한, 전쟁 시 급수지로서 군사 전략상 중요한 위치를 점했다. 하나님은 아하스가 거기 있음을 아시고 이사야를 그리로 보내신 것이다.

여호와의 말씀이오! 차분히 기다리고 침착하시오!
저자는?
털털털
이사야가 아닌가?

※스알야숩 : '남은 자가 돌아오리라'라는 뜻으로, 이 이름이 주는 위로의 메시지를 전하기 위해 이사야와 동행하게 했다.

아람의 르신과 르말리야의 아들(베가)은 타다만 부지깽이에서 나오는 연기에 불과하니 겁먹지 마시오!
엄청난 대군이 몰려오는데 무슨…?
끼익
물론, 그들은 악한 음모를 꾸몄소.
유다가 흩어지면 우리가 유리하지요.
유다를 공격해 겁을 줍시다.
그리고 다브엘의 아들을 유다의 새 왕으로 세웁시다.

※다브엘의 아들 : 아람인, 아람 왕 르신, 유다 사람이라는 견해로 분분하나, 확실한 것은 없다. 다만 그가 친아람이고, 반앗시리아인 것은 분명하다.

하지만 주께서는 그들의 계략이 성공하지 못할 거라고 하셨소. 절대로!
근거는?
하나님의 군대라도 데리고 왔소?
왜냐하면, 아람의 머리는 다메섹이며, 다메섹의 머리는 르신이기 때문이오.
또한 에브라임의 머리는 사마리아이고, 사마리아의 머리는 고작해야 르말리야의 아들(베가)이기 때문이죠.
아… 그… 래?
무슨 뜻이야?
수군 수군
야, 빨랑 검색해봐.

※머리 : 지배를 상징함. 아람과 이스라엘을 다스리는 것은 인간이지만 유다는 하나님께서 다스린다는 뜻이다.

에브라임은 65년 안에 산산이 흩어져 다시는 나라를 이루지 못할 거요. 물론 우리도 굳게 믿지 않으면, 굳건히 서지 못할 거고.
그러니 하나님을 믿지 못해 인간적인 계책을 세우면 안 됩니다.
음… 그, 그래…?
이 왕이 죽으려고 환장했나?
히익?!
이 사람아, 강한 동맹국을 찾아봐야지.
우리의 자랑 앗시리아가 있잖아.
못 믿겠으면 하나님께 표적을 보여달라고 하시오.
저 깊은 무덤에 있든, 저 높은 곳에 있든, 무엇이든 보여달라고 하세요.
흠!
꿀 꺽

나는 표적을 구하지도, 하나님을 시험하지도 않겠습니다.
오오! 저 흉악한 왕이…?
저 인간이 미친 건가?

tip 아하스의 거절

아하스가 하나님을 시험하지 않겠다는 말은 매우 경건하게 들리지만, 사실 하나님의 말씀을 듣지 않으려는 핑계에 불과하다. 보이지 않는 하나님의 구원이 신빙성 없는 소리로 들렸기 때문에, 그럴듯한 말로 변명하고 있는 것이다. 그는 하나님을 시험할 필요도 없는 무력한 존재로 취급하고 있다.

다윗의 자손이여. 당신은 백성의 인내심을 시험한 것도 모자라 이제 하나님의 인내심까지 시험하는 거요?
그럼 그렇지.
저 인간이 어떤 인간인데.
쿵!
그…그게 아니라..

※흉악한 : 아하스는 우상을 숭배했으며 자기 자식을 불에 태워 제물로 드리기도 했기 때문이다.

주께서 다윗 왕실에 한 표적을 주실 것이오. 처녀가 잉태하여 아들을 낳을 것이며, 그 이름을 임마누엘이라고 부를 것이오! 그 아이는 옳고 그름을 알 수 있는 나이가 될 때 버터와 꿀을 먹을 것이오.
임마누엘!?
처녀가 어떻게 아이를?

※옳고 그름을 알 수 있는 나이 : 3~4세 정도를 말한다.

tip 임마누엘

임마누엘은 '하나님이 우리와 함께하신다'라는 뜻으로 예수 그리스도를 가리킨다. 임마누엘은 처녀가 잉태하여 낳은 아들로, 세상에서는 불가능한 일을 하나님이 가능케 하신다는 표적의 약속이다. 또한 불가능하다고 여겨진 예루살렘의 구원이 하나님에 의해 확실히 이뤄지리라는 것을 상징하는 표현이기도 하다. 그 아이가 버터와 꿀을 먹는다는 것은, 임마누엘(예수 그리스도)이 인간의 음식을 먹으며 자란다는 의미다.

그리고 아이가 옳고 그름을 알 수 있는 나이가 되기 전에, 이스라엘과 아람은 황무지가 될 것이오.
3~4년 뒤에 두 연합군은 폭삭 망해요.
오, 그건 좋은 소식이군요.
앗싸!
짝

왕은 하나님보다 앗시리아를 더 의지하고 있죠? 그래서 하나님은 앗시리아를 통해 유다에 처절한 고난을 주실 거요.
심심한 명복을.
부다당
뭐? 어디서 막말을?!
앗시리아는 우리의 자랑이라고!

※아이 : 이사야가 자기 아내를 통해 낳을 아들 '마헬살랄하스바스'를 말한다. 임마누엘과는 다른 아이이다.

이사야

tip 앗시리아를 의지한 아하스

아하스는 이사야의 예언보다는 당시 근동의 실세였던 앗시리아의 군사력을 더 의지했다. 앗시리아를 통해 고난을 주겠다고 말한 것은, 하나님 외의 다른 세력을 의지하는 것이 헛된 일임을 확실히 보여주려는 의도다. 한편, 여기서 유다를 유린한 앗시리아 왕은 아하스가 도움을 청했던 디글랏 빌레셀 Link 5권 193p 이 아닌 B.C.701, 유다를 침공한 앗시리아 왕 산헤립으로 보인다. Link 5권 207p

8장 앗시리아는 하나님의 도구

너는 큰 판에 '마헬살랄하스바스'라고 써라. 그리고 제사장 우리야와 여베레기야의 아들 스가랴를 그 증인으로 삼아라!
이걸 아하스 왕에게 전해주시오.
에이, 바쁜데…
택배로 보내면 되지. 귀찮게.
우리야
스가랴
Mahershalalhahsb

※우리야 : 아하스를 도와 우상 제단을 세웠던 인물. Link 5권 193p
※스가랴 : 이스라엘 14대 왕 스가랴 Link 5권 187p 와 동명이인이며 특별한 정보가 없다.

그런 다음, 이사야는 예언자인 아내를 가까이 해서,
헤헤
여보, 나 왔어.

아들을 낳았어.
그 아이의 이름을 마헬살랄하스바스라고 해라!
아하스 왕에게 보냈던 판에 쓴 단어네요.
응애

맞다. 아이가 아빠, 엄마를 부르기 전에, 앗시리아 왕이 다메섹의 재물과 이스라엘의 전리품을 가져갈 것이다!
두 나라의 멸망이 얼마 안 남았군요.
훌쩍

※예언자 : 유다 사람들은 예언자의 아내나 딸에게도 예언자라는 호칭을 흔히 사용했다.

※다메섹 : 아람의 수도.

tip 마헬살랄하스바스

이 말은 '전리품을 잽싸게'라는 의미로, 머지않아 앗시리아가 아람의 다메섹과 이스라엘의 사마리아를 침략할 것을 상징한다. 이 말을 서판에 적어 아하스에게 보낸 것은 하나님의 구원을 믿지 않는 그에게 구원의 증거를 보여주려는 의도였다. 또한, '아빠, 엄마'라는 소리를 처음 하는 때는 2~3세경이므로, 아람과 이스라엘이 2~3년 내에 앗시리아에 의해 멸망한다는 암시에 해당한다. 앗시리아 왕이 다메섹의 재물과 이스라엘의 전리품을 가져간다는 예언은 앗시리아가 B.C.732에 다메섹을 정복하고 Link 5권 193p, 이스라엘을 침략함으로써 성취된다. Link 5권 189p

여호와가 앗시리아를 크게 의지했던 유다 백성에게 말씀하셨지.
유다 백성이 실로아 물은 버리고 르신과 베가의 멸망을 기뻐하니, 거친 유프라테스 강이 이 땅을 뒤덮어 휩쓸 것이다!
앗시리아가 왜 우릴 침략해? 얼마나 아부를 떨어놨는데?
여호와께서 앗시리아를 심판의 도구로 삼으실 거요.
쿵

※실로아 물 : 성전 남쪽 티로페온 골짜기의 못. 성전 제사에 쓰던 이 물을 버린다는 것은 성전 제사를 거부하고 여호와를 버린다는 뜻.
※유프라테스 강 : 메소포타미아 지역을 흐르는 강. 여기서는 앗시리아를 의미한다.

이방 민족이 아무리 힘이 세다 해도,
하지만 먼 곳에서 온 민족들아! 싸울 준비를 해라, 패망할 것이다! 계획을 말해라, 이루지 못할 것이다!
당신이 믿는 앗시리아는 결국 이 꼴이 될 거요.
푸핫! 누가 감히 천하의 앗시리아를!
우헤헤
여호와의 도구에 불과하며,
그것은 여호와께서 우리와 함께하시기 때문이오. 그러니….
얘들아, 앗시리아 형님을 불러!
진정한 심판은 여호와만이 하신다고 말야.
이 땅에 임마누엘의 날개가 가득할 것이다!
잉? 그건 무슨 뜻이죠?
뭐긴! 이 땅에 주의 심판이 가득한다는 뜻이지!

※우리 : 이사야를 비롯해서 여호와를 의지하는 사람들.
※임마누엘 : '하나님께서 우리와 함께하신다'라는 뜻으로 예수 그리스도를 가리킨다.

여호와가 이사야에게 경고의 말씀을 하셨어.
너희는 이 백성의 음모에 가담하지 말라.
너희는 나 여호와만을 거룩하다고 해라.
나만이 너희가 두려워할 존재다.
나는 성소도 되며, 이스라엘의 두 집안이 걸려 넘어지는 돌과 바위도 되며,
예루살렘 백성에게는 올가미와 함정도 된다. 많은 사람이 덫에 걸려서 사로잡힐 것이다!
타다닥
이사야는 이 문서를 봉인하여, 제자들이 읽지 못하게 했지.
뭐죠?
훠이! 저리 가. 알 거 없다!

※너희는 이 백성의 음모에 가담하지 말라 : 이사야와 그의 추종자들에게 하는 말씀으로, 아하스와 그 일당들이 앗시리아에 의지하는 것에 동조하지 말라는 뜻.
※성소 : 피난처. ※두 집안이 걸려 넘어지는 돌과 바위 : 남유다와 북이스라엘이 받게 될 하나님의 심판을 뜻한다.

주께서 주신 아이들과 내가 바로, 시온 산에 계신 주님이 이스라엘에 보여주시는 생생한 표적이다.
그런데요?
까르르
그런데도 백성들은 유다의 미래를 무당과 죽은 자에게 물어보라고 한다.
찔끔
그… 그렇죠.
너희는 오직 주의 말씀만 들어라. 그렇지 않으면 동트는 것을 보지 못할 것이다.
아… 알겠습니다.

그들은 괴로움과 굶주림으로 헤맬 것이다.
위로 왕과 신들을 저주하며 땅을 보겠지만
암흑과 절망만이 보일 것이다.
으아아
크악

※그들 : 아하스와 앗시리아를 의지하는 사람들.

9장 메시아 왕국 ②

어둠과 짙은 그늘의 땅에서
고통받던 백성에게 환한
빛이 비칠 것이다!
그 빛은 너희를 위해
태어나는 한 아기로
인한 것이다 !
으윽!
갑자기 어디서
이런 빛이?

※고통받던 백성 : 하나님을 의지하여 심판에서 살아남은 선한 백성들.

그 아기는 너희에게 주는 나의 아들로
너희의 통치자가 될 것이며, 그 이름은
'기묘자', '모사', '전능하신 하나님',
'영원히 살아계신 아버지',
'평화의 왕'으로 불릴 것이다!
까르륵

tip 기묘자, 모사

기묘자란 모든 자연 법칙을 초월한 기적적인 분을, 모사란 가르치는 자를 뜻한다. 이와 함께, '전능하신 하나님', '영원히 살아계신 아버지', '평화의 왕' 등은 모두 훗날 오실 메시아 예수 그리스도를 가리킨다. 이 예언은 어둠의 땅에 메시아가 빛으로 탄생하고, 그가 다윗의 나라를 새로이 다져 공의와 평화가 넘치게 할 것을 뜻한다. 여기서 '다윗의 왕국'은 '메시아 왕국'을 뜻하며, 이후 모든 예언서에 나오는 회복될 다윗의 나라는 메시아 왕국을 가리킨다. 메시아 왕국은 Link 6권 27p의 tip 참조.

그의 왕권은 크고 평화가 끝없을 것이며,
그는 다윗 왕국의 보좌에서 영원히 공평과
정의로 나라를 굳게 세울 것이다!
하하하

나 만군의
여호와는 열심히
그 일을 이룰
것이다!

이스라엘에 대한 심판의 경고

이사야는 이스라엘의 멸망도 예언했어.
북이스라엘은
어떻게 되죠?
걔들도 하나님을
의지하지 않던데.
멸망이지 뭐.
당연하잖아!
칵

이스라엘은 거듭된 심판의 경고에도 타락의 길을 걸었지.
아모스
이 길로 가면
안 된다고!
너나
잘해!
꺼져!

그들은 우상을 섬겼고, 가난하고 약한 자들을 괴롭혔어.
흐흐
1통을 빌렸으니 10통으로 갚아야지. 못 갚으면 네 아내를 잡아가겠다.
크흐흑!
이스라엘은 동맹국이던 아람에게 배신당하고, 블레셋과 앗시리아의 공격으로 멸망할 것 Link 5권 197p 이다.
와아아아
크아악
10장 앗시리아에 대한 심판
앗시리아도 여호와의 심판을 받아 망할 것이다.
천하의 앗시리아가?
앗시리아는 완전 센데….
앗시리아는 유다를 징계하기 위한 도구로 여호와가 강하게 만든 나라였어.
내가 우상을 섬기는 많은 왕국과 사마리아까지 접수한 마당에 예루살렘의 우상인들 접수하지 못하겠냐?
하지만 탐욕과 잔인함이 지나쳐 이스라엘과 유다를 짓밟고 여호와를 모독했지.
나의 힘과 지혜로 다른 민족들의 재물을 움켜쥐고 온 땅을 차지했으나, 입을 벌려 소리 내는 자가 없었다! 여호와도 감히 내 앞에서 소리치지 못한다!
크하하하!
그 때문에 앗시리아는 유다를 징계하는 일에 사용된 뒤 멸망하게 돼.
그 울창한 숲과 기름진 옥토를 모조리 태워 폐허로 만들겠다! 레바논의 빽빽한 삼림을 도끼로 찍듯이 앗시리아를 찍을 것이다!
하나님은 앗시리아의 침략에서 살아남은 백성에 대해서도 말씀하셨어.
야곱의 자손이 바닷가 모래처럼 많아도 그중 남은 백성들만 내게 돌아올 것이다!
시온에 사는 나의 백성들아. 두려워하지 마라!
나의 주여!
와아아

※살아남은 백성 : 하나님을 의지했던 소수의 의인들을 말한다.

이사야

tip 앗시리아의 멸망

앗시리아는 총 3차에 걸쳐 유다를 침공하여 국토를 유린하고 멸망 직전까지 몰고 가지만 끝내는 함락시키지 못하고 오히려 바벨론에 의해 멸망(B.C.605)한다. 또한, 히스기야가 유다를 통치할 당시 앗시리아가 침공했을 때 Link 5권 207p, 유다에 국가적인 회개 운동이 일어남으로써 이사야의 예언이 성취된다.

11장 메시아 왕국 ③

이사야는 남은 자들에게 위로와 희망을 주려고 새로운 나라에 대해 예언했어.
여호와는 심판을 하더라도 그분을 의지했던 백성들을 기억하셔.
절대 잊지 않으시지.
이새의 줄기에서 한 싹이 나고, 뿌리에서 한 가지가 나서 열매를 맺을 것이며, 주의 영이 그에게 내릴 것이다.
내 후손 예수 그리스도를 말하는 거야.
다윗
예수 그리스도

※새로운 나라 : 메시아 왕국 Link 6권 27p을 가리킨다. ※이새 : 다윗의 아버지. 예수 그리스도는 이새의 가문에서 태어난다

그는 공의로 재판하고, 정의로 허리를 동여매며, 성실로 몸의 띠를 삼는다.
너 그리기 싫은 거지?
죄… 죄송.
그때, 주의 거룩한 산에서는 아무도 해를 입지 않으리니, 그곳에 여호와를 아는 지식이 가득하기 때문이다.
하하하
그는 모든 백성의 깃발로 세워질 것이며, 민족들이 그에게 모여들어 영광이 가득할 것이다.
Jesus.

※거룩한 산 : 메시아 왕국. Link 6권 27p

그는 앗시리아, 이집트, 에티오피아, 엘람, 바벨론, 하맛, 그리고 바다 섬들에 남아있던 백성들을 돌아오게 할 것이다.
Jesus.
그의 깃발을 보고 흩어졌던 유다 백성들이 모일 것이니, 이스라엘이 이집트에서 올라오던 날과 같게 하실 것이다.
하하하
와아아아

※돌아오게 : 유다와 이스라엘 멸망 후 각지로 흩어졌던 백성들을 돌아오게 한다는 뜻.

그때는 에브라임과 유다가 서로 적개심이 사라지니 그들이 블레셋, 에돔, 모압, 암몬을 지배할 것이다.
크윽! 형제는 용감했다.
유다
이스라엘
블레셋
에돔
모압
암몬

12장 남은 백성들의 찬양

주께서는 내게 진노하셨으나, 이제 나를 위로해 주신다~♪
여호와는 나의 노래, 나의 힘, 나의 구원이시다~♪
여호와를 찬양하라. 그가 하신 일을 전하고 그 이름을 높여라~♪
시온의 백성들아, 크게 노래해라, 이스라엘의 거룩하신 분은 참으로 위대하시다~♪

※에브라임 : 이스라엘의 10지파 중 대표 지파가 에브라임이었기 때문에 이스라엘을 에브라임이라고도 불렀다.

13장 세계 여러 국가의 심판

하나님이 유다 주변 10개국의 멸망을 말씀해 주셨어. 타락한 그들이 유다를 괴롭혔거든.
갈그미스
하란
니느웨
티그리스강
앗시리아
앗시리아
구브로
하맛
유프라테스강
메대
아람
시돈
다마스쿠스
두로
단
두로
이스라엘
암몬
바그다드
바벨론
바벨론
엘람
수사
예루살렘
블레셋
모압
니푸르
라암셋
이집트
에돔
아라비아
우르
카이로

1차 바벨론에 대한 심판

내가 메대 사람들을 불러 바벨론을 공격하겠다!
와아아아아!
바벨론 사람의 영예이자 자랑거리인 바벨론은 마치 소돔과 고모라처럼 될 것이다!
으아악
꺄악

※메대 : 이란으로 유입된 아리안족을 구성하는 가장 큰 종족. 바벨론은 페르시아와 메대 연합군에 의해 멸망했다.

tip 바벨론의 멸망

이사야 당시 바벨론은 앗시리아의 피지배국으로 티그리스와 유프라테스 강 사이에 위치한 약소국이었다. 하지만 이후 대제국으로 성장하여 유다를 멸망시킨다. Link 5권 232p 바벨론 멸망은 이사야 예언 뒤 약 100~150년 지난 B.C.539경, 페르시아가 바벨론을 점령하여 성취된다. Link 6권 198p

14장 이스라엘의 포로 귀환

내가 야곱을 불쌍히 여겨, 이스라엘을 다시 선택하여 고향 땅에서 살게 하겠다!
아! 고향이다!
우리가 하나님과 함께 살던 곳이야.
이스라엘은 자기들을 사로잡았던 자들을 사로잡고, 자기들을 억압했던 자들을 다스릴 것이다!
이제 상황이 바뀌었네.
지금까지 날 때린 게 몇 대였더라?
흐흐
아이고!
크흐흑!

※이스라엘 : 여기서는 유다와 이스라엘 모두를 가리킨다.

그날이 오면, 모두 안식과 평화를 누리며 기뻐하며 노래를 부를 것이다!
바벨론에 의해 죽은 왕들이 저승에서 기뻐한다네~♪
바벨론의 멸망으로 평화가 찾아왔구나~♪
바벨론 왕이 하나님처럼 되겠다고 교만하더니,
죽어 수치와 조롱거리가 되었네~♪
와아아
뿌우우

앗시리아에 대한 심판

내가 앗시리아를 부수고, 짓밟을 것이다. 그리고 내 백성에게 씌운 짐을 내려놓겠다!
와아아아아
와! 자유다!!
드디어 해방이다!!

블레셋에 대한 심판

블레셋 사람들은 모두 굶어 죽거나, 칼에 죽을 것이다! 북쪽에서 온 강한 군대를 벗어날 자가 없을 것이다!
배고파!
쌤통이다!!

tip 블레셋의 멸망

끊임없이 이스라엘을 괴롭혔던 블레셋은 세력을 확장하여, 웃시야 때 유다에 빼앗겼던 성읍들을 되찾기도 했다. Link 5권 195p 그러나 이사야 예언 후 1년이 채 못 되어, 앗시리아에 의해 정복당하고, B.C.604, 바벨론 왕 느부갓네살에 의해 완전히 멸망했다.

15장 모압에 대한 심판

모압은 하룻밤에 멸망해서 울부짖는 소리가 온 땅에 가득할 것이다!
으악!!
크하하

※모압 : 아브라함의 조카인 롯과 그 딸 사이에서 태어난 아들 모압의 자손이다. Link 1권 67p

디몬의 물이 피로 변할 것이다!

※디몬(디본) : 아르논 강 북쪽 5km지점에 있는 모압의 성읍이다.

tip 모압의 멸망

당시 반앗시리아 정책을 편 이스라엘과 적대 관계인 모압은 앗시리아에 우호적이었다. 그러다가 히스기야가 유다를 통치할 때(B.C.701경), 반앗시리아 동맹을 결성했고, 이로 인해 앗시리아에 보복당하게 된다. 모압이 완전히 멸망한 것은 B.C.107경 로마에 의해서였다.

16장 모압에 대한 권고

하지만 이스라엘의 형제 모압이 심판을 면할 방법을 말해주마!
간단하지?
①유다에 조공을 바치고 화친할 것.
②앗시리아의 침략으로 피난민이 된 유다 백성을 도와주고 다윗 왕가가 다시 서도록 함께할 것.

교만한 모압에 대한 책망과 심판

그러나 교만하고 오만한 모압은 여호와의 말씀을 듣지 않았어.
우리가 왜?
형제 좋아하네!!
우리가 물로 보이냐?
우우우
깡
아이고!

기름진 밭에서 기쁨이 사라졌다! 포도원에서 노래와 기쁨의 소리가 들리지 않고, 포도를 밟는 사람도 없을 것이다!
흥! 삼 년 안에 모압이 치욕을 당할 것이다!
영감탱이 꺼져!
남의 나라까지 와서 재수 없게!
휙

※삼 년 : 고대 근동에서 품꾼은 보통 3년으로 계약했다. 여기에서는 정확히 3년이 아니라 품꾼의 계약처럼 정해진 기간 내에 모압이 심판받는다는 의미다.

17장 아람에 대한 심판

아람의 수도 다메섹과 그들의 모든 성이 허물어져 황무지가 될 것이다!
메에에에

※B.C.732경 앗시리아 왕 디글랏 빌레셀 3세가 다메섹을 함락하면서 이 예언이 성취되었다. Link 5권 193p

이스라엘에 대한 심판

또한 아람과 함께했던 에브라임도 멸망할 것이다! 하지만 수확한 올리브 나무의 먼 가지에 남은 열매처럼, 남은 자들은 이스라엘의 거룩하신 분을 바라볼 것이다!
사마리아성
할렐루야!

※에브라임 : 이스라엘의 10지파 중 대표 지파가 에브라임이었기 때문에 이스라엘을 에브라임이라고도 불렀다. 이스라엘은 아람과 동맹을 맺었었다.

이사야

앗시리아가 거대한 파도처럼 밀려 와도 내가 꾸짖으면 도망칠 것이며, 아침이 되기 전에 사라질 것이다!
우아아악!

18장 에티오피아의 일시적 보존

에티오피아는 유다와 동맹을 맺으려고 사신을 보냈어.
키가 크고 피부가 매끈한 민족이 사는 당신들의 땅으로 돌아가시오.
잉! 왜요?

tip 에티오피아의 사신이 왜?

당시는 에티오피아 왕 사바카가 이집트를 점령한 무렵(B.C.705경)으로 이집트의 제25왕조가 건립되던 때였다. 에티오피아가 점령한 이집트와 앗시리아 사이에는 유다가 있었다. 만약 유다가 앗시리아에 점령된다면 다음은 자신들이 위험해질 상황이었다. 에티오피아가 동맹을 위해 유다에 사신을 보낸 것은 이 때문이었다.

※앗시리아의 심판은 예루살렘을 공격했던 산헤립 왕의 군대가 몰락하며 성취된다. Link 5권 213p

당신들은 산 위의 깃발을 보고, 나팔 소리를 듣게 될 거요.
무슨 말이야?
으그! 앗시리아를 물리치고 승리의 신호를 보낸다잖아.
여호와께서 포도가 영글기 전에 낫으로 찍어버리실 것이오.
아까운 포도는 왜?
포도는 앗시리아를 말하는 거야.
모르면, 이 책이라도 좀 봐!
성경
그때, 당신들은 여호와께 감사 예물을 가지고, 성전이 있는 시온 산으로 올 거요.
이런 희소식이!
경사 났네!
덩실
덩실
호오

19장 이집트에 대한 심판

이집트는 내란으로 서로 싸우고, 폭군이 그들을 다스릴 것이다!
막아라!
반란이다!
크아악!
커헉

그 후, 내 심판을 본 이집트는 겁 많은 여인처럼 두려워할 것이다!
이… 럴수가!
덜덜덜

tip 이집트의 멸망

이집트는 B.C.735경 남북으로 분열된 뒤, 각각을 다스리던 피안키 왕과 탑네크트 왕 사이에 내란이 발생한다. 그리고 통일될 때(B.C.650경)까지 내분이 계속되다가 페르시아에 의해 멸망한다(B.C.525경). 경제·군사적으로 늘 이집트의 영향을 받아왔던 이스라엘에게 이집트가 멸망할 것이라는 예언은 큰 충격이었다.

그날, 이집트의 다섯 성읍이 내게 충성을 맹세하고 제단을 세우고 제사를 지낼 것이다!
이제야 여호와 하나님만이 진정한 신인 줄 알겠습니다.
아멘
그러면 내가 이집트를 어루만져 고쳐주고, 이집트, 앗시리아, 이스라엘이 서로 화해하고 복을 받게 할 것이다!
뭐여? 우리가 이제 친구?
멈칫
우린 모두 하나님의 백성이니….

20장 이집트와 에티오피아를 향한 예언

앗시리아 왕 사르곤의 군사령관 다르단이 블레셋의 아스돗 성을 점령했어.
앗시리아 만세!!
와아아아아!
왕 나와라! 아스돗을 점령했음.
최강 군대 만세!

※아스돗 : 블레셋의 5대 주요 성읍

그러자, 유다 백성이 두려움에 사로잡혔지.
아스돗이 점령당했대.
큰일이네!
이제 우리 차례가?
될까?
덜덜덜

tip 당시의 국제 정세

앗시리아의 다르단은 아스돗 점령 후 꼭두각시 왕을 세우고 자국으로 물러갔지만, 아스돗에 반란이 일어나 새 왕이 옹립되고 앗시리아의 2차 공격에 대비해 유다, 모압, 에돔 같은 주변국들과 연대를 강화하는 한편, 이집트에 동맹을 제의했다. 앗시리아의 확장에 위협을 느낀 이집트는 전쟁까지 불사하려 했다. 이 같은 국제 정세 속에서 유다는 반앗시리아 동맹에 참여하고자 했지만, 하나님이 이사야를 통해서 이 동맹에 가담하지 말라고 하셨다.

그때 여호와가 이사야에게 말씀하셨어.
허리에 두른 베옷을 벗고, 신을 벗어라!
어머나
헉! 갑자기 옷은 왜…?

잔말 말고, 맨몸과 맨발로 3년 동안 돌아다녀!
하나님 미워.
흑흑흑
돌았나?

앗시리아 왕이 이집트와 에티오피아의 포로를 알몸과 맨발로 끌고 갈 것이다!
아! 포로에 대한 암시였군요!

tip 맨몸과 맨발

맨몸과 맨발은 속옷만 입은 전쟁 포로의 모습으로, 유다가 앗시리아를 두려워해 주변 국가들과 동맹을 맺는다면 전쟁에서 패함은 물론, 포로로 끌려갈 것을 의미한다. 이 예언은 선포된 지 40년 뒤인 B.C.670 앗시리아 왕 에살핫돈에 의해 성취된다.

Link 5권 218p

그들은 수치스럽게 끌려가고, 그들에게 의지했던 자들은 부끄러워할 것이다!
이집트가?
크흐흑
헉!

그때, 해변에 사는 백성은 이렇게 말할 것이다!
우리가 의지했던 이집트가…!
아! 우린 이제 어디로 피해야 하나?

※해변에 사는 백성 : 반앗시리아 동맹에 참여했던 블레셋과 모압, 에돔 등을 가리킨다.

21장 2차 바벨론에 대한 심판

이사야는 여호와가 해변 광야를 두고 하신 말씀을 전했어.
남쪽 광야에서 회오리바람이 쳐들어온다! 엘람아, 공격해라! 메대야, 포위해라! 내가 바벨론의 횡포를 막고 이 땅의 신음소리를 그치게 하겠다!
바벨론이 페르시아와 메대에 의해 함락될 것이오!
말도 안 돼!
뻥치지 마!

※해변 광야 : 바벨론을 가리킨다.

※엘람 : 페르시아의 한 지방, 여기서는 페르시아 제국을 의미한다. 히브리인들에게는 페르시아보다 엘람이라는 명칭이 더 잘 알려졌다.

세일(에돔)에 대한 심판

어떤 세일(에돔) 사람이 이사야에게 물었어.
파수꾼 아저씨, 아침이 되려면 얼마나 더 기다려야 하죠?
아침이 오는 듯싶지만 곧 밤이 될 거요.

※세일(에돔) : 사해 남쪽에 위치한 이스라엘의 형제국

tip 세일(에돔)의 멸망

여기서 밤은 심판을 상징한다. '아침이 되려면…'이라는 말은 언제 이 고통이 끝나 희망의 날이 오느냐는 물음이고, '아침이 오는 듯싶지만…'은 에돔이 앗시리아에 조공을 바쳐 일시적인 평화를 누리지만 다시 바벨론에 침공당한다는 뜻이다.

아라비아에 대한 심판

아라비아 사람들은 상업으로 성공하자 교만해졌어.
세상의 지배자는 상인들이지!

그들은 도망자 신세가 되고, 게달의 모든 명성이 1년 만에 사라질 것이다!
와아아
으악!

※게달 : 이스마엘의 12 아들 중 둘째 아들 Link 1권 85p 로 아라비아 사막에 사는 베드윈족을 가리킨다. 여기에선 아라비아 부족들을 대표하는 의미로 쓰였다.

tip 아라비아

에돔과 바벨론 사이에 위치한 사막 지대, 곧 북서 아라비아를 말한다. 아라비아는 솔로몬의 통치 때부터 이스라엘과 무역의 동반자이자 군사 면에서도 큰 도움을 주었다. 그러나 상업이 발달하자 교만해졌고, 결국 무역로를 장악하려는 앗시리아의 공격을 받는다.

22장 유다에 대한 심판

계속된 경고에도, 유다 백성은 여호와를 찾지 않았어.
내일 죽더라도 지금 먹고 마시자!
와하하
하하하!

이놈들아, 여호와께서 환상 골짜기에 재앙의 날을 부르셨다. 성벽이 헐리고, 아우성치는 소리가 산에까지 사무칠 것이다!
아니 이 영감이?
어디서 행패냐?
콰앙
와장창!

이 죄는 너희가 죽을 때까지 용서받지 못할 것이다!
아저씨, 꺼지세요!
냅둬요! 이리 살다 죽게.
열 받으면 한잔? 어때?
부들부들

※환상 골짜기 : 예루살렘에 하나님의 환상과 계시가 나타나고, 예루살렘 주변에 많은 산이 있었기 때문에 예루살렘을 환상 골짜기로도 불렀다.

이사야는 타락한 유다 관리 중 대표적으로 셉나와 엘리야김에 대해서도 예언했지.
찬란하게 부패한 관리야~!!
이것들이 인간이야? 소야?
비틀
비틀

여호와의 말씀이다! 셉나는 관직에서 쫓겨날 것이고, 엘리야김의 집안은 몰락할 것이다!
아 네! 감사요.
충성!
영감, 입 다물고 꺼져!
헤롱
헤롱

※셉나 : 재무대신과 궁내대신을 겸했던 최고의 고관대작이다. Link 5권 208p
※엘리야김 : 셉나의 뒤를 이어 궁내대신이 된 자다. Link 5권 208p

tip 예루살렘의 멸망

예루살렘 멸망의 예언은 B.C.586년 바벨론 왕 느부갓네살에 의해 이루어진다. Link 5권 232p 셉나는 왕궁에서 가장 높았던 궁내대신에서 훨씬 낮은 서기관으로 좌천되고, 이후 이집트로 망명한 것으로 보인다. 셉나의 뒤를 이어 궁내대신이 된 엘리야김에 대한 기록은 찾을 수가 없다.

23장 두로에 대한 심판

여호와께서 온갖 영화를 누리며 교만해진 두로를 낮추려고 계획을 세우셨어!

다시스의 배들아 슬퍼해라! 두로가 멸망해서 들어갈 집도, 닻을 내릴 항구도 없을 것이다!
와아아아
쿠구궁
하지만 70년 뒤 두로는 다시 무역으로 부유해질 것이다!
Came back!
쿠쿠쿠

※두로 : 시돈과 함께 페니키아 지역의 주요 도시국가. 지중해 연안에 있어 무역이 매우 활발했다.

※다시스의 배 : 다시스(스페인 남부) 지역에서 무역용으로 쓰는 배를 통칭해서 다시스의 배라 불렀다. Link 5권 51p

그러나 그 결실은 두로가 가지지 못하고, 내 백성들이 차지할 것이다!
아… 아니 그건 내 건데?!
고마워!
애썼어! 잘 쓸게.
그 옷 비싸겠네.
낄낄

tip 두로의 멸망

두로는 고대 근동의 무역과 상업의 중심지로, 경제가 발전하자 음란과 사치에 빠졌고, 이스라엘과 유다에 우상숭배를 조장했다. 이에 많은 예언자(요엘, 아모스, 예레미야, 에스겔 등)가 그들의 멸망을 예언했다. 두로는 B.C.664, 앗시리아에 정복되고, B.C.572 바벨론 왕 느부갓네살의 침공을 받는다. 그 후 약 70여 년이 지난 뒤, 페르시아에 의해 해방되어 새로운 상업 도시로 발전한다. 하나님이 이들을 회복시킨 이유는 바벨론 포로에서 귀환할 유다 사람들에게 재정적인 도움을 주기 위해서였다. B.C.333 두로는 알렉산더에 의해 완전 멸망한다.

24장 세상에 대한 심판과 경고

이사야는 온 세상에 있을 여호와의 심판에 대해 선포했어.
우르릉
여호와께서 온 땅을 멸망시켜 폐허로 만들 것이며, 세상은 죄의 무게에 짓눌려 다시는 일어나지 못할 것이다!

사람들이 영원한 언약을 깨뜨렸기에 이 땅은 저주받고, 사람들은 형벌을 받을 것이다!
쩌적!

사람들은 함정에 빠지고, 올가미에 걸릴 것이며, 하늘의 홍수 문이 열리고, 땅의 기초가 흔들릴 것이다!
쏴아아아
쿠르릉
으아악
또한, 하늘의 악한 세력과 지상의 모든 왕이 죄수처럼 구덩이에 갇혀서 벌을 받을 것이다!
제발 살려주세요.
악한 세력이란 사탄과 그를 따르는 자들을 말해.
크르르
흐흐흑

※홍수 문 : 이스라엘 사람들은 하늘에 물이 가득한 창고가 있다고 생각했다. 이는 노아의 홍수 때 상황을 연상케 한다. Link 1권 34p

tip 모든 세상의 멸망

24장에서 예언된 온 세상의 심판은 다음과 같다.

① 세상 모든 사람에게 심판이 내리고, 모든 악한 쾌락이 소멸됨.
② 최후 심판 날 구원받은 백성이 하나님을 찬양하고 경배함.
③ 최후 심판으로 악한 자가 모두 두려움 가운데 멸망함.
④ 심판 뒤 여호와는 영원한 나라를 세우고 통치하심.

25장 여호와를 찬양하라!

이사야는 심판의 날에 악인을 벌하시고,
주께서 적의 성을 폐허로 만드시니 포악한 민족이 주님을 두려워합니다.

백성들을 구원하시는 여호와를 찬양했어.
주님은 약한 자들의 요새이며, 폭풍우를 피할 피난처이십니다.
쏴아아아
저 성으로 피하자!
주여!

※포악한 민족 : 하나님을 거역하고 백성을 억압하는 모든 세력을 가리킨다.

주님은 죽음을 없애시고, 모든 사람의 눈물을 닦아주시며, 수치를 씻어주십니다.
아, 이제 살았다!
저흰 주님만을 의지합니다!
와아!

tip 구원에 대한 찬양

25장은 다음과 같은 일을 행하시는 여호와를 찬양한다.

① 모압으로 상징되는 악의 세력을 멸하고 의로운 자를 구원한다.
② 구원받은 백성에게 풍성한 잔치를 베풀고 위로한다.

26장 구원받은 백성들의 노래

또한 심판의 날에 구원받은 백성이 부를 노래를 소개했지.
한결같은 마음으로 주님을 의지하는 백성들에게 완전한 평화를~♬
저희가 환난 중에도 주님을 간절히 찾고 기도했습니다♬
뿌우우
와하하

※26장은 하나님의 백성들이 하나님의 왕국에서 부를 기쁨과 찬미의 노래에 해당한다.

영원히 주님을 의지해라! 주 하나님만이 너희를 보호하는 영원한 반석이시다!
다른 권력자들도 있지만
주의 이름만 기억하겠습니다~♬

아 참! 밀실에 숨어있어라. 나쁜 놈들 혼내주고 올게!
네, 주님의 이름을 부를게요~♬
저희가 주님을 기다릴게요~♬

tip 기쁨과 감사의 노래

26장은 구원의 성에 들어갈 자와 그들이 부를 구원의 노래에 해당한다. 구원받을 자는 '늘 한결같은 마음을 가진 사람', '억압받는 사람', '가난한 사람', '의로운 사람' 등이다. 구원이 있기 전에 먼저 악인에 대한 심판이 있어야 하므로, 구원될 백성들에게 심판이 끝날 때까지 밀실에서 기다리라고 말씀하신다.

27장 이스라엘의 구원

마지막 심판의 날, 내가 크고 강한 칼로 리워야단을 죽일 것이다!
크아아악!!

그때 하나님은 이렇게 노래하실 것이다.
나는 포도원을 밤낮으로 돌본다~♬
그러면 야곱의 뿌리에서 풍성한 결실이 맺혀 세상을 가득 채우게 되겠지~♬
그때에 백성들은 아름다운 포도원을 보고 나를 찬양할 거야~♬

※리워야단 : 몸집이 아주 크고 힘이 센 수생 동물을 의미하며 바다의 용과 함께 사탄의 세력을 상징한다.

tip 심판의 날, 결실을 맺을 포도원

하나님은 심판의 날, 사탄의 세력을 사용해 세상 사람을 심판하실 것이다. 리워야단은 1차적으로는 앗시리아나 바벨론 같은 나라를, 궁극적으로는 마귀나 사탄을 상징한다. 하나님은 심판이 모두 끝난 뒤엔 사탄의 세력이 멸망할 것이라 한다. 한편, 앞의 포도원의 노래 Link 6권 43p 가 농부의 극진한 돌봄에도 불구하고 나쁜 포도를 맺은 것에 대한 책망이 주 내용이었다면, 여기서는 농부의 노력으로 야곱의 뿌리(예수 그리스도)에서 풍성한 결실이 맺힌다는 내용이다. 하나님은 택하신 자들의 구원을 위해서 열심히 일하시며 이 일이 결코 실패하지 않을 것임을 나타내고 있다.

여호와는 심판 뒤에 약속대로 백성을 일일이 부르실 것이다.
Link 2권 219p
뿌우우우우

※나팔소리는 여호와가 세상에 흩어져있는 백성들을 약속의 땅으로 부르는 신호이다.

그러면 흩어졌던 사람들이 예루살렘의 거룩한 산으로 돌아와 여호와를 경배하며 찬양할 것이다!
드디어 우리를 부르신다!
할렐루야!

※흩어졌던 사람들 : 앗시리아에 잡혀간 포로와 이방의 침입을 피해 이집트로 간 자들을 가리키며, 결국 악한 세력에 시달리는 모든 여호와의 백성을 의미한다.

28장 이스라엘과 유다에 대한 경고

이사야는 이스라엘의 죄에 대해 심판을 선포했어.
술 취하고 교만한 사마리아야! 네게 재앙이 닥칠 것이다! 주께서 강한 자를 보내 너를 짓밟을 것이다!
으아악
크하하하

※강한 자 : 앗시리아를 가리킨다.

유다도 이스라엘과 다를 바 없었지.
유다 사람들도 술에 취해 환상을 보지 못했고, 올바른 판결을 내리지 못했다.
꺼져! 어린 애들이나 가르쳐!
꺼억

※유다 사람들 : 유다의 정치·종교 지도자들을 가리킨다.

그들이 말하길….
우린 죽음과 스올과 언약을 맺었으니, 어떤 재난에도 끄떡없다!
ㅋㅋㅋ

※스올 : 밑바닥이 없는 곳이란 뜻으로 무덤이나 죽음을 의미한다.

언약은 깨지고, 닥쳐올 재앙을 피할 길이 없을 것이다!
내 경고를 비웃지 마라. 주님이 온 세상을 멸하기로 결정하셨단 말이다!

이사야는 농부의 비유를 들어 설명했어.
곡식을 빻을 때도 낟알이 다 바스러지지 않도록 하고, 타작 수레를 굴려도 다 으깨지지 않게 한다.

그분의 모략이 놀랍고 지혜는 넓으시다.
♪
탈탈탈

tip 농부의 비유

농부는 하나님을, 곡식은 백성을 상징한다. 밭을 갈고 씨를 뿌리는 농부는 이스라엘 백성을 보호하고 인도하는 하나님을 가리킨다. 농부가 추수하려고 곡식을 타작하는 것 또한, 하나님이 그의 백성에게서 좋은 결실을 얻으려고 다스리는 것을 나타낸다. 심판은 백성을 멸하려는 게 아니라, 온전한 하나님의 백성으로 단련시키는 수단이라는 말이다.

29장 예루살렘의 위기와 구원

아리엘아, 네게 재앙이 닥칠 것이다. 그때 네가 슬퍼하고 통곡할 것이다!
그러나 주님이 회오리와 폭풍과 맹렬한 불길로 오시면, 너희 원수는 먼지처럼 날아갈 것이다.
휘이이잉
으아악
이사야는 유다가 여호와의 심판으로 단련돼야 하는 이유를 말했어.
너희가 입으로는 하나님을 찾지만 마음으로는 하나님을 멀리하기 때문이다!

※아리엘 : 예루살렘의 별칭으로 보인다.

하지만 레바논이 기름진 밭으로, 그 밭은 숲으로 변할 것이며, 포악한 자는 사라지고 천한 사람들이 거룩하신 주님 안에서 즐거워할 것이다.
하하하
그때 그들은 야곱의 거룩한 분을 경외할 것이며, 그래서 마음이 혼미하던 사람이 총명해지고 불평하던 사람이 교훈을 얻을 것이다.
와아아
감사합니다!
아멘

※황폐해진 레바논이 풍성하게 변한다는 뜻으로 심판 뒤에 영광이 있을 것임을 암시한다.

※영적으로 무지하여 하나님의 말씀을 무시했던 사람들이 하나님의 말씀을 기쁨으로 받아들인다는 의미다.

tip 유다 백성의 회복

29장은 심판의 목적이 멸망이 아님을 강조하고 있다. 이사야는 유다에 있을 위기와 구원을 예언한 다음, 하나님의 말씀을 깨닫지 못한 채 거짓으로 섬기며 하나님을 의지하지 않는 유다 백성을 책망한다. 또한, 심판 뒤에 하나님과 관계가 회복된 유다 백성들의 변화를 이야기한다.

30장 이집트와 동맹한 유다 ①

거역하는 자식들아, 너희가 이집트의 그늘에 숨지만 수치와 치욕만 얻을 것이며, 죄에 죄를 더하니 화가 닥칠 것이다!
네겜의 들짐승아, 이집트는 힘 못 쓰는 라합에 불과하다!
너희가 여호와의 말씀을 듣지 않고 악함을 의지했으니 성벽이 항아리처럼 산산조각 나고 무너질 것이다.
흥! 도망치면 돼지 뭐.
주의 심판을 피할 수 있는 방법은 딱 한 가지밖에 없대.
성경20

※네겜의 들짐승 : 유다 남쪽 네게브(네겜) 땅을 지나, 이집트로 가는 유다 사절단의 나귀 또는 낙타를 가리키며, 곧 유다를 뜻한다. ※라합 : 바다의 용을 가리키며 악의 세력을 상징한다. Link 1권 204p

※악함을 의지하다 : 이집트와 동맹을 맺으려 한 일을 가리킨다.

그러나 그분은 너희가 부르짖으면 틀림없이 은혜를 베푸시고 상처를 감싸주실 것이다.
주여, 주여!
제발, 살려 주세요!
우상 따위!
없어 져라!
콰직
그때, 달은 해처럼 비추고 햇빛은 7배나 밝아질 것이다.
우와

※달은 해처럼 : 자연이 완전히 회복되고 진리의 빛이 모든 사람에게 찬란히 비춰진다는 의미이다.

앗시리아에 대한 심판 예언

내가 파멸의 키로 그 민족을 걸러내고, 입에 재갈을 물릴 것이다!
만세!
뿌우우우
앗시리아가 망했구나!

※그 민족 : 앗시리아를 가리킨다.

내가 준비한 몽둥이로 앗시리아를 치고 싸울 것이며, 나의 숨결이 유황처럼 그들을 사를 것이다!
크아아악
푸슈슈

※준비한 몽둥이 : 바벨론을 가리킨다.

tip 이집트와의 동맹

30장은 B.C.705경 유다가 앗시리아의 침략이 두려워 하나님을 믿지 않고 이집트와 동맹을 맺은 일을 책망하는 내용이다. 하나님은 이런 유다를 심판하는 동시에 그분께 의지하는 사람들에 대해서는 위로와 회복을 약속한다. 또한 유다가 두려워하던 앗시리아의 멸망도 예언한다.

31장 이집트와 동맹한 유다 ②

이사야는 여전히 이집트를 의지하는 유다 백성에게 말씀을 전했어.
이집트에 간 자들에게 재앙이 닥칠 것이다. 그들은 막강한 군대만 믿고, 이스라엘의 거룩하신 분은 의지하지 않았다!
이집트가 우릴 도와줄 거야.

새가 둥지를 보호하듯이 주님이 예루살렘을 보호하신다. 그러니 너희는 그분께로 돌아가라!
이집트의 대군이 저기 있다고!
앗시리아를 막을 수 있는 건 이집트뿐이야!

앗시리아는 여호와의 칼에 멸망할 것이다. 그들은 부대를 버리고 도망갈 것이다!
저 어마어마한 앗시리아가 멸망한다고?
말이 되는 소리를 해야 믿지!
킥킥

tip 반복되는 예언

30장의 내용과 동일한 예언이 반복되는 이유는 심판과 회복의 약속에도 불구하고 유다 백성들이 여전히 하나님을 믿지 않고 이집트에 의지했기 때문이다.

32장 의로운 왕의 통치

앞으로 한 왕이 나와 공의로 통치할 것이다.

경솔하지 않고 사려 깊은 그분은 광풍과 폭우를 피하는 사막의 큰 바위 같다.
쏴아아아

태평한 여인들아, 너희는 1년 뒤에 가슴을 칠 것이다! 성이 파괴되고 돌무더기가 되리니!
흑흑흑
훌쩍

※한 왕 : 1차적으로는 종교개혁을 감행했던 히스기야를, 궁극적으로는 예수 그리스도를 가리킨다

※태평한 여인들 : 유다의 상류층 부녀자들로 온갖 사치와 허영에 빠진 이들을 가리킨다.

하지만 주님이 영을 보내시면 땅은 풍성해지고 평화가 영원할 것이다.
메시아 왕국이 올 거라는 말씀이지.

33장 멸망하는 유다의 적

자신은 약탈당한 적 없이 남만 약탈한 자야, 네게 재앙이 닥칠 것이다!
나?
산헤립 왕

주님이 우리 편에서 싸우시니 민족들이 흩어지고, 시온은 안정을 누리게 될 것이다.
으아아악
푸핫! 이제 우리가 약탈할 차례다!

※영 : 성령을 가리킨다.

※약탈당한 적 없이 남을 약탈한 자 : 앗시리아를 가리킨다.

※민족들 : 여러 식민지에서 차출한 앗시리아 군대를 가리킨다.

악한 민족을 보지 않으면서 그곳에 사는 의로운 백성은 죄를 용서받고 편히 살 것이다.
하하하
호호호

※그곳 : 시온인 예루살렘을 가리키며 궁극적으로는 메시아 왕국을 가리킨다.

tip 예루살렘의 영광

33장은 앗시리아의 왕 산헤립 Link 5권 207p 의 예루살렘 침공 시기와 맞물린 내용이다. 이사야는 유다의 적인 앗시리아의 멸망과 유다에 남은 의롭고 정직한 백성들의 회복, 그리고 예루살렘에서의 평화에 대해 예언했다.

34장 세상 민족들의 멸망

여호와와 그분의 백성을 괴롭히고 조롱한 세상의 모든 민족을 향해 이사야가 말했어.
주님이 모든 민족을 멸망시키려 하신다!
앗싸, 주님 짱!
야, 우리도 멸망하거든!

※세상의 모든 민족 : 하나님을 대적하고 그의 백성에게 적대감을 갖는 모든 세력을 가리킨다.

그들이 들소처럼 쓰러지고, 땅은 핏빛으로 물들 것이다. 에돔은 영원히 황폐하여 창조 전처럼 될 것이다.
으아악
콰르릉!
커헉

※에돔은 이스라엘의 적이다. 이로써 마지막 날, 사탄에 속한 모든 나라에 하나님의 진노가 내린다는 예언이다.

주님의 책을 읽어보라. 주님은 그 땅을 짐승들이 영원히 차지하도록 할 것이다.
여기가 하나님께 대들던 놈들이 살던 곳이야.

※주님의 책 : 여기서는 Link 이사야 5~17장 을 가리킨다.

35장 메시아 왕국의 영광과 환희

이사야는 모든 심판 뒤 오게 될 메시아 왕국에 대해 예언했어.
광야와 메마른 땅이 기뻐하며 여호와의 영광을 볼 것이다.
곧 주님이 오실 거야.
힘내!
헉 헉

두려워 말고 굳세어라! 너희 하나님께서 복수하러 오신다! 너희를 구원하러 오신다!
오, 주여!

주께 구원받은 사람만이 기뻐 노래하며 거룩한 길을 따라 예루살렘으로 돌아올 것이다!
예루살렘
하하하

※거룩한 길 : 예수 그리스도를 상징하며, 예수 그리스도를 믿는 자만이 갈 수 있는 길이다.

tip 제1부 심판과 회복

35장은 에돔으로 상징되는 사탄의 세력이 멸망한 다음 하나님의 백성이 누리게 될 축복을 예언하는 장이다. 이사야 1~35장은 악한 세상에 대한 하나님의 심판과 경고, 남은 자에 대한 회복의 약속이 주된 내용이다. 그중 28~35장은 제1부의 종결부로서, 하나님이 공의와 평화가 넘치는 메시아 왕국을 이루시려고 세상의 모든 악을 멸하고, 하나님을 믿은 경건한 자만을 구원의 성(예루살렘)으로 불러 모으신다는 내용을 반복적으로 보여준다.

36~37장 히스기야의 3대 사건 ① 예루살렘의 구원

앗시리아가 침공 Link 5권 207p 하자 유다 왕 히스기야는 여호와께 기도했어. 그러자 여호와가 천사를 보내 그들을 물리쳤지. Link 5권 213p

※히스기야 시대의 3대 사건은 Link 5권 207~216p 와 동일한 내용이기 때문에 6권에서는 간략히 정리한다.

38장 ② 히스기야의 병

39장 ③ 바벨론 사절단

앗시리아 침공 전, 히스기야는 죽을병에 걸렸어. Link 5권 214p
너는 회복되지 못하고 죽을 것이니 집안의 일을 정리해라!
헉!
하지만 히스기야의 기도를 들은 여호와가 마음을 바꾸셨지.
만세!
내가 네 목숨을 15년 연장시키고, 내 이름과 내 종 다윗을 위해 너와 이 성을 앗시리아 왕의 손에서 지키고 구하겠다!
히스기야는 병이 낫자 여호와께 감사의 글을 남겼어.
내가 스올에 들어가 이 땅에서 다시는 주님을 뵐 수 없으리라 생각했습니다.
사자가 내 뼈를 부수는 것마냥 나는 새벽까지 울부짖었습니다.
'주님은 제 목숨을 끊으실 겁니다.
주여, 저를 건져주소서!
주님만 섬기겠으니 저를 낫게 하시고 다시 일어나게 해주소서!'
그러자 주께서 나를 낫게 하시고 멸망의 구덩이에서 건지셨습니다.
제가 사는 동안 성전에서 주님을 찬양하겠습니다.
흑흑
히스기야의 병이 나았다는 소식에 바벨론 왕이 예물을 보냈지. Link 5권 215p
우헤헤!
히스기야는 여호와의 은혜를 잊고 교만하게 자신의 부와 권력을 자랑했어.
으쓱

※스올 : 심판받아 멸망한 자들의 혼만 가는 장소. 밑바닥이 없는 곳이란 뜻으로 무덤이나 죽음을 의미한다.

그러자 이사야가 히스기야에게 예언했지.
그날이 다가오고 있다. 그날이 오면 네 왕궁의 모든 것과 네 조상이 모은 보물은 모두 바벨론으로 옮겨갈 것이다! 네가 낳을 자식도 일부는 바벨론의 포로로 끌려가 왕궁의 내시가 될 것이다!
켁!
크흐흑! 그래도 내가 살아있는 15년 동안은 지켜준다고 하셨으니.
끙! 계산은 빠르군.

tip 제2부와 이사야서의 구성

36~39장은 이사야서의 제2부로 히스기야 시대에 있었던 3대 사건을 기록하며, 제1부(1~35장)에서 거듭 예언된, 앗시리아를 통한 심판과 구원이 구체적으로 어떻게 성취되는지를 증거한다. 한편, 성경은 구약 39권, 신약 27권으로, 총 66권인데, 이사야서 역시 전반부 39장, 후반부 27장, 총 66장으로 성경과 구성이 같다. 전반부(1~39장)는 주로 인간의 죄악과 하나님의 심판을, 후반부(40~66장)는 구원과 축복을 다룬다.

40장 이스라엘의 포로 해방

여호와가 예언자들에게 말씀하셨어.
너희는 내 백성을 위로해라! 예루살렘 백성을 격려해라! 복역 기간이 끝나고 죄에 대한 형벌도 갑절로 받았다고 외쳐라!
넵!
타다닥
또한, 한 소리가 외치길,
하나님이 오실 큰 길을 닦아라! 주님의 영광이 나타날 것이니, 모든 사람이 그것을 볼 것이다!
오! 포로로 끌려온 지 70년 만에…!
주님이 오신다!
우릴 구원하러 오신다!

※복역 기간 : 바벨론 침략으로 예루살렘이 멸망한 후 Link 5권 232p 70년의 바벨론 포로 기간을 가리킨다.

※한 소리 : 누구의 소리인지 알 수 없다.

이사야

이사야

tip 큰 길을 닦아라

고대에 왕의 마차가 쉽게 지나가도록 왕의 행차를 알려 길을 평탄하게 했던 것을 비유한 권고. 1차적으로는 이스라엘 백성에게 회개하여 바벨론의 압제에서 해방시킬 구원자 하나님을 맞을 준비를 하라는 뜻이다. 궁극적으로는 성도들에게 죄와 사망의 권세에서 구원하실 자, 만유의 왕 예수 그리스도를 맞을 준비를 하라는 의미다.

백성은 풀에 불과하다. 풀은 마르고 꽃은 시드나 하나님의 말씀은 영원하다!
인간은 변하지만 하나님의 말씀은 늘 변함이 없다는 뜻이야.
나도 그쯤은 알고 있소.
쿵!
하나님이 오시면 목자처럼 자기 양 떼를 품에 안으시고, 고이 이끄실 것이다.
아! 하나님은 우릴 잊지 않으셨어.
당연하지. 하나님이 약속하셨잖아.

창조자 하나님의 절대 권능

이사야는 하나님을 우상에 견주는 어리석은 백성에게 말했지.
누가 하나님을 헤아리며, 누가 그분을 가르치겠는가? 그분을 무엇과 비교할 수 있겠느냐?
악! 내가 안 그랬어요!
따악
찔찔
그런데 저건 뭐냐? 금, 은, 나무로 만든 우상이잖아!
악! 잘못 했어요!
퍽
퍽
대장간에 들락거리더니….
하나님이 세상을 만드셨고, 하늘을 장막처럼 쳐놓으셨다. 그런데 어찌 불평, 불만을 하느냐?
버럭
좀 힘들다 보니….
죄송요.

※불평, 불만 : 이스라엘 백성은 바벨론 포로 생활이 길어지면서 하나님이 자신들을 버렸다고 생각했다.

하나님은 땅 끝까지 창조하신 분이다! 오직 주님을 소망하는 사람은 새 힘을 얻어, 독수리처럼 솟아오르며 지치지 않을 것이다!

tip 구원과 하나님의 권능

40장은 바벨론 포로 생활을 하는 이스라엘을 향해 하나님의 구원의 때가 이르렀음을 선포하는 한편, 창조자 하나님의 유일성과 절대 주권을 강조하며, 구원의 약속을 의심하는 이스라엘 백성에게 하나님만을 전적으로 의지하라는 권고다.

41장 이스라엘을 도우시는 하나님

여호와가 한 정복자에 대해 말씀하셨어.
내가 동방에서 한 정복자를 일으키겠다!
그가 거침없이 민족들을 굴복시킬 것이다!
와아아아아

※한 정복자 : 페르시아의 초대 왕 고레스를 가리킨다.

그러나 나의 종 이스라엘아, 내가 너와 함께하니 두려워 마라. 내가 너를 돕고 내 의로운 오른팔로 붙들어주겠다!
슈우욱
히히힝
내가 너를 날카로운 타작기로 만들겠고, 산을 부스러기로, 언덕을 겨로 만들겠다!
으아악!
쿠르르르
민족의 신들아 장차 올 일을 말해봐라! 복이든, 화든 내려라! 그래야 너희를 신으로 알고 두려워할 게 아니냐!
능력을 보여주소서!

※타작기 : 다른 민족을 심판하는 이스라엘을 상징한다.
※민족의 신들 : 각종 우상을 가리킨다.
※산과 언덕 : 이스라엘의 적을 가리킨다. 1차적으로는 이방 민족을, 궁극적으로는 사탄을 의미한다.

보라! 아무것도 할 수 없는 우상은 쓸모가 없다. 그것들은 바람이며 헛것일 뿐이다!
퍼억
정체를 밝혀라!
뭐야? 아무 말도 못해?

tip 하나님의 응답

41장은 동방의 한 왕을 통해 민족들을 심판하실 하나님의 계획을 선포하는 한편, 하나님이 이스라엘 백성을 보호하고 구원하여, 그들이 이민족을 심판하게 될 거라고 예언한다. 또한 이민족이 의지하는 우상은 헛된 것임을 선포한다.

42장 여호와의 종의 노래 ①

여호와가 그분의 종에 대해 말씀하셨어.
내가 내 종에게 영을 주었으니 그가 여러 민족에게 정의를 베풀 것이다!
하나님의 종이란 바로 나, 예수를 말해.

내가 의를 이루려고 너를 불렀으니 너는 내 백성의 언약과 이방의 빛이 될 것이다!

tip 여호와의 종의 노래

총 4편으로, 부르는 주체와 내용이 조금씩 다르다.

- 제1노래(42장 1~9절) : 주체는 여호와. 여호와가 보내실 종의 성품과 주요 임무, 권위를 밝힌다.
- 제2노래(49장 1~7절) : 주체는 여호와의 종. 종의 탄생과 소명, 고난과 영광 등을 예언한다.
- 제3노래(50장 4~9절) : 주체는 여호와의 종. 종이 이 땅에서 받게 될 고난과 극복 및 승리 등을 노래한다.
- 제4노래(52장 13절~53장 9절) : 주체는 여호와의 종과 구원받은 백성. 여호와의 종이 받을 고난의 참상과 결과를 노래한다.

이를 종합해보면 여호와의 종이란 인간의 모습으로 오시어 구속 사역을 성취한 주 예수 그리스도를 가리킨다. 예수 그리스도가 태어나기 무려 700여 년 전에 이미 이사야를 통해 그의 탄생과 구원 사역이 예언된 것이다.

하나님을 찬양하라

백성들아, 새 노래로 찬송해라! 주께서 용맹하게 대적들을 물리치신다!
와아아아

※새 노래 : 구원받은 백성이 부를 감격의 찬양을 가리킨다.

나는 여호와니, 이것이 내 이름이다. 나는 내가 받을 영광과 찬양을 다른 자나 우상들에게 양보하지 않겠다!
불끈!
꿀꺽

※여호와 : '스스로 있는 자'라는 뜻으로 오직 하나님만이 참 신임을 나타낸다.

그때 우상을 믿는 자들은 크게 수치를 당할 것이다!
우아악

지금까지 백성들이 약탈과 노략을 당했지만 구해주는 자가 없었다.
포로생활 70년…!
아! 고향이 그립다.

이는 하나님께 죄를 짓고 순종하지 않았기 때문이다! 주께서 불타는 진노와 참혹한 전쟁을 쏟으셨으나 너희는 깨닫지 못한 것이다.
왜 우리가 이 꼴이 된 거지?
망했다는 건 알겠어.
흐흐흑

※참혹한 전쟁 : 바벨론의 침략으로 유다가 멸망한 상황 Link 5권 233p 을 말한다.

tip 어리석은 이스라엘

42장은 여호와의 종으로 오실 메시아를 예언하며 온 땅 백성을 향해 구원을 베푸실 하나님께 찬양할 것을 촉구하는 한편, 어리석은 이스라엘을 책망하고 있다.

43장 구원의 약속

내가 너를 해방시켰으니 두려워 마라.
너는 내 것이니 내가 너와 함께할 것이다!
해방이다!
주께서 구해주셨다!
와아

내가 바벨론에 군대를 보내어 너를 구하면 그들은 통곡할 것이다!
으아악

※군대: 이스라엘을 바벨론에서 해방시키기 위해 보낸 페르시아 군대를 가리킨다.

너는 나를 찬양하라고 태어난 내 백성인데도 날 예배하기는커녕, 죄와 악함으로 나를 괴롭혔다!

※죄와 악함: 의롭지 못함, 우상숭배, 하나님을 의지하지 않는 교만을 가리킨다.

그런 너를 용서하는 것은 거룩한 내 이름을 욕되게 하지 않으려는 뜻일 뿐이다!
불끈
으그그! 이걸 그냥!
헤헤!

44장 보호의 약속

내가 택한 이스라엘아!
네 자손에게 내 영을 붓고,
내 복을 주겠다!
나는 시작이며 끝이니
나 외에 다른 신은 없다!

우상은 아무 쓸모가 없다. 그런 것을 섬기는 자들은 수치만 당할 것이다!
으아아
크흐흑
이런 가문의 수치가…!

※내 영: 성령을 가리킨다.
※시작이며 끝: 역사를 시작하고 끝낼 분은 하나님이라는 뜻.

그러니 내가 지은 이스라엘아! 네 죄를 없앴으니 내게 돌아오라! 유다의 성과 허물어진 곳들이 재건되고, 예루살렘에 사람이 살게 될 것이다!
예루살렘이 재건되다니…!
완전 폭삭 망했었는데…!
이게 다 하나님 덕분이지!!

tip 구원과 보호의 약속

43장은 하나님이 지명하여 부르신 이스라엘 백성을 바벨론 포로에서 해방한다는 약속이다. 하나님은 이스라엘을 끊임없이 용서하지만 죄에 대해서는 반드시 심판한다는 예언이기도 하다.
44장은 하나님이 택한 백성이니만큼 이스라엘을 절대적으로 보호하겠다는 약속이다. 하나님은 우상숭배의 어리석음을 책망하며 이스라엘 백성의 사죄와 회개를 촉구하는 한편, 예언한 대로 페르시아 초대 왕 고레스를 통해 이스라엘을 회복시키고 예루살렘 성전과 성읍을 재건하겠다고 약속한다.

45장 하나님이 세우신 고레스

내가 기름 부어 세운 고레스의 오른손을 잡고 여러 나라를 네 앞에 굴복시키겠다!
고레스
저… 저요?

내가 너보다 먼저 가서 산들을 평지로 만들고 성문과 빗장을 부수겠다!
크하하하
여호와께서 내게 필요한 능력을 주셨다!

내가 너를 지명한 것은 내 종, 내가 택한 이스라엘을 도우려는 의도다!
바벨론에 잡혀온 이스라엘 백성은 모두 예루살렘으로 가서 재건에 힘써라!
와아아아

하나님께 돌아와라

이스라엘 백성들은 내 안에서 영원히 구원받을 것이다. 이집트와 에티오피아의 재물이 너희에게 넘어가고, 스바 사람들이 사슬에 묶여 이렇게 말할 것이다!
과연 하나님이 당신들과 함께하시며, 그분 외에 다른 신은 없군요.

나는 여호와다! 나 외에 다른 신은 없다! 그러니 땅 끝의 백성들아, 내게 돌아와 구원을 얻어라!
하나님께 돌아가자!

※땅 끝의 백성들 : 이방 민족들을 가리킨다.

tip 기름 부어 세운 고레스

페르시아 초대 왕 고레스는 정치적 자질과 선견지명이 뛰어난 사람이지만, 이방 나라의 왕이 기름부음 받은 것은 특이한 일이다. 통상 이스라엘의 제사장, 왕, 예언자, 메시아만이 기름부음을 받았기 때문이다. 고레스는 이스라엘을 바벨론에서 해방시키도록 거룩하게 구별된 사람으로, 인류를 죄와 사망에서 구원하실 예수 그리스도를 상징한다. 45장은 이러한 고레스에 관한 기록이며, 세상 모든 이에게 유일한 구원자 하나님께 돌아와 구원받으라는 촉구에 해당한다.

46장 바벨론의 신들

벨 신과 느보 신이 넘어졌다! 가축이 우상들을 짐짝처럼 싣고 가지만 도망치지도 못하는구나!
꼼짝도 안 하잖아!
응답도 못 해!
저딴 걸 믿었다니…!
크흐흑

※벨 : 바벨론의 수호신인 '마르둑'의 별칭이다. ※느보 : 벨의 손자에 해당하는 신으로 지혜와 문학을 주관한다.
※우상들 : 벨과 느보 외의 바벨론의 신으로 아누, 헤아, 벨티스 등등이 있다.

※동방의 독수리 : 페르시아 왕 고레스를 가리킨다.

의에서 떠난 죄인들아, 내가 동방의 독수리를 부르고, 먼 나라에서 내 뜻을 이룰 자를 불렀다!
아이고! 우린 이제 죽었다.
쓸모없는 우상을 버려야 해!

그러나 야곱의 집안에서 남은 자들아! 내가 너희를 지었으니, 내가 너희를 품고, 안고, 구원하겠다!
하나님만 믿으라고.
그분은 원하시는 것은 반드시 이루시거든!

그날이 멀지 않았다! 내가 시온을 구원하고 이스라엘 안에서 내 영광을 나타내겠다!
고레스
후후
바로 날 통해서….
오!

※의에서 떠난 죄인 : 우상을 숭배한 이스라엘 백성을 가리킨다. ※남은 자 : 바벨론의 포로가 된 이스라엘 백성을 가리킨다.

tip 바벨론의 신들

46장은 대제국 바벨론의 우상이 이민족의 침략으로 철저히 파괴된다는 예언이며, 이스라엘 백성에게 우상숭배의 어리석음을 지적하고 참된 신인 여호와만을 섬기라는 촉구이다. 또한 포로 생활 중에도 여전히 우상을 섬기는 이스라엘이지만 고레스를 통해 바벨론을 멸망시켜 그들을 구원해주시겠다는 약속이다.

47장 바벨론의 멸망

처녀 딸 바벨론아, 보좌를 잃었으니 땅에 주저앉아라! 내가 복수할 것이니 어둠 속으로 사라져라!
누가 감히?
쾅!
바벨론

※처녀 딸 바벨론 : 바벨론 제국을 의인화한 표현이다.

내가 내 백성에게 진노하여 네 손에 넘겼지만 너는 내 백성을 불쌍히 여기지 않았다!
어이, 늙은이! 죽을래?
퍽
크윽

※불쌍히 : 바벨론은 노인에게도 고된 노역을 시키는 등 이스라엘 포로들에게 대단히 가혹했다.

너 방탕한 여인아, 네가 마음속으로…
세상에 나보다 높은 자는 없어. 나는 과부가 되거나, 자식을 잃지도 않을 거야.
후후
그러나 그런 일들, 즉 파멸이 어느 날 갑자기 닥칠 것이다!
한 컷 만에?!
어머니, 빨리 피하…!
켁!
네가 공들인 자들과 거래하던 자들이 모두 도망쳐 너를 구원할 자가 없을 것이다!
게 누구 없느냐?!
Help Me!

※여자가 과부가 되거나 자식을 잃는 일은 주로 적에게 침략당할 때 벌어진다. 따라서 적으로부터 결코 침략당하지 않을 거라는 바벨론의 교만함을 나타낸다.

※공들인 자들 : 바벨론의 정치와 결탁한 점성술사들.
※거래하던 자들 : 바벨론과 무역하던 상인들로 이집트, 페니키아, 아라비아 사람들.

tip 바벨론의 멸망

47장은 하나님이 이스라엘을 징계하려고 바벨론을 부흥시켰지만, 바벨론은 정도를 넘어 이스라엘을 무참히 짓밟고 교만하게 굴었기 때문에 멸망한다는 내용이다. 또한 우상숭배자들의 사술과 모략으로도 결코 구원받지 못한다는 예언이 기도하다.

48장 이스라엘과 하나님

하나님을 섬긴다지만 진실과 정의가 없는 유다 자손들에게 여호와가 말씀하셨어.
너 이스라엘은 완고하다! 그래서 내가 예부터 장차 일어날 일을 알렸고, 그 일을 홀연히 이루었다! 미리 알리지 않았다면 너희는 이렇게 말했겠지!
우리의 해방은 우리의 우상이 이룬 거야!
와아아
우리가 만들고, 조각한 신상이 이 일을 명령한 거라고!

※완고하다 : 하나님께 불순종하고 우상을 섬기며 자기 생각만을 고집하는 태도를 말한다.
※장차 일어날 일 : 고레스를 통해 이스라엘을 해방시킬 일을 가리킨다.

하지만 내 이름과 명성 때문에 분노를 참고 파멸시키지 않겠다! 대신 고난의 풀무질로 너를 단련하겠다!
헉
하나님 말씀에 귀만 기울였어도.
헉
악인에겐 평화가 없단다!
아! 힘들어.
그런 후, 내가 사랑하는 자를 불러 바벨론을 공격해서 내 뜻을 이루고, 내 능력을 그 앞에서 드러낼 것이다!
흐흐흐

※고난의 풀무질 : 바벨론 포로 생활을 가리키며 하나님은 그 목적이 고난이 아닌 연단임을 밝히고 있다.

※사랑하는 자 : 페르시아의 왕 고레스를 가리킨다.

그때, 바벨론에서 도망쳐라! 그리고 즐겁게 소리 높여 땅 끝까지 이 소식을 알려라!
여호와께서 그의 종 야곱을 해방시키셨다!
야호!
와아아아!

tip 이스라엘과 하나님

하나님께 선택받은 이스라엘 백성은 진실하지도 의롭지도 않았다. 그러나 하나님은 오직 그분의 영광을 위해, 이스라엘 백성을 풀무질로 단련시켜서라도 구원하겠다고 하신다. 이처럼 48장은 이스라엘의 불성실과 이들을 구원하려는 하나님의 성실이 극명한 대조를 이루고 있다.

49장 여호와의 종의 노래 ②

섬들아, 먼 곳의 민족들아! 하나님이 나를 모태에서부터 불러 말씀하셨다!
이스라엘아, 너는 내 종이며, 내 영광을 나타낼 것이다!
여호와의 종

※섬들 : 이방 나라들을 가리킨다.

하지만 내가 한 모든 게 쓸모없었고, 내 힘만 허비한 것 같아.
휴! 정말 말 안 듣는 백성들이야.
하지만 여호와는 날 올바로 심판하시고, 정당하게 보상해주실 거야.
힘내라, 내가 흩어진 이스라엘을 다시 돌아오게 하려고 너를 택했지만…!
뿌우우우우
너는 더 나아가 땅 끝까지 내 구원을 전해 뭇 민족의 빛이 되고, 그들은 네게 예를 갖추어 경배할 것이다!

이스라엘의 회복

여호와가 메시아를 통해 자기 백성을 구원하겠다고 선포하셨어.
너희를 구원해야 할 때가 되면 은혜를 베풀겠다. 너희를 가엾게 여기는 자가 너희를 이끌 것이다! 또한 내가 큰 길을 만들면 내 백성이 먼 곳에서부터 돌아올 것이다!
예수님을 따라 주님이 계시는 예루살렘으로…!

그런데 시온이 말하기를…
하나님은 우릴 잊으셨어.
으흐흑
맞아! 우린 버림받았어.
훌쩍

※구원해야 할 때 : 그리스도가 오셔서 모든 백성을 구원할 때.
※너희를 가엾게 여기는 자 : 여호와의 종인 예수 그리스도를 가리킨다.
※시온 : 이스라엘 백성을 가리킨다.

어머니는 자식을 잊을지 몰라도 나는 너를 잊지 않겠다! 내 적들과 겨루어 네 자녀들을 구하겠다!
큰 위로의 말씀이군요!
오! 주님만이 구원자요, 야곱의 전능자십니다!

tip 종의 노래 ②

49장은 다음 두 가지로 생각할 수 있다.

① 하나님이 메시아의 성품과 권위를 노래했다.
② 예수 그리스도가 자신에 대해 직접 노래했다.

당시는 예수가 이 땅에 오시기 전이지만, 성경2.0에서는 이해를 돕기 위해 예수의 직접 화법을 사용했다.

50장 포로가 된 이유

내가 부를 때 왜 대답이 없었느냐? 내게 힘이 없어 너희를 구원하지 못했느냐? 너희가 팔려가고, 너희 어머니가 쫓겨난 것은 너희 죄 때문이다!

※어머니 : 국가로서 유다를 가리킨다.

여호와의 종의 노래 ③

주께서 나를 학자처럼 말하게 하시고, 지친 자를 격려하게 하시며, 아침마다 나를 깨우쳐주신다.
사람들이 내게 침을 뱉고 모욕해도 나는 피하거나 얼굴을 가리지 않았다.
에잇
퍽
퉷
주께서 나를 돕고 의롭다 하시며, 나와 함께 계시니 나는 부끄럽지 않다.

※학자처럼 : 학자의 히브리어 '림무드'는 '스승에게 가르침을 받은 자'를 뜻한다. 즉, 예수 그리스도가 여호와의 가르침대로 말한다는 의미다.

그러니 누가 감히 내게 죄가 있다고 하겠느냐?
어둠 속에서 빛을 모르는 사람이라도 하나님을 신뢰하고 의지해라!
하나님 아버지!
아멘
횃불을 든 자들은 그 불에 타서 소멸될 것이다!
크아악!
화르륵

※어둠 속에서 빛을 모르는 사람 : 절망에 빠진 사람.

※횃불을 든 자들 : 하나님을 대적하며 불의를 행하는 악한 사람을 가리킨다.

이사야

tip 종의 노래③

50장은 이스라엘이 포로가 된 것이 이스라엘의 불순종과 죄악 때문임을 강조한다. 또한 온갖 수치와 부끄러움을 참으며 하나님의 뜻에 철저히 순종한 여호와의 종을 찬양한다. 더불어 하나님을 의지하는 사람은 그분의 보호를 받는다고 약속해준다.

51장 의인에 대한 구원과 위로

구원받고자 하는 자들과 나 주를 찾는 자들아! 내게서 가르침이 나오고, 나의 정의는 뭇 백성의 빛이 될 것이다!

남들의 비난을 두려워 마라! 나의 의와 구원은 그들과 달리 곳곳에 미칠 것이다!
이것들이?!
콱!

이사야의 기도와 응답

이사야는 하나님께 백성의 구원을 호소했어.
주님의 팔이여! 오래전처럼 깨어나소서! 주님의 팔은 라합을 토막 내시던 그 팔이잖습니까?
저희 백성을 구원해주소서!
주께서 해방시킨 자들이 기뻐하고 노래하며 예루살렘으로 돌아오게 하소서!
하하하
예루살렘
내 진노의 잔을 다 마신 예루살렘아! 넌 다시는 그 잔을 마시지 않을 것이며, 이제 그 잔을 너를 괴롭힌 자들에게 주겠다!
자, 원샷이다!
화르르
아이고!
바벨론 사람들

※라합 : 바다의 용을 가리키며 악의 세력을 상징한다. Link 1권 204p

※해방시킨 자들 : 바벨론 포로에서 해방된 이스라엘 백성을 가리킨다.

tip 하나님의 위로

51장은 홍해 사건을 회상하며 이스라엘 백성의 포로 귀환을 간구하는 이사야의 기도와, 구원을 약속하는 하나님의 위로를 다룬다. 하나님은 사람을 두려워 말고 하나님을 의지하라고 권고하는 한편, 예루살렘을 구원하고 적을 멸하겠다고 약속한다.

52장 해방의 기쁨

바벨론이 내 백성을 잡아서 조롱하고 내 이름을 모독하고 있으니 내가 어찌해야겠느냐?
흐흐! 니들 이제 큰일 났다!
낄낄
여호와께서 불같이 오신대. 어쩔래?
꿀꺽

포로 된 딸 시온아, 깨어라! 거룩한 예루살렘아, 목에서 사슬을 풀고 아름다운 옷을 입고 보좌에 앉아라!
해방이다!
와아아아
여호와 만세!

구원이 이르렀다! 평화의 희소식을 전하는구나! 그날엔 내 백성들이 내가 하나님이라는 것을 알게 될 것이다!
이곳을 떠나자!
바벨론
주께서 지켜주시니 서둘지 않아도 돼!

※이곳 : 바벨론을 가리킨다.

tip 해방의 기쁨

52장은 바벨론 포로에서 해방되는 순간을 배경으로 하여 구원의 감격과 기쁨을 극적으로 묘사하고 있다.

여호와의 종의 노래 ④

내 종이 높임 받을 것이며, 이방 나라들은 이제껏 누구도 듣지도, 말하지도 않은 일들을 보게 될 것이다!

※듣지도 말하지도 않은 일 : 예수 그리스도의 수난, 죽으심, 부활, 승천을 가리킨다.

53장 여호와의 종의 고난

멸시와 고통을 겪고 버림받은 그를 우리는 귀하게 여기지 않았네.
우리가 받아야 할 고통과 슬픔을 그가 대신 겪었지만 우리는 이렇게 생각했네.
자기 죄 때문에 고난당하는 거야.
나쁜 놈이지.
그는 우리의 허물과 악함 때문에 다쳤으나 우리는 평화를 누리고 병이 나았네.
킬킬

※53장의 화자는 이사야를 포함한 구원받은 이스라엘 백성으로 보인다.
※그 : 여호와의 종.

그는 고문에도 아무 말이 없었고, 폭행도, 거짓말도 하지 않았지만 우리는 그에게 악인들과 함께 묻힐 무덤을 주었네.
하지만 그건 주님의 뜻이었다네. 자신의 영혼을 속건제물로 드려야 그는 자손을 보며 오래 살 것이라네. 또 그의 손으로 주님의 뜻을 이룰 거라네.
다 이루었도다!
그는 자기 영혼을 맡기고 죄인을 살리려고 그 죄를 대신 짊어진 거라네.

※악인들과 함께 묻힐 무덤 : 그리스도를 악인으로 취급하여 강도들과 함께 십자가에 못 박고 매장하려 한 사실을 말한다.
※자손 : 그리스도의 죽음의 결과인 그의 영적 후손, 곧 구원받은 성도들을 가리킨다.
※오래 살 것 : 예수가 부활하신 후 영생에 들어가실 것을 상징한다.

tip 속건제물

여호와의 종이 수난을 겪는 이유가, 앞서 인간의 죄 때문이라 했으니 속죄제물이어야 하지만, 여기서는 속건제물이라 한다. 이는 예수 그리스도가 죄를 씻고 용서를 구하는 속죄제물임과 동시에, 죄에 대해 배상하는 속건제물의 성격도 포함하기 때문이다. 결국 예수 그리스도의 죽음은 완전한 제물이라는 의미다.

54장 이스라엘의 회복 약속

아기를 낳지 못해 버림받은 여인아, 소리 높여 노래해라! 너는 많은 자녀를 볼 것이다!
네 자손이 이방 나라들을 차지할 것이다.

※여인 : 이스라엘을 가리킨다.

tip 아기를 못 낳다

바벨론의 포로가 된 이스라엘이 고난 때문에 양적으로 성장하지 못하는 것을 불임의 여인으로 비유했다. 반면 '많은 자녀를 볼 것'이라는 예언은 이스라엘이 포로에서 해방되어 양적으로 성장할 것을 의미한다.

이제 두려워하지 마라! 너를 지으신 만군의 주께서 버림받은 너의 남편이 되실 것이다.
이스라엘아, 네가 다시는 수치를 당하지 않을 것이다!
스윽
내가 잠시 널 버렸으나 이제는 화내지도 꾸짖지도 않겠다!
흑흑! 내 주여!
덥썩
내가 내 종들에 대한 모든 위협을 막아주고 네게 승리를 주겠다!
탁 탁
와아아

※내가 잠시 널 버렸으나: 바벨론 포로 생활을 가리킨다.

55장 구원을 위한 초대

너희 목마른 자들아, 물을 마셔라! 돈 내지 말고 포도주와 젖을 먹어라. 내게로 오면 너희가 살 것이다!
여호와께서 주시는 거니 맘 놓고 드시오.
정말 먹어도 돼?
공짜 맞나?

※목마른 자들: 구원의 은총을 받지 못한 자들을 가리킨다.
※물: 구원 또는 영생을 상징한다.

만날 수 있을 때, 가까이 계실 때 주님을 찾아라! 악하고 불의한 자는 그 길을 버리고 주님께 돌아오라! 주께서 용서하실 것이다!
우리도 한 입만 먹으면 안 될까…?
짊어진 죄악은 버리고 가야지.
하하하
꿀꺽 꿀꺽
죄
악
불의

※만날 수 있을 때, 가까이 계실 때: 하나님이 구원과 은혜를 베푸는 때를 말하며, 정해진 때가 지나면 기회는 닫힌다는 의미다.

너희는 기뻐하며, 편안히 바벨론을 나올 것이다! 그때, 산과 언덕이 노래하고, 들의 나무들이 손뼉을 칠 것이다!
가자, 고향으로!!

tip 초청의 장

55장은 하나님이 베푸시는 구원 잔치에 세계 모든 사람을 초청하는 내용으로, 초청의 장이라 불린다. 하나님을 찾고 회개하면 이 잔치에 참석할 수 있는데 이로써 죄 사함과 구원이 보장된다.

56장 이방인의 구원

너희는 정의를 행해라! 안식일을 지키며 악행을 멀리하는 자는 복이 있다! 내 구원과 의가 곧 나타날 것이다!
하나님이 곧 오신대!
후덜덜
그거 빨리 버려!
악
죄
불의

※너희: 하나님의 구원을 확신하는 하나님의 백성들.
※구원과 의: 1차적으로는 바벨론 포로에서 해방된 이스라엘을, 궁극적으로는 죄에서 회복된 성도들의 삶을 가리킨다.

또한 이방 사람이나 고자라도 나의 안식일과 언약을 지키면, 그들의 이름이 영원히 기억될 것이다! 그들을 내 거룩한 산으로 불러 기도하는 내 집에서 기쁨을 누리게 하겠다!
와아아아
주여!

※고자: 부정한 자로 취급되었던 사람으로 모든 병자를 상징한다.
※거룩한 산: 메시아 왕국. Link 6권 27p

tip 이방인의 구원

하나님의 원래 목표는 세상 모든 사람의 구원이었다. 따라서 장차 올 메시아는 이방인과 이스라엘을 구별하지 않고, 누구든지 하나님만을 경외하면 하나님의 백성으로 삼아 구원한다고 한다. 이스라엘 백성이 이방인을 부정한 개로 취급했던 것을 감안할 때, 이 약속은 충격이 아닐 수 없었다. 이 예언의 성취는 사도들의 이방 선교 사역에서 시작돼 지금까지 이른다.

유다에 대한 책망

이사야는 유다의 정치·종교·지도자들을 책망했어.
백성의 파수꾼인 지도자들은 제대로 망도 못 보고 잠자는 것만 좋아한다.
드르렁
쿨쿨

※바벨론 포로 이전 시대의 일을 책망하고 있다.

게다가 분별력도 없이 굶주린 개처럼 제 배만 채우고도 만족할 줄을 모른다.
더 먹고, 더 부자가 돼야겠어.
등쳐먹을 백성들은 많으니까, 뭐.
킥킥

57장 유다의 부패

또한 부패한 유다 사회를 나무랐지.
너희는 나무 아래에서 음욕을 불태우고 골짜기에서 자식들을 제물로 바쳤다!
매끈한 돌들을 가져와 신으로 섬기고 제사를 지냈으며, 집에 우상을 세웠다!
와하하하
깍
낄낄

그 우상들에게 부르짖어봐라. 바람과 입김이 그것들을 날려버릴 것이다!
으아아아!
휘이이잉

※바람과 입김 : 하나님의 심판을 상징한다.

그러나 내게로 오는 자는 땅을 차지하고 거룩한 성전에서 나를 예배할 것이다!
와아아

58장 진정한 금식

여호와는 유다의 형식적인 신앙을 지적하셨어.
너희는 금식하면서 향락을 찾고 다투고 싸운다. 그걸 내가 기뻐하겠느냐?
아이고! 쫄쫄 굶고 기도하면 됐지.
흥!
뭘 또 바라세요?

내가 기뻐하는 금식은 다음과 같다!
쳇! 결국 이웃을 돌보라는 거잖아.
흥! 나 먹을 것도 없는데….

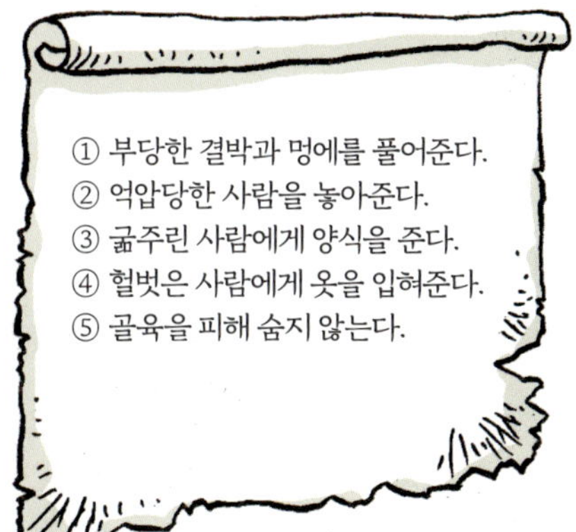

① 부당한 결박과 멍에를 풀어준다.
② 억압당한 사람을 놓아준다.
③ 굶주린 사람에게 양식을 준다.
④ 헐벗은 사람에게 옷을 입혀준다.
⑤ 골육을 피해 숨지 않는다.

※골육 : 친척 및 동포를 가리킨다.

그러면, 그분이 너희를 인도하고 호위할 것이다! 또한 너희가 부르짖을 때 응답하실 것이다!
아! 몰라 몰라, 귀찮게!
흥! 나만 잘살면 돼.

여호와는 안식일에 대해서도 말씀하셨지.
안식일을 귀하게 여기면, 주 안에서 즐거움을 얻을 것이다! 너를 영화롭게 하여 야곱의 유산을 먹고 살도록 하겠다!
아! 골치 아파.
그냥 아무 말 없는 우상이나 섬기자.

※안식일 : 일주일 중 일곱 번째 날. Link 2권 76p

※야곱의 유산 : 이스라엘 땅을 가리킨다.

tip 부패한 유다

57장은 우상숭배와 타락에 빠진 유다 사회의 심판을 경고하는 한편, 회개하는 자에게 회복과 위로를 약속한다. 58장은 욕심과 쾌락을 좇고, 형식적인 종교 행위만을 일삼는 자를 책망하며 바른 금식을 촉구한다. 또한 안식일을 바르게 지키라고 명한다.

59장 유다의 불의

이사야는 유다 사회의 불의를 지적했어.
주께서는 너희 죄 때문에 너희 말을 듣지 않으신 것이다.
우릴 버리고 웬 핑계?
우와, 억울해!!

너희와 하나님을 갈라놓은 죄는 바로 이런 거다.
① 각종 피 흘림
② 거짓말
③ 불의한 재판
④ 죄 없는 사람을 죽임
⑤ 공의와 정의가 없음
어이없어.
누명이야.
이런 죄 때문에 정의가 사라졌다. 빛을 바라지만 어둠뿐이고, 암흑 속을 걸을 뿐이다.
주여! 우리가 죄를 지었고, 주님을 부정했습니다!
잘못했어요.
흑흑

하지만 시온과 야곱의 자손 중 죄에서 떠나는 자에게 구속자가 올 것이다.
아니, 저… 저기…!?
우리의 기도를 들어주셨다!

※구속자 : 예수 그리스도를 가리킨다.

60장 예루살렘의 영광

예루살렘아, 어둠이 모든 땅을 덮겠지만, 네게는 아침 해처럼 주님의 영광이 나타날 것이다!
그러면 이방 나라들의 여러 왕과 네 아들, 딸들이 그 빛을 보고 네게 올 것이다!

※네 아들, 딸들 : 이스라엘 백성을 가리킨다.

그들이 거룩하신 하나님께 은과 금을 싣고 온다! 주께서 너를 영광되게 하셨기 때문이다!
너를 멸시하던 자들이 모두 엎드려 너를 '주의 성', 거룩하신 분의 시온이라 할 것이다!

tip 유다의 불평과 예루살렘의 영광

59장은 유다 백성이 하나님을 열심히 섬겼음에도 하나님의 구원이 드러나지 않는다고 불평한 것에 대한 답변 형식의 기록이다. 60장은 예루살렘의 찬란하고 영광스러운 미래에 대해 이야기한다. 그날 이방인들이 이스라엘 백성과 함께 예루살렘에 오며, 예루살렘은 그들이 가져온 재물로 풍요로워질 거라 한다.

61장 구원의 소식

여호와는 예루살렘을 구원하려고 구원자를 보내실 거야.
주께서 내게 기름을 부으시니, 주님의 영이 내게 임하셨다.
누구셔?
예수 그리스도

주께서 내게 시킨 일은 … 엄청 많다.
① 가난한 자에게 기쁨을 전할 것
② 마음이 상한 자를 고칠 것
③ 포로에게 자유를 줄 것
④ 갇힌 자를 해방할 것
⑤ 슬픈 자에게 위로와 기쁨을 줄 것
그리고 구원자 덕분에 이스라엘 백성이 회복된다고 했지.
나로 인해 너희를 주의 제사장이라 부르고, 주님의 복을 받을 자손이라 할 것이다.
어, 그래요?

이사야

그때 예루살렘에 기쁨의 찬양이 가득할 거야.
하나님께서 구원과 의의
겉옷을 입혀 주시니
나와 내 영혼이 주님 안에서
기뻐하고 즐거워할 것이다~♬
퍼엉
펑

62장 예루살렘의 파수꾼

난 예루살렘이 구원될 때까지 쉬지 않겠다. 이방의 백성들이 예루살렘에서 정의와 영광을 볼 것이다.
흑, 휴가도 반납하고.

파수꾼들아, 예루살렘을 세워주실 때까지 하나님을 쉬지 못하게 해라!
야식을 잘 챙겨드려라.
크크, 혼자 일할 수는 없지.
넵!
킥킥
우린 퇴근!

※세워주실 때 : 세상에서 높여지고 세상의 자랑거리가 될 때를 뜻한다.

tip 파수꾼

여기서는 회복된 이스라엘을 가리킨다. 여호와의 종(예수 그리스도)이 파수꾼에게 예루살렘을 재건하는 하나님을 쉬지 못하게 하라고 한 말은 예루살렘을 회복시켜달라고 하나님께 기도하라는 뜻이다. 이로써, 파수꾼의 역할은 계속적인 간구임을 알 수 있다.

백성의 길을 예비하라

딸 시온아, 백성들이 돌아올 길을 만들어라. 너의 구원자가 백성들을 데리고 오신다.
하하하

그들을 거룩한 분의 백성이라 부르고, 예루살렘을 여호와가 사랑한 성이라 부를 것이다.
깃발을 올려라!
주께서 계신 곳이다!

tip 예루살렘의 구원과 회복

61장은 구원자(여호와의 종)의 사역과 그 결과에 해당한다. 결국 예루살렘은 영광스러운 신분으로 회복되어 감격적인 찬양을 할 것이다. 62장은 여호와의 종과 파수꾼이 해야 할 일을 말하고 있다. 그리스도는 이스라엘과 하나님의 단절된 관계를 회복시키고 하나님의 백성(파수꾼)에게 영원한 구원의 소식을 알릴 것이다. 또한, 예루살렘과 그 백성은 영광을 받을 것이다.

63장 적에 대한 심판

오옷!! 에돔의 보스라에서 붉은 옷을 입고 오시는 분은 누구신가?
나다! 난 의이며, 구원의 능력을 가졌다!

※보스라 : 에돔의 주요 도시. 여기에서는 에돔 전체, 나아가 모든 적을 가리키며, 결국 사탄의 세력을 가리킨다.

네? 근데 어째서 옷이 포도주 틀을 밟은 것처럼 붉은가요?
이건 원수들의 피야. 내가 분노하여 그 민족들을 짓밟고 피를 땅에 쏟았거든.

※예수 그리스도가 사탄과의 전쟁에서 승리하여 당당하게 개선하는 모습이다.

하나님을 찬양하는 이사야

주님께서는 사자나 천사를 보내지 않으시고 직접 구해 주시며 오랫동안 안아 주셨습니다~♬
그들은 내 백성이고, 나를 속이지 않는 자녀들이잖아.
팡
팡

하지만 주님의 거룩한 백성 대신 원수들이 성소를 짓밟습니다.
이제 우리는 주님의 다스림을 못 받게 되었습니다~♬

tip 성전을 짓밟다

이사야는 바벨론에 의해 예루살렘 성전이 파괴될 것을 예언했고, 그 예언은 100년 뒤인 B.C.586에 실현되었다. Link 5권 233p 이 일로 이스라엘 백성들은 하나님을 떠나게 된다. 예언서 저자들은 이처럼 장래의 일이 이미 이루어진 것처럼 표현하며 미래의 일이 확실히 일어날 것을 강조하곤 했다.

64장 이사야의 기도

주께서 하늘에서 오시면 산들이 떨 것입니다. 주께서 이처럼 진노하신 것은 우리의 죄 때문이나 주님은 우리의 아버지시니 부디 진노를 거두소서!
주님의 거룩한 성읍이 황폐해졌습니다. 우리의 죄악을 영원히 기억하지 말아주소서!

65장 하나님의 응답

누구든 나를 찾으면 언제든 만나려 했는데 아무도 날 찾지 않았다! 제멋대로 악한 길을 가는 백성을 맞이하려고 내가 종일 팔을 벌리고 있었다!
하하하!
부어라!
마셔라!

그들에게 화가 나지만 모두 멸하지는 않겠다! 야곱으로부터 자손이 나오고, 내가 택한 사람들이 내 산에서 살게 할 것이다!

새 하늘과 새 땅

내가 새 하늘과 새 땅을 창조할 것이니 크게 기뻐하고 즐거워해라!

※야곱으로부터 자손이 나오다: 야곱, 즉 이스라엘 백성 중에서 하나님을 경외하는 자들에게 자손을 주시겠다는 뜻이다.

tip 새 하늘과 새 땅

이는 우선, 이스라엘이 바벨론에서 귀환하고 회복된다는 예언으로 볼 수 있다. 그러나 결국에는 이 세상의 재창조를 예언한 것이라 할 수 있다. 요한계시록은 그리스도가 세상에 재림하여, 사탄의 세력을 영원히 감금하고 새 하늘과 새 땅을 오게 할 것이라 말한다. Link 요한계시록 21장 1절

66장 하나님의 구원

내가 모든 세상을 지었으니 모두 내 것이다! 그러나 학대받고, 마음이 힘들며, 날 두려워하는 이들을 특히 살펴본다!
꺼져!
괜찮아. 주께서 지켜주실 거야.

나를 두려워하는 자들아! 너희를 미워하는 백성은 수치를 당하지만 시온은 해산의 고통이 오기도 전에 아이를 낳는다!
바벨론 멸망!
와아아!
해방이다!

※시온: 이스라엘을 가리킨다.

tip 해산의 고통이 오기도 전에

하나님을 경외하는 이스라엘 백성(시온)이 페르시아 왕 고레스의 도움으로 수고와 고통 없이 바벨론에서 해방되는 사건을 가리킨다. 해산된 아이는 재건된 예루살렘을 가리킨다. 그곳은 평화와 온갖 부귀영화가 넘치며 하나님의 위로가 넘치는 나라가 될 것이다.

하나님의 최후 심판과 영광

우상을 섬기려고 자신을 깨끗하게 한 자들을 내가 불과 칼로 심판할 것이다!

그 후, 때가 이르면 내가 다른 모든 민족을 모을 것이니 그들이 나의 영광을 볼 것이다!
우와!!
여호와의 영광이 나타나셨다!!

※모든 민족: 이스라엘과 이민족을 포함하는 모든 하나님의 백성을 가리킨다.

tip 이사야서의 주제

이사야서가 강조하는 가장 중요한 주제는 구원받은 백성에게 주어지는 축복과 영광이며, 이때 구원은 선한 행위나 뛰어난 활약의 대가로 받는 보상이 아니라, 오직 하나님이 베푸시는 은혜라고 한다. 또한 이스라엘 백성뿐만이 아니라, 자기 죄를 회개하고 하나님께 순종하는 자는 모두 구원될 수 있다고 한다. 유다의 전승에 의하면, 이사야는 B.C.680경 므낫세의 우상숭배 Link 5권 217p 에 반대하다가 처형됐다고 한다.

3. 미가

※미가 : '여호와 같은 자는 누구인가?'라는 뜻. 목자 출신인 그는 유다와 이스라엘의 부자들을 몹시 꾸짖고 가난한 자들과 어울리며 지냈다.

1장 첫 번째 설교 : 심판

유다 왕 요담, 아하스, 히스기야 때, 여호와가 모레셋 사람 미가에게 말씀하셨어. 미가는 사마리아와 예루살렘에 대해 예언했지.
여호와께서 너희의 죄를 밝히신다. 야곱의 죄, 이스라엘 집안의 죄가 그 원흉이다!
뭐야? 저놈은?
신종 사이비 예언자인가?

tip 미가가 활약한 시대

미가는 요담, 아하스, 히스기야 세 왕의 재위 동안 예언자로 활동했다 (B.C.735~690 추정). 앗시리아의 위협으로 이스라엘 백성이 크게 불안에 떨고 있던 때 미가의 활동이 시작되었다. 그러나 이스라엘 백성은 하나님을 의지하지 않고 타락을 멈추지 않았다. 동시대에 이사야와 호세아, 아모스 등이 같은 문제로 이스라엘에 대해 예언했다.

※모레셋 : 예루살렘 서남쪽 약 40km 떨어진 작은 시골 마을.
※부정한 재물 : 우상에게 바쳤던 제물을 말한다.

내가 사마리아를 폐허로 만들겠다. 부정한 재물을 불태우고, 우상을 쓰레기로 만들겠다!

유다의 중요 성읍 10곳과 예루살렘이 멸망할 것이다! 이스라엘의 영광이 아둘람으로 숨고, 자녀들은 포로로 끌려갈 것이다!
숨도 쉬지 마라, 잡히면 죽는다.
쉿
너만 조용히 하면 돼!

※중요 성읍 10곳 : 베들레아브라, 사빌, 사아난, 벧에셀, 마롯, 라기스, 가드 모레셋, 악십, 마레사, 아둘람.
※이스라엘의 영광이 아둘람으로 숨다 : 유다의 지도층이 헤브론 서북쪽 약 17km 떨어진 아둘람의 동굴로 숨어야 할 정도로 위급한 상황임을 뜻한다.

2장 심판의 이유

미가는 부유층과 지배층을 책망했어.
악한 음모를 꾸미고, 권력으로 백성의 재산을 강탈하는 너희에게 큰 재앙이 내릴 것이다!
참 나, 겨우 집 한 채 뺏은 걸 가지고.
작작해라. 예언자면 다야?

그러자 거짓 예언자들이 말했지.
이건 모함이다!!
그딴 엉터리 예언은 집어치워라!
하나님이 우리를 망신시키실 리가 없다!
Micah Out!!
미가는 물러가라!
옳소!!

흥! 너희의 악행을 잘 알 것이니 썩 물러가라! 이곳은 더러워졌고 끔찍하게 멸망할 것이다!!
걱정 마시오. 하나님이 도우셔서 여러분의 잔에 포도주와 독한 술이 철철 넘칠 것이오!
그럼 그럼.
당신들이 진짜 예언자요.
하지만 주께서 남은 이스라엘 백성을 모으실 것이다. 그리고 길을 여는 자가 바벨론 성문을 부수고, 앞장서서 인도하실 것이다!
여호와 만세!
와아아아
할렐루야!

※이곳 : 이스라엘, 즉 가나안 땅을 가리킨다.

※남은 이스라엘 백성 : 바벨론에서 귀환하는 백성. 결국 구원받은 신약시대의 모든 성도를 가리킨다.
※길을 여는 자 : 메시아, 즉 예수 그리스도를 가리킨다.

3장 두 번째 설교 : 이스라엘 지도자들의 죄

야곱의 지도자들아, 너희는 선을 미워하고 악을 사랑한다. 내 백성을 산 채로 가죽을 벗기고 뼈에서 살을 뜯어낸다!
너희가 살려달라고 부르짖는 날이 온다! 하지만 주께서는 그 말을 들어주지 않으실 것이다!
증거를 대라! 우린 결백하다!
우와! 사람 잡네.
쿵!

거짓 예언자들이 내 백성을 속이니 내가 응답하지 않을 것이며, 그들에겐 어둠만이 있을 것이다!
뻥치고 있네!
너야말로 거짓 예언자다!

흥! 주께서 내게 능력을 주시고 야곱의 죄를 꾸짖을 용기를 주셨다!
아 네!
나 똥 굵다!
확! 저걸 감옥에 처넣어버려?
야곱의 지도자들아, 너희가 죄악으로 터를 닦고 그 위에 예루살렘을 세웠으니 그곳은 폐허가 되고 수풀이 무성한 언덕이 될 것이다!
무시하세요. 하나님은 우리와 함께 계십니다.
그런데 우리에게 재앙이 닥칠 리가 있겠습니까?
흐흐
그럼 그럼
크크

4장 이스라엘의 회복

그날이 오면 모든 민족이 주의 산으로 몰려들 것이다.
가자, 주의 산으로!
주의 말씀이 예루살렘에서 나온다!

주께서 민족들의 분쟁을 해결하시니 무기와 군사 훈련은 없어질 것이다.
무기로 농기구를 만들자!
캉!
캉!

그때는 누구나 아무런 위협도 받지 않으며 평화롭게 살 것이다.
우리는 주 하나님만을 섬길 거야.
호호호
하하하

그날이 오면 잡혀갔던 내 백성을 불러 강한 민족이 되게 하고, 나 여호와가 시온 산에서 영원히 다스리겠다!
와! 시온아. 오랜만이야!
하하
근데 찌질이 시온은 어딜 가고?
와우! 좋아 보이는데?
다 하나님 덕분이지!
이스라엘 만세!
와아아아
여호와 만세!
시온아, 원수를 쳐라! 너는 많은 민족을 짓밟고 그들의 재물을 빼앗아 온 세상의 주인인 내게 가져와라!

5장 베들레헴에서 태어날 지도자

군대의 도성아, 침략군이 우릴 포위하고 이스라엘 통치자의 뺨을 칠 것이다!
그때 유다의 작은 지파가 있는 베들레헴 에브라다에서 한 지도자가 태어날 것이다.
주께서 주신 능력으로 자기 무리를 먹이게 될 그의 이름은 평화가 될 것이다.

※군대의 도성 : 이스라엘의 군중을 말하는 것 같다. ※베들레헴 에브라다 : 고대 명칭인 에브라다와 후대의 명칭인 베들레헴이 결합된 표현으로 보인다.

그리고 우리는 앗시리아가 쳐들어올 때 일곱 목자, 여덟 장군을 지도자로 세울 것이다.
심판의 날에 너희의 군마와 전차와 성을 부수고, 마법을 없애고, 우상을 파괴하겠다!
우지끈
퍽
콰직
또한, 내게 순종하지 않는 모든 민족에게 분노를 참지 않고 복수하겠다!
아! 심장이 쪼그라들어.
불안해서 안 되겠다. 하나님한테 가자.
오오
덜덜덜

※우리 : 미가와 이스라엘 백성으로 보인다. ※앗시리아 : 악의 세력을 상징한다. ※너희 : 군사력에 의지하는 이스라엘을 가리킨다.
※일곱 목자, 여덟 장군 : 메시아의 종으로, 예수 그리스도가 교회를 위해 세울 지도자들을 가리킨다.

6장 세 번째 설교:여호와의 고발

내가 내 백성을 고발하려 한다!
하나님께서 우릴 고소했는데?
헉!
맙소사!
켁!
부아앙
모세와 아론, 미리암을 보내 종살이하던 너희를 이집트 땅에서 데리고 나온 이가 바로 나다!
출애굽 때를 보면 내가 너희를 구원하려고 어떤 일을 했는지 깨달을 것이다!
하나님의 돌보심으로 우리가….
이런 일도 있었군.
흠
성경

미가

이번엔 무슨
제물을 바쳐야
주께서
기뻐하실까?
송아지? 양?
올리브기름?
내 아들?
히익!
이런 제물은
집어치워라! 주님은
무엇이 좋은지,
무엇을 원하시는지
이미 말씀하셨다!
웬 놈
이냐?
어이쿠!
헉!
쾅!
주님이 원하시는 건 정의롭게
행동하고 겸손히 하나님과
함께하는 것이다!
누가
뭐래?
난 평생
하나님과
함께였다고!

※이스라엘 백성은 악한 죄를 저지르면서도 단지 좋은 제물만 드리면 하나님이 기뻐하실 것으로 생각했다.

악하고 거짓된 자들아, 너희 죄 때문에
견디기 어려운 형벌을 내리겠다!
내가 너희를 멸망시켜 경멸받게 하겠다!
그러니 순순히 매를 받고
그 매를 든 내게 순종해라!
하나님이
진짜 화나신
것 같은데?
괜찮아, 송아지
몇 마리 잡아서
제사 지내면 돼!
낄낄

7장 미가의 탄식과 찬양

타락한 이스라엘을 보고 미가는 탄식했어.
이 땅에 정직한
사람은 하나도 없어.
남은 거라곤 온통
악한 자들뿐이야.
친구도, 이웃도,
아내도 믿을 수 없지만
나는 희망으로
주님을 볼 거야.

내 원수야, 내가
고난받는다고 좋아하지
마라. 내가 죄를 지었으니,
주님의 분노가 가라앉기
까지 참고 있을 뿐이다.
나는 다시 일어날 것이다.
지금은 어둠 속에 있지만
주께서 내 빛이 되어주실 거다.
그때 내 원수는 진흙처럼
밟힐 것이며, 그들의 땅은
죄 때문에 사막이 될 것이다.

※내 : 미가는 자신을 이스라엘과 동일시하고 있다.

예루살렘아, 네가 성벽을 다시
쌓고 영역을 넓힐 때 네 백성이
사방에서 돌아올 것이다.
아! 내가 태어난 곳!
70년 만에 돌아왔구나.
주여, 지팡이로 백성을 인도하는
목자가 되어주소서! 주의 백성에게
품은 분노를 거두시고 한결같은
사랑을 베풀어주소서!

tip 미가서

총 3편의 설교로 이루어진 미가서는 다른 예언서와 마찬가지로, 타락한 이스라엘과 유다의 죄악을 책망하고, 이에 대한 하나님의 심판과 회복을 전한다. 미가가 활동한 지역은 유다였지만 예언의 대상은 이스라엘과 유다 모두였다. 미가의 이후 행적은 알려지지 않았다.

4. 스바냐

※스바냐 : '하나님이 숨겨주신 자'라는 뜻. 스바냐는 왕족 출신의 예언자였기 때문에, 예루살렘에 살면서 자유롭게 왕궁을 출입할 수 있었으며, 유다 왕 요시야의 종교개혁 정책에 영향을 주었다.

1장 하나님의 심판

유다 왕 요시야(아몬의 아들) 때 Link 5권 220p , 여호와는 구시의 아들 스바냐에게 세상에 대한 심판 계획을 말씀하셨어.
땅 위 모든 것의 씨를 말리고, 유다와 예루살렘을 쳐서 우상의 뿌리를 뽑겠다!
쿠르릉!

※문지방을 건너뛰는 자 : 악한 자, 도둑을 가리킨다.

주께서 제물을 잡고 제물 먹을 사람들을 부르셨다! 그래서 지도자들과 우상을 섬기는 제사장들과 문지방을 건너뛰는 자들을 벌할 것이다!
쟤는 누구야?
신입인가?
웅성
웅성

※아몬 : 유다 15대 왕. Link 5권 219p
※스바냐는 히스기야의 4대손이고 요시야는 히스기야의 3대손으로, 스바냐와 요시야는 숙질 관계였다.
※제물 : 악한 유다 백성을 뜻한다.
※제물 먹을 사람들 : 유다를 멸망시킨 바벨론을 가리킨다.

그날엔 물고기 문과 둘째 구역과 산 위의 마을에서 비명이 들릴 것이다!
으아악!!
커헉

그날은 너희의 죄 때문에 주께서 분노하시는 날이다. 너희 피가 물처럼 흐르고, 시체가 오물처럼 널릴 것이다!
흑흑흑

※물고기 문 : 예루살렘 북쪽에 있는 문. ※둘째 구역 : 예루살렘 북쪽의 신시가지 구역.
※산 위의 마을 : 예루살렘 근처 모리아 산에 있던 성전을 가리킨다.
※너희 : 유다 백성.

2장 회개의 촉구

주의 무서운 분노가 닥기 전에 회개해라! 주님을 찾고 옳은 일을 하며 겸손해라! 그러면 심판을 피할 수도 있다!
음
요즘에 저런 뻥쟁이들이 너무 많아.
먹을 걸 달라는 거야.

이방 민족에게 내리는 벌

심판의 날, 블레셋, 모압, 암몬, 에티오피아, 앗시리아는 모두 멸망할 것이다!
여호와라는 신을 욕 좀 했을 뿐인데.
니들도 쫄딱 망했네?
웃음이 나오냐?
끙!
헤헤
죽으려고 환장한 거네.

그 심판은 그들의 거만함에 대한 보복이요, 주의 백성을 조롱한 대가다!
크흐흑
아! 인생 꼬이네.
끄응

tip 멸망하는 이방 민족

블레셋, 모압, 암몬, 에티오피아, 앗시리아, 이 5개국은 각각 유다의 동서남북에 위치해 이스라엘을 괴롭힌 나라로 세계의 모든 나라를 상징한다. 따라서 이 예언은 유다를 괴롭힌 주변국에 대한 심판을 뜻하는 동시에, 하나님과 그의 백성을 대적한 모든 악한 자와 사탄에 대한 최후 심판을 뜻하기도 한다.

3장 예루살렘의 심판과 회복

스바냐는 예루살렘, 즉 유다가 심판받을 수밖에 없는 이유를 말했지.
더러운 반역자 성아! 너는 주께 순종도 의지도 하지 않고, 가까이 가지도 않는구나!
욕하는 거 맞지?
글쎄.

신하는 사자 같고, 재판관은 이리 떼 같으며, 예언자는 믿을 수 없고, 제사장은 성소를 더럽히고 율법을 어겼다!
저놈이 우리도 욕하네.
우리가 얼마나 착한데!
용맹한 사자면 좋은 거 아냐?
아니, 성질 더러운 사자야.

그럼에도 주님은 늘 공평하고 정의로운데 악한 그들은 부끄러운 줄을 모른다.
주님을 두려워하고 가르침을 따르라고 했더니 왜 새벽부터 못된 짓만 골라 하느냐?!
아따! 남이야 뭘 하든!
부지런한 강도가 먹이를 먹는다, 몰라?

그래서 내가 민족들을 불러서 불같은 분노를 쏟아붓기로 했다!
화르르르
으아악!!

그리고 그들의 입술을 깨끗이 만들어 나 주의 이름을 부르며 섬기게 할 것이다!
흑흑!
주여! 우상을 부르던 더러운 입술을 씻고 주님 이름만 부르겠습니다!

심판 후, 날 의지하는 겸손한 백성들을 남겨서 편히 살게 하고 아무 위협도 없게 하겠다!
늘 지켜봐주시고 평화를 주시는 주님께 기도하자.
네!
까르르

이스라엘의 회복에 대한 찬양

시온아, 노래해라,
주의 징벌이 그쳤다~♬
원수를 쫓아내시고,
주께서 함께 계시니 두려워 마라~♬
하하하
빡빡빡

흩어졌던 백성을 고향으로 인도하시고,
모든 민족 가운데 칭송을 받게 하신다~♬
뿌우우

tip 스바냐의 활동 시대

당시 앗시리아의 속국이던 유다는 그들이 섬기던 우상까지 대거 들여왔다. 그러다가 요시야 재위 때, 앗시리아가 바벨론의 등장으로 급격히 쇠퇴하자 요시야는 앗시리아로부터 독립을 선언하고, 종교개혁을 행한다. Link 5권 222p 스바냐는 이 종교개혁 직전, 유다의 우상숭배와 지도자들의 타락을 책망하고 회개할 것을 촉구했다.

5. 하박국

※하박국 : '껴안는 자'라는 뜻. 하박국에 대한 정보는 전혀 없지만,
다만 그가 수금을 치며 찬양의 기도를 드린 것으로 보아 레위 지파 출신의 성가대원이었던 것으로 짐작된다.

1장 하박국의 질문과 하나님의 응답

하박국서는 예언자 하박국이 계시로 받은 말씀이야.
이 천한 것들이 감히!
까악!
네 딸은 내가 접수한다!
주여! 부르짖어도 듣지 않으시니 언제까지 그러실 겁니까? 어찌하여 불의를 그대로 보기만 하십니까?
퍽!
퍽!

tip 하박국이 활동한 시대

하박국은 유다 말기인 요시야(B.C.640~609) 때부터 여호야김(B.C.609~598) 시대에 걸쳐 활동했다. 당시 근동 북부 지역의 앗시리아는 바벨론에 의해 수도가 함락되어 거의 몰락 상태에 이르렀으며, 근동 남부 지역의 강국 이집트도 바벨론과의 전쟁에 패하여 세력이 크게 약화되었다. 따라서 바벨론과 이집트 두 강국 사이에 있던 유다 역시 정국이 불안할 수밖에 없었다.

내가 사납고 무서운 바벨론을 일으킬 것이다!
내가 정의요 권세다! 누가 내 앞에 서있느냐?!
크크크

그들은 왕과 신하들과 요새를 비웃고, 흙 언덕을 쌓아 성들을 점령할 것이다!

그리고 폭력을 앞세워 수많은 포로를 잡아갈 것이다!

※이 예언은 B.C.586 바벨론에 의해 유다가 멸망함 Link 5권 232p 으로 성취되었다.

죄악을 참지 않으시는 주님! 그런데 어째서 악한 반역자들이 의로운 자들을 삼키는 걸 보고만 계십니까?
뭐? 보고 있지 않으면 어쩔 건데? 엉?
우린 맛없어요.
흑흑

2장 바벨론의 멸망

이 계시를 기록해라. 달려가면서도 읽을 수 있게 판에 새겨라! 이 계시는 정한 때에 반드시 이루어진다!
네네!

※달려가면서도 읽을 수 있게 : 그것을 읽는 자들은 달려가 그 내용을 전파하라는 뜻이다.

의인은 믿음으로 산다. 그런데 마음이 교만한 사람은 의롭지 않다!
어머! 제가 얼마나 착하고 믿음이 깊은데.
흐흑!
악마 같은 놈이…!
크으윽

네가 수많은 민족을 털었으니 이젠 네가 털릴 차례다. 사람들을 피 흘리게 하고, 폭력을 휘두른 대가를 받을 것이다!
에잇, 들켰잖아!
퍽
퍽
퍽
크윽!
켁!
꺄오오

※마음이 교만한 사람 : 바벨론 사람들을 가리킨다.

유다를 심판한 뒤 불을 보내, 다섯 가지 죄를 물어 바벨론을 멸망시킬 것이다!
① 탐욕의 죄
② 악한 방법으로 이득을 취한 죄
③ 사람을 죽인 죄
④ 협박 죄
⑤ 우상숭배의 죄
흥!

※불 : 심판의 도구인 메대와 페르시아를 말한다. 이 예언은 선포 70년 뒤인 B.C.539 바벨론이 메대·페르시아 연합군에 의해 멸망함으로써 이루어졌다. Link 6권 198p

3장 하나님에 대한 찬양

하박국은 지휘와 시기오놋에 맞춰 노래했어.
주의 일을 이 시대에 새롭게 해주소서. ♫
띠리링~

※이 시대 : 바벨론 포로 시대.
※시기오놋 : 정확히는 알 수 없으나 수금으로 추정된다.

tip 하박국의 기도

하박국은 처음에 불만을 토로했지만 이스라엘을 구원하려는 하나님의 계획을 알고는, 머리 숙여 하나님을 찬양한다. 또한 앞으로 올 구원을 소망하며 이 땅에서 어떤 고난을 당해도 하나님을 신뢰하고 기쁨으로 견딜 것이라고 다짐한다. 이후 하박국의 활동에 대해서는 알려지지 않았다.

진노하시더라도, 우리를 기억하시고 자비를 베풀어 주소서.
거룩하신 하나님의 영광이 하늘을 덮고, 땅에는 찬양이 가득하네.
그가 멈추시니 땅이 흔들리고, 그가 노려보시니 나라들이 떠는구나.
구산의 장막이 곤경에 처하고, 미디안의 휘장이 떨고 있구나.
주께서 백성들을 구원하려고 오시네.
친히 기름 부으신 사람을 구원하려고 오시네.♫
우리는 침략자에게 닥칠 재앙을 조용히 기다리겠네.♫
뿌우우우
빰빰빰

무화과나무에 무화과가 없고,
포도나무에 포도 열매가 없어도~♪
올리브 나무에 딸 것이 없고,
밭에 거둘 것이 없어도~♪
나는 하나님 안에서 즐거워하리.
나를 구원하시는 하나님으로 인하여
기뻐하리라~♪
뿌우우

※구산 : 구스, 즉 에티오피아로 추정된다.
※미디안 : 이스라엘 동남쪽 아라비아 반도에 살았던 민족. 이스라엘을 오랫동안 괴롭혔다.

6. 예레미야

Don't Cry.

※예레미야 : '여호와가 세우다'라는 뜻. 제사장 출신 예언자이며, 이스라엘의 구원을 위해 많은 눈물을 흘리며 기도한 까닭에 '눈물의 예언자'라고 불린다.
※바룩 : 네리야의 아들, 예레미야의 서기, 예레미야서를 대부분 대필했다.

1장 부름 받은 예레미야

예레미야서는 베냐민 땅 아나돗 마을의 제사장 출신인 힐기야의 아들 예레미야의 예언이야.
20세에 하나님이 불러주셨어.
아나돗

여호와는 유다 왕 요시야 13년부터 시드기야 11년까지 예레미야에게 거듭 말씀하셨어. 예루살렘은 시드기야 11년 5월, 함락되었지. Link 5권 233p
50년간 왕이 5명 바뀌었는데, 요시야 왕 빼고는 다 허접이었지.
뭐 허접?
맞을래?
우상 따위나 섬기던 것들이 어디서 큰소리야?
여호아하스
여호야김
여호야긴
시드기야
요시야
휴우

※아나돗 : 예루살렘 북동쪽 약 5km 지점. 베냐민 지파의 성읍.
※힐기야 : 아나돗의 제사장이라는 것 외에 알려진 정보가 없다.
※요시야 : 유다의 15대 왕 아몬의 아들, 유다의 16대 왕.
※시드기야 : 유다의 16대 왕 요시야의 아들, 유다의 마지막 왕.

유다 왕 요시야 13년, 여호와가 말씀하셨어.
나는 너를 어머니 뱃속에 있기 전부터 선택하여 거룩하게 한 뒤 여러 민족에게 보낼 예언자로 세웠다!
네? 말할 줄도 모르는 어린 제가 어떻게?

됐고! 너는 내가 보내는 사람에게 가서 내 명령을 전해야 한다. 두려워 마라! 내가 함께하며 보호할 것이다!
요즘 사람들이 우상을 섬기고 타락해서 살벌한데…. 힝!

※말할 줄도 모르다 : 예언자의 일을 감당하기에는 자신이 부족하다는 뜻.

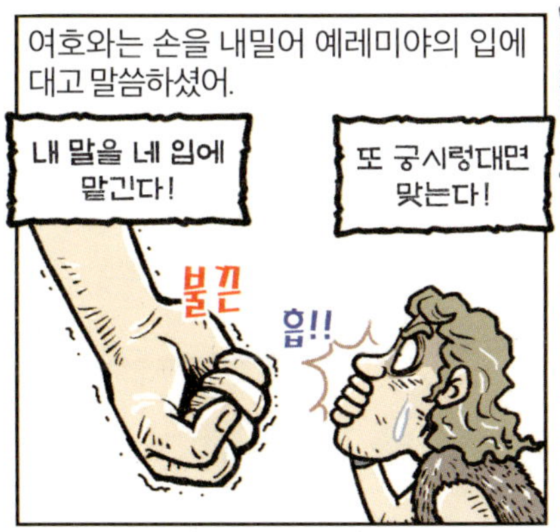

여호와는 손을 내밀어 예레미야의 입에 대고 말씀하셨어.
내 말을 네 입에 맡긴다!
또 궁시렁대면 맞는다!
불끈
흡!!

너를 온 나라와 민족들 위에 세워 그들을 뽑고 허물고 멸망시키고 무너뜨리겠고, 세우고 심게 하겠다!
훌쩍
흐흑! 알았어요. 왜 하필 저를….

tip 뽑고 허물고 멸망시키고 무너뜨리다. 세우고 심다

'뽑고 허물고 멸망시키고 무너뜨리다'는 악한 세상에 임하는 하나님의 심판을 의미한다. 반면, '세우고 심다'는 심판 뒤에 있게 될 구원과 회복을 의미한다. 이 말씀처럼 예레미야는 하나님의 심판과 구원을 동시에 선포하게 된다.

여호와는 두 가지 환상을 보여주셨는데, 첫째,
무엇이 보이느냐?
아몬드 나뭇가지… 요.
그래, 그것은 '내 말이 이루어지는 것을 내가 보고 있다'는 뜻이다!
무슨 뜻인지…?
팁을 봐라!

tip 아몬드 나무 환상

히브리어로 아몬드 나무(솨케드)와 지켜보다(쇼케드)는 철자가 같다. 따라서 이 환상은 하나님의 약속(예레미야와 함께하며 보호하실 것)이 이루어지도록 하나님이 지켜볼 것이라는 의미다. 예레미야를 반드시 보호하겠다는 하나님의 의지의 표현이다.

이어서 두 번째 환상을 보여주셨어.
이번에는 무엇이 보이느냐?
물이 끓고 있는 솥이요. 근데 북쪽에서부터 기울어져 넘쳐요.
부글
부글
그것은 북쪽에서부터 넘어온 재앙이 유다 백성을 덮친다는 뜻이다!
부글
부글
재… 재앙요?!

tip 솥 환상

솥은 유다를 상징하고, 솥이 끓는 것은 유다가 전쟁으로 황폐해진다는 의미다. 그리고 끓는 솥이 북쪽에서부터 기울어진 것은, 북방 민족인 바벨론이 유다를 무너뜨린다는 의미다. 특히 '끓는'이라는 표현은 바벨론 침략이 유다에게 견딜 수 없을 만큼 혹독한 고난이 될 것을 암시한다.

내가 북쪽 나라들을 이 땅으로 부르겠다. 그러면 그들이 몰려와서 예루살렘과 유다의 성들을 칠 것이다!
근데 왜요!?
털썩
왜냐하면 유다 백성이 다른 신들에게 향을 피우며, 우상을 섬기는 죄를 저질렀기 때문이다!
하긴, 심판의 이유는 많이 말씀하셨죠.
휴우우
그러니 너는 허리를 동여매고 일어나, 내 모든 말을 전해라!
네, 네…!
꽉
그들을 두려워하지 마라! 내가 너를 유다 사람들과 맞서게 하겠다!
알겠습니다!
그들은 너와 맞서지 못한다! 왜냐하면 내가 너와 함께하며 널 보호하기 때문이다!

예레미야

2~25장 유다를 향한 심판의 경고

이제부터 총 12편의 설교를 할 거야. 내용이 여러 장에 걸쳐져 있고 이사야서랑도 비슷해서 알기 쉽게 요약할게.
페이지도 모자라고, 헤헤.

제1설교
(2장 1절~3장 5절)

유다의 고의적인 배반과 심판

※이 예언의 시기는 요시야 왕이 종교개혁 Link 5권 222p 을 단행하기 이전이다.

광야를 떠돌 때 넌 진실했고 날 사랑했었다. 이스라엘은 거룩한 나의 첫 열매였어!
하나님께선 늘 우릴 지켜주신다!!
와아아

그런데 내게 무슨 허물이 있기에, 나를 버리고 헛된 우상을 섬겼느냐? 너희는 내 땅을 더럽히고, 내 재산을 부정하게 했다!
오, 바알 신이여!
하하하
낄낄낄
바알님은 늘 우릴 지켜주신다!!
울랄라 바알!!

※내 땅, 재산 : 가나안 땅을 가리킨다.

그래서 나는 심판하여 원수들이 이스라엘을 황폐케 만들 것이다!
크크크
가루로 만들어 버리자!
쾅
쾅

※원수들 : 앗시리아와 이집트를 뜻한다.
※이스라엘 : 유다를 뜻한다.

그런데 심판을 피하려고 원수들에게 도움을 청하다니, 이게 무슨 일이냐?
이집트에 붙읍시다.
이집트가 배신하면?
그럼 앗시리아에 붙으면 되지.
오! 천잰데?

tip 원수들에게 도움을 청한 유다

하나님을 믿지 못한 유다는 이집트나 앗시리아에 의지해 안위를 보장받으려 했다. 그러나 이집트와 앗시리아 사이를 아무리 부지런히 왔다 갔다 한들, 하나님의 심판 계획이 바뀔 리 없었다. 게다가, 하나님의 심판을 피하려고 이방 민족을 의지한 것은 하나님의 주권에 대적하는 행위였다.

날 버리고 날 경외하는 마음이 없다는 게 얼마나 고통스러운 일인지 깨달아라!

※예레미야가 처음 하나님의 말씀을 들은 때는 B.C.627으로, 북이스라엘은 95년 전인 B.C.722에 앗시리아에 의해 멸망한 상태였다. Link 5권 196p

내가 너희를 심판하고, 너희는 의지했던 나라들에게 수치를 당할 것이다!
크흐흑!
외세보다 하나님을 믿어야 했어.

제2설교
(3장 6절~6장 30절)

이스라엘의 죄를 따라하는 유다에 대한 심판

※이 예언의 시기는 요시야의 종교개혁이 시행된 직후로 보인다. Link 5권 222p

유다 왕 요시야 때 여호와가 예레미야에게 말씀하셨어.
이스라엘은 나를 배신하고 우상을 숭배하다가 앗시리아에 멸망당했다!

예레미야

너희도 이스라엘처럼 되고 싶지 않으면, 여호와께 돌아와라! 죄를 회개하면 여호와께서 노여움을 거두신다!
우린 하나님이 선택하신 백성이야!
우리가 뭐?
증거를 대라!
뭐? 예루살렘에 정직한 사람이 하나라도 있느냐? 지도자나 제사장도 다 마찬가지다!
바로 내가 정직의 표본이다!
사악한 이스라엘과 비교하지 마라!
네 눈은 장식용이냐? 우리가 뭐 어때서?
유다는 우상을 섬기며 여호와를 주로 인정하지도 않았다!
우와! 저런 억지쟁이!
우린 항상 제사를 드렸다!
게다가, 너희는 계속된 여호와의 경고를 무시하고 회개하지 않았다!
뭐 잘못한 게 있어야 회개하지!
그러게.
그러니 어찌 여호와께서 유다를 심판하지 않으시겠느냐?
심판이 있을 리가 없잖아.
ㅋㅋㅋ
낄낄
그럼 그럼! 우리같이 착한 백성을.
보아라, 내가 북쪽에서 재앙을 몰고 왔다! 크고 힘센 북쪽 나라의 군대가 오고 있다! 잔인하고 무자비한 그들이 회오리바람처럼 밀려온다!
와아아아!
두두두두!!
그들이 예루살렘을 공격할 것이다! 너희는 끔찍한 멸망을 당할 때 Link 5권 233p 가 되어서야 후회할 것이다!
와아아아!

※북쪽 나라 : 바벨론을 가리킨다.

내가 그들을 통해 심판하는 이유는, 내가 계속 경고해도 너희가 돌아오지 않았기 때문이다!
경고를 좀 더 세게 해주시지.
좀 있다가 가려고 했는데.
크윽!
헉!
내가 환상을 보았는데 유다가 끔찍하게 파괴되는 장면이었소! 그 고통과 슬픔으로 내 가슴이 미어지오!
요즘엔 별 이상한 것들이 다 설쳐.
배고파서 밥 달라는 거지 뭐.

제3설교
(7장 1절~10장 25절)

유다의 거짓된 예배

※이 예언의 시기는 여호야김이 다스리면서 우상숭배가 부활했던 때다. Link 5권 228p

성전 문 앞에 예배드리러 오는 모든 자에게 내 말을 전하라!
넵!

※성전 문 앞 : 성전의 바깥뜰과 안뜰 사이에 있는 문.

여기, 여호와의 성전에서 예배드리는 여러분은 옳은 일을 해야 하오. 이렇게!
① 이웃끼리 정직할 것
② 나그네, 고아, 과부를 억압하지 말 것
③ 다른 신을 섬기지 말 것
④ 거짓말하지 말 것
그건 우리의 일상이잖아.
쿵!
메에에
그러나 너희는 훔치고, 죽이고, 간음하고, 거짓으로 맹세하며 바알을 섬기고 우상에게 절을 했다!
소설 쓰냐?
증거를 대라니까!
흥! 이게 다 너희의 죄다!
① 하나님을 배신함
② 거짓말함
③ 갈수록 더욱 악함
④ 이웃을 비방함
⑤ 하나님 알기를 싫어함
⑥ 하나님의 법을 버림
⑦ 하나님의 말을 듣지 않음
⑧ 바알을 섬김
무고죄로 고소해버린다!
밥은 먹고 다니냐?

그들은 잘못하고도 수치를 모른다! 그런 자들의 예배를 내가 기뻐하겠냐?
우린 성전에서 제사를 드리잖아.
그럼 됐지 뭐.
낄낄
끙!
그런 자들이 성전에 설 자격이 있겠느냐?
성전에서 예배가 계속되는 한 멸망하지 않을 거라 믿는 어리석은 자들아!
과거에 너희 조상들의 죄로 실로가 파괴된 것을 기억하지 못하느냐?
실로?
무슨 일이 있었나?
어디 보자.
성경2.0 이잖아!
탑도 봐라. 이 무식한 인간들아.
나도 나도

tip 실로

실로는 왕정 시대 이전, 이스라엘의 예배 중심지로서 하나님의 성막이 있었던 곳 Link 4권 18p 이다. 그러나 엘리 제사장 및 백성들의 죄 때문에 아벡 전투 때 파괴된 것으로 보인다. Link 4권 30p 이처럼 실로는 성전에서 죄를 짓는 백성에게 성전의 종말을 고하는 데 매우 적합한 예였다.

실로처럼 예루살렘 성전도 파괴될 것이다. 너희 형제 이스라엘처럼 너희도 이 땅에서 쫓겨날 것이다!
심판이 오려면 얼마 안 남았…!
애쓴다.
밥이나 줘서 보내!
크크
멸망에 처한 우리가 해야 할 일은 슬피 울며 회개하는 거라고!!!
거 시끄럽네!
말이 되는 소리를 해야지.
꽥

예레미야야, 이 백성을 위해 기도하지 마라! 이제 네 기도를 안 들어줄 거다!
네? 왜…?
그들 스스로가 멸망을 불렀지 않느냐! 내 분노를 그들에게 쏟아부을 것이니 아무도 나를 막을 수 없다! 그러니 기도도 하지 마라!
콰앙
슈우웅
으악!!
아이고, 하나님! 그래도 예배는 드리잖아요!!
형식적인 제사는 내가 원하는 예배가 아니다! 이제 불순종하는 자들의 예배는 받지 않을 것이다!
사기꾼
탐관오리
강도
성전
내가 원하는 건 단지 내 말에 순종하는 것뿐이다! 그래서 내가 끊임없이 예언자들을 백성들에게 보내고 또 보내지 않았느냐!
휴! 힘들어.
헥헥
후우
저 인간들은 참 징하게 말을 안 듣죠!
말을 들어먹어야 할 맛이 나지.

※불순종하는 자들 : 우상을 숭배하고 율법을 어기며 악을 행하는 사람들.

내 모든 말을 전한다 해도 어차피 그들은 순종은커녕, 귀조차 기울이지 않을 거다!
심판이 닥칠 것이다. 회개해라!
뭐래?
심판이 닥친다는데?
흠! 바알 신께 기도해야겠군.
뻥일 거야.
그들은 내가 세운 성전을 역겨운 우상으로 더럽혔으니 잔인하게 살육당하고, 죽어서도 편히 묻히지 못할 거다!
크윽
꺄악!
커억!

※성전에 우상을 세우다 : 므낫세 왕이 성전 뜰에 일월성신을 위한 단을 쌓고 성전 안에 아세라 목상을 세운 것과 관련된 것으로 보인다. Link 5권 217p

만약, 살아남았다 해도 포로로 끌려가, 차라리 죽는 게 나을 만큼 고통당할 거다!
여기가 지옥이야.
오늘 죽은 사람이 몇 명이야?
저녁 시간은 5분이다! 빨리 처먹고 일해라!
하나님, 악한 유다가 벌 받는 건 당연하지만, 주님의 진노대로 형벌을 주시면 저희가 죽을까 두렵습니다!
주님을 모르는 민족들에게 진노를 쏟으소서! 야곱의 자손을 삼키고 유다를 폐허로 만든 자들이 아닙니까?

※죽을까 : 멸망해 모두 다 죽을까 두렵다는 뜻이다.

제4설교
(11장 1절 ~12장 17절)

하나님과의 약속을
파기한 유다

※이 예언의 시기는 요시야가 종교개혁을 하게 된 결정적 원인인 율법책 발견 직후 Link 5권 221p 로 보인다.

내가 네 조상들을
이집트에서 데리고 나올 때
약속한 것이 있다!
그게 성경2.0,
2권이죠?
촤라락
성경
내게 순종하고 명령한 모든 것을 지켜라!
그러면 너희는 내 백성이 되고 나는 네 하나님이
되어, 젖과 꿀이 흐르는 땅을 주겠다! Link 2권 132p
하나님과
약속을
지키겠습니까?
당근
이요!
네!
아멘
이요!

※아멘 : 믿습니다, 동의합니다라는 뜻.

나는 그 약속을 지켰다!
하나님께서
우리한테
주신 거야.
이 넓은 땅이
우리 것이라니!
와아아아
그런데 그들은 약속을 어기고
우상을 섬기며 내게 불순종했다!
지금 유다 또한 조상들처럼 약속을 어겼다!
미친 듯이 우상을
섬기자고.
조상님들에게
질 수 없어!
그럼, 더 나은
후손이 돼야지.
킬킬

그러니 심판은 당연하겠지? 그때는 유다 백성들이
부르짖어도 나는 응답하지 않겠다!
주여!
살려주세요!
쿵!!
으악!
컥!
예레미야야, 유다의 성들과
예루살렘에 가서,
이 모든 말을 선포해라!
주님 말씀을 들어라! 우상을
섬기니 주께서 진노하셨고…
그래서 우리의 기도도
들어주지 않으실 것이다!
만날 저주나
퍼붓고
저걸 그냥!
짜증나!
정말
시끄럽네.

예레미야에 대한 음모

아나돗 마을 사람들이 음모를 꾸몄어.
예레미야를
없애버리자!
좋아!
철컥!
예레미야야. 너를 어린
양처럼 도살장으로 끌고
가려는 사람들이 온다!
네?!
헉!
예레미야는 여호와가 미리 알려주셔서 목숨을 구할
수 있었지.
뭐야?
아무도 없잖아.
이놈
재빠르네.

※아나돗 : 예루살렘 북쪽 5km 지점에 위치. 예레미야의 고향이다.

주의 이름으로 예언하지 마라!
더 그러면 죽는다!
꿀꺽
어떡하죠? 주님 말씀을 전해야는데.
저들은 필히 벌 받는다. 장정은 칼에 죽고, 아이는 굶어 죽는다!
아나돗뿐만 아니라, 너를 해치려는 유다 백성도 멸할 것이다!
에잇! 허탕 쳤네.
카악!
잡히기만 해봐라!
예레미야는 여호와께 불평했어.
어째서 악한 자와 배신자는 잘먹고 잘사는 겁니까?
입술로만 주를 모시고, 마음은 천 리 밖인데.
아나돗 사람들 때문에 벌써 그렇게 불평하면, 나중에 유다 백성이 핍박할 때는 어떻게 견디겠느냐?
그럼 이게 고난의 시작?
후덜덜
악한 자들이 지금은 잘 되는 것처럼 보여도, 그들은 내 분노로 멸망할 것이다!
아, 그렇군요.
내 심판 뒤 유다를 침략한 이방인도 멸망할 것이다!
하하하
나쁜 놈은 역시!
포로로 끌려갔던 유다 백성들은 다시 이곳으로 돌아올 것이다!
흠! 결론은 항상 같네요. 심판의 도구로 사용된 이방 민족은 멸망하고 살아남은 백성은 회복된다.
이방인이라도 나를 찾으면 구원할 것이다!
네? 어디가 이쁘다고?
물론 그들도 복종하지 않으면 뿌리째 뽑힐 것이다!

제5설교

(13장 1절~27절)

두 가지 비유와 경고

※이 예언의 시기는 바벨론의 제2차 유다 침공 때인 여호야긴 때 Link 5권 229p 로 보인다.

두 가지 비유 : ① 허리띠 비유

너는 베로 만든 띠를 허리에 두르고, 물에 젖지 않게 해라!
허리띠는 왜 갑자기…?
이제 유프라테스 강가의 바위틈에 그 띠를 숨겨라!
헉!
유프라테스 까지요?

※베로 만든 띠(베띠) : 제사장의 옷 에봇 위에 두르던 띠.

※유프라테스 강가 : 예루살렘 북동쪽 약 640km 지점.

예레미야는 유프라테스 강가로 가서 베띠를 바위틈에 숨겼어.
투덜 투덜
이거 하나 숨기려고 여기까지….
아이고, 힘들어!
털털털
여러 날 뒤 여호와가 다시 말씀하셨지.
다시 유프라테스 강가에 가서 그 띠를 가져오너라!
…
켁!! 또 640km를?
휘청
가서 베띠를 보니, 썩어서 쓸모없게 되었어.
내가 교만한 유다와 예루살렘을 그렇게 썩게 하겠다!
헐!
겨우 왔는데 다 썩어서….

※썩게 하다 : 벌을 내린다는 뜻.

내가 이스라엘을 허리띠처럼 단단히 동여매어 나를 찬양하고 내게 영광 돌리게 하였으나, 그들은 불순종하고 우상만 섬겼다!
멋진 우상이다!
와아아아!
기도해서 광명 찾자!
아… 아니, 그쪽이 아닌데…??
그러니, 이제 이 백성은 쓸모없는 띠처럼 되고 말 것이다!
푸시시…

② 포도주 항아리 비유

하나님이 모든 항아리에 포도주가 가득할 거라고 하셨다!
항아리에 포도주 담는 걸 누가 몰라?
저게 또 왔네?

하나님이 유다의 모든 사람을 취하게 해서 서로 부딪치고 깨지게 하실 것이다! 주께서 너희를 사정없이 멸망시킬 것이다!
난 또 뭐라고.
저놈의 저주, 지겹다!
킁!
에이

tip 포도주 항아리 비유

썩은 베띠의 비유가 유다의 죄를 지적하는 데 중점을 두었다면, 포도주 항아리 비유는 죄악의 결과인 심판을 강조한다. 즉 포도주 항아리에 술이 가득 차듯, 심판을 경고하는데도 듣지 않는 완고한 유다에게 하나님의 분노가 가득할 것을 의미한다.

심판이 임하기 전에 제발 교만함을 버리고 회개해라! 그렇지 않으면 하나님이 북쪽 사람들을 통해 유다를 멸망시키고, 왕과 왕후, 백성들이 포로로 끌려갈 것이다!

※북쪽 사람들 : 바벨론 군대.
※왕과 왕후 : 여호야긴과 그의 모친 느후스다로 보인다. Link 5권 230p

제6설교
(14장 1절~15장 21절)

가뭄과
예레미야의 기도

※제6설교가 선포된 역사적 배경은 분명하지 않지만, 여호야김 통치 때 Link 5권 228p 로 보인다.

유다에 극심한 가뭄이 들어, 백성이 굶주림에 허덕였어.
세상이 모두 타들어가는구나!
아! 비가 안 와….
크으으
주님, 죄 때문에 고통받는 건 마땅하지만, 저희를 버리지는 마세요.
싫다! 더는 기도하지 말라니까!
너희가 금식하며 제사를 드려도 받지 않을 것이다! 너희를 전쟁과 굶주림, 병으로 멸망시킬 것이다!
털썩
아이고, 주님!! 백성들이 타락한 건 거짓말하는 예언자 때문입니다!
주께서 말씀하셨소. 전쟁도 기근도 없을 것이며, 오히려 확실한 평화를 주실 것이오!
당연하지! 여긴 성전이 있잖아!
하하하
역시 진짜 예언자구나!
이처럼 백성들이 거짓 예언자들의 말에 휘둘린 것이니 용서를…?
흥! 거짓 예언자를 보낸 건 내가 아니다! 난 반드시 유다 백성과 거짓 예언자들에게 심판을 내릴 것이다!
크흐흑
아! 유다여, 유다여!
저희의 사악함과 조상들의 죄를 인정합니다. 하지만 주님의 이름과 영광이 욕되지 않도록, 저희와 맺은 언약을 기억하시고 용서해주소서!
싫다!
흑흑
모세와 사무엘이 빌어도 유다 백성을 불쌍히 여기지 않을 것이다!
영 끝발이 없나 봐요?
……
여호와는 세 번에 걸친 예레미야의 기도를 거절하셨어.
유다 백성은 어디를 가든 염병에 죽고, 칼에 죽고, 굶어 죽고, 포로로 끌려갈 것이다!
정말 제 기도를 안 들어 주시는군요.
우리도 안 되는데 네가 뭐라고?
엉 엉
킥킥
유다 백성의 핍박이 계속되자, 예레미야가 탄식하며 말했지.
어머니 왜 절 낳으셨나요? 하나님은 제 기도를 거절하고, 백성도 절 저주합니다!
땅값 떨어져. 성 밖으로 나가!
찌질한 거짓 예언자 주제에…!
꺼져!
퍽!

그러자 여호와가 예레미야를 위로해주셨어.
내가 너를 강하게 하고 복을 주며, 네 원수가 재앙을 당해 너한테 빌게 하겠다!
저, 정말요?
저놈, 혼자서 뭐래?
주님! 절 잊지 말고 돌보시고, 절 핍박하는 이들에게 원수 갚아주소서. 제가 잡혀 죽지 않게 해주소서!
그래 그래, 알았다!
드디어 실성했군.
이제 네 마음을 돌이켜 내게 돌아와라. 네가 다시 나를 섬기게 하겠다!
참내, 제가 언제 하나님을 떠났다고...
훌쩍
끌끌!

tip 마음을 돌이켜 내게 돌아와라

백성을 위해 드렸던 세 번의 기도가 모두 수포로 돌아가고, 오히려 백성들의 박해가 심해지자 예레미야는 절망에 빠졌다. 신앙에 회의를 느끼고 탄식했다. 그러자 하나님은 실의에 빠진 예레미야를 가볍게 질책하며 자신에게 돌아오라고 하신 것이다. 예레미야가 회개하고 다시금 하나님만을 의지하면 하나님도 그를 다시 예언자로 인정해주신다는 뜻이다.

내가 너와 함께할 것이다! 내가 너를 굳세게 하여 이 악한 백성과 맞서게 하고 그들에게서 구해낼 것이다! 나 여호와의 말이다!
하나님이 이처럼 내게 말씀하셨다!
저게 뭘 믿고 또 설치네?
아주 죽을라고!!
저놈 살아있네!
목을 따버려야 거짓 예언을 안 할 텐데.

제7설교
(16장 1절~17장 27절)
예레미야에게 금지된 일, 그리고 심판

여호와는 예레미야에게 세 가지를 금하셨어. 그 첫 번째!!!
너는 결혼하지 마라!! 자식도 낳지 마라!!
켁!
휘청
백성들이 무서운 병이나 칼로 죽을 때, 네 아내와 자식도 죽을 것이기 때문이다!
하나님께서 봐주시면 되잖아요.
힝~ 장가 보내줘요~

※이 예언의 시기는 바벨론의 제2차 유다 침공 바로 직전인 여호야김 통치 때 Link 5권 228p 로 보인다.

여호와가 예레미야에게 금하신 두 번째!
초상집에 가지 마라! 이유는 팁을 봐!!
謹弔
초상집에 안 가면 욕먹는데….

tip 초상집을 금한 이유

초상집 출입을 금한 이유는 다음 몇 가지로 생각해볼 수 있다.

① 유다 백성의 죽음은 죄에 대한 하나님의 심판이므로, 슬퍼할 이유가 없다.
② 모든 백성에게 미치게 될 재앙이 너무 커서, 개인의 죽음은 애도할 대상조차 되지 않는다.
③ 유다의 모든 가정이 초상집이 되므로, 굳이 초상집에 갈 필요가 없다.

여호와가 예레미야에게 금하신 마지막 세 번째!!
잔칫집에 가지 마라! 심판으로 잔칫집은 모두 사라질 것이다!
꼭 그렇게까지 하셔야…?

몰라서 물어? 유다는 나를 배반했다! 우상을 섬기며 내게 순종하지 않았다!
집어 치워라!
잔치는 끝났다!
쾅!
와장창!
그러니 유다는 멸망하고, 백성은 포로로 끌려갈 것이다!
으악, 살려줘요!
흑흑
하지만 때가 되면 내가 다시 그들을 구원할 것이다!
어차피 구원할 거면 그냥 두는 게…?
쿵!!
예전에 내 백성들은 이렇게 맹세했다!
이스라엘 백성을 이집트에서 이끌어내신 여호와의 살아계심을 두고 맹세한다!
그러나 포로 생활을 끝내고 나면 이렇게 맹세할 것이다!
포로로 끌려갔던 이스라엘을 끌어내신 여호와의 살아계심을 두고 맹세한다!
그러니 유다 백성들아, 나 여호와만을 의지해라! 안식일을 거룩히 지켜라. 그러면 내가 복을 줄 것이다!
하지만 주님을 의지하지 않으면 예루살렘은 불에 타 멸망할 것이다!
으그! 지겨워.
귀신은 뭐 하누? 저 인간 안 잡아가고.
제8설교
(18장 1절~20장 18절)
여호와의 절대 주권
절대 주권이란 절대적인 하나님의 권리를 말해.
※이 예언의 시기는 불분명하다. 다만 여호야김 시대였을 가능성이 크다.
토기장이 비유
예레미야야, 토기장이의 집으로 가라!
저 집이군!
※토기장이 : 토기(흙으로 된 그릇)를 만드는 일을 하는 사람.
토기장이는 물레를 돌리며, 진흙으로 그릇을 빚고 있었어.
안녕, 주인장!
네, 무슨…?
윽! 뺑쟁이 예레미야다.
그는 그릇을 빚다가 맘에 들지 않으면 뭉개고 다시 빚곤 했지.
에잇, 뭐 이래?
괜찮구만… 왜…?
콰직!
진흙의 운명이 토기장이에게 달린 거 봤지?
네, 주님! 화끈하게 뭉개버리네요.
제가 한 성깔 하거든요.

진흙의 운명이 토기장이의 손에 달렸듯, 이스라엘의 운명은 내 손에 달렸다!
아, 네…!
흠! 이젠 괜찮은….
그러니 내 맘에 들지 않으면 멸망시키는 게 당연하지 않겠어?
그… 그렇죠.
에잇, 맘에 안 들어!
쾅
그럼 내 심판에서 멸망하지 않으려면 어떻게 해야 할까?
당연히 하나님 맘에 들도록 순종해야죠!!
이제 됐어.
그러나 유다 백성은 나를 배반했다! 그러니 그들의 멸망은 당연한 것이다!
음! 맞는 말씀이네요.
유다 백성은 비웃음거리가 되고, 땅은 황무지가 될 것이다! 그들이 재앙을 당할 때 나는 등을 돌리고 결코 돕지 않을 것이다!
여호와 하나님, 도와주세요!
까악! 제발 살려주세요. 하나님!
컥
흥이다!!
그때 백성들은 다시 예레미야를 죽일 계획을 세웠어.
우리에겐 율법을 가르쳐줄 제사장, 지혜를 가르쳐줄 현자, 말씀을 전해줄 예언자가 있다.
그러니 예레미야는 없어도 돼!
그를 헐뜯고 그의 모든 말을 무시하자!
주님, 저는 저들을 위해 기도했건만, 저들은 오히려 절 해칠 생각뿐이네요. 주님의 군대를 저들에게 보내주세요. 저들을 용서하지 마세요.
귀가….
누가 우릴 저주하나?
후비적
깨진 항아리
예레미야야, 토기장이에게 가서 항아리를 사라!
이걸로 주셔.
일시불? 무이자 3개월도 되는데….
그리고 유다의 장로와 나이든 제사장 몇 명을 데리고 힌놈의 아들 골짜기로 가서 내 말을 전해라!
빨리 오슈!
아, 왜 사람을 오라 가라야?
무시하기로 했는데 우리가 왜 따라가는 거지?
몰라, 할 말이 있다잖아!

※힌놈의 아들 골짜기 : 예루살렘 남쪽. 우상숭배의 본거지라 할 수 있다. Link 5권 191p

너희가 나를 버리고 우상을 숭배하며, 이곳을 죄 없는 사람의 피로 채웠으니 내가 재앙을 내릴 것이다!
이곳에서 유다 백성은 원수의 칼에 죽고, 들짐승의 먹이가 될 것이다! 그때, 이곳은 '도벳'이나 '힌놈의 아들 골짜기'가 아니라 '살육의 골짜기'라 부를 것이다!

예레미야는 여호와의 명령대로 항아리를 깨뜨리며 말했어.
거 성질 더럽네.
하나님은 이 항아리처럼 예루살렘 성을 깨뜨리고, 도벳처럼 시체가 가득하게 할 것이오!
쾅!
아깝게 멀쩡한 항아리를 왜?
그리고 힌놈 골짜기에서 내려와, 성전 뜰에서 백성들에게 외쳤지.
너희가 고집을 부려 하나님께 순종하지 않았기 때문에, 그동안 선포했던 모든 재앙이 성 위에 내릴 것이다!

※도벳 : 힌놈의 아들 골짜기를 말한다.

그때, 제사장 임멜의 아들 유사장 바스훌이 예레미야를 봤어.
주님께 돌아와라!
저놈 뭐야?
끌어내!
어디서 공갈 치냐?
왜 소란을 피워?
퍽!
퍽!
크윽!
그런 후, 성전 위쪽 베냐민 대문 근처에 가두었지.
성전 소란 죄다.

※유사장 : 성전 내의 질서를 감독하는 제사장 직책 중 하나로, 막강한 권력을 지녔다.

※베냐민 대문 : 성전 안뜰에 있는 문을 가리킨다.

바스훌은 다음 날 아침에 예레미야를 풀어주었어.
한 번만 더 성전에서 소란 피우면 재미없다!
흥!
하나님이 이제 네 이름을 바스훌이라 부르지 않고, 마골밋사빕이라 부르실 것이다.
뭐? 마골밋…?
너와 네 친구들이 두려움에 떨면서 원수의 칼에 쓰러지는 것을 직접 볼 것이다!
주 하나님의 말씀이다!
뭐?!
이게 아직 정신을 못 차리고!
캬캬캬

※바스훌 : 즐거워하다는 뜻.
※마골밋사빕 : 사방에 두려움이 있다는 뜻.

너는 네 거짓 예언을 들은 네 친구들과 바벨론에 끌려가 거기서 죽어 묻힐 거다!
뭐?
너 이리 안 와?!
죽여버리겠다!
타다닥!
유다 백성의 괴롭힘 때문에 예레미야는 불평하며 말했어.
제가 주님께 속았습니다. 강하신 주께서 저를 이겨 제가 예언했는데, 저는 조롱거리가 됐네요!
서라!
타다닥!

※거짓 예언 : 바스훌이 거짓 예언자 노릇을 했음을 알 수 있다.

※주님께 속았다 : 누구와도 싸워 이길 것이라는 하나님의 말씀에 예언자가 되었지만 오히려 조롱거리가 되었다는 탄식이다.

하지만 제 운명이니, 주님의 말씀을 전하지 않을 수 없겠죠.
어디 갔지?
헉 헉
헉헉!
주님 저들에게 원수를 갚아주소서!
저리 가보자!
타다닥!
차라리 태어나지 않았다면, 어머니 뱃속에서 죽었더라면!
제겐 오직 재앙과 슬픔뿐이군요.
흑흑

제9설교
(21장 1절~23장 8절)
유다 왕실을 향한 심판

※이 예언의 시대는 정확하진 않으나 유다 왕 여호아하스 Link 5권 227p 가 죽기 전으로 보인다.

예레미야는 유다 왕실에 여호와의 예언을 외쳤어.
유다 왕실과 신하들은 들으시오!
어?
예레미야다.
너희는 정의로운 판결을 내려 고통받는 사람들을 구해야 한다!
좀 끌어 내라!
누가 뭐래?
에이, 시끄럽게.

너희가 만약 백성을 괴롭힌 벌로 망한다면, 많은 민족이 이렇게 말할 것이다.
왜 하나님이 예루살렘을 폐허로 만드셨대?
하나님과 맺은 언약을 어기고 불순종했기 때문이래!
예레미야는 먼저, 요시야의 아들 여호아하스에 대해 예언했어.
유다 왕 여호아하스, 여호야김, 여호야긴 중에서 우선 여호아하스에 대해 말하겠다!
저 인간이 좋은 말 하는 걸 못 봤어.
어디 가서 죽지도 않아.

※성경에는 시드기야 왕에 대한 예언이 먼저 나오지만, 성경2.0에서는 시대의 흐름에 맞게 뒤에 배치했다.

※여호아하스 : 유다의 17대 왕. Link 5권 227p

여호아하스를 위해 슬피 울어라. 그는 이집트로 끌려가서 그곳에서 죽을 것이다!
흑흑!

※이 예언은 여호아하스가 즉위 3개월 만에 이집트 왕 느고에 의해 폐위되어 이집트로 잡혀감으로써 성취된다. Link 5권 227p

두 번째로, 요시야의 아들 여호야김에 대해 예언했지.
여호야김은 사치와 허영에 빠져, 일꾼들을 착취해서 궁전을 지을 것이며, 죄 없는 백성을 죽이고 억압할 것이다!
왕궁과 누각을 멋지게 만들어야지.

※여호야김 : 유다의 18대 왕. Link 5권 228p

그는 심판받아 해산하는 여인처럼 고통당할 것이며, 예루살렘 백성은 그의 죽음을 슬퍼하지 않고, 그의 시체를 성 밖에 버릴 것이다!
그렇게 백성들을 괴롭히더니 꼴좋다!!
털썩!

※여호야김은 바벨론에 잡혀갔다가 예루살렘에 돌아와 죽은 뒤 왕들의 묘지에 묻힌 것으로 보인다. Link 5권 229p

마지막으로, 여호야김의 아들 여호야긴에 대해 예언했어.
여호야긴과 그의 어머니는 바벨론으로 끌려가 그곳에서 죽게 될 것이다!
흑흑!

※여호야긴 : 유다의 19대 왕. Link 5권 229p

그에겐 자녀가 없고 평생 즐거움을 누리지 못할 것이며, 그의 자손은 아무도 유다를 다스리지 못할 것이다!
흑흑
우린 어찌되지?
으앙
예언으로 보면 우린 여기서 죽을 것 같아.

tip 여호야긴에게 자녀가 없다?

사실, 여호야긴에게는 7명의 자녀가 있었다. 그러나 그들은 모두 여호야긴과 함께 바벨론에 포로로 끌려가 거기서 생을 마감한다. 그래서 여호야긴의 후손 중 유다를 통치한 자가 없게 된다.

예레미야는 유다 지도자들이 심판받을 거라고 예언했지.
유다의 지도자들은 양 떼와 같은 하나님의 백성을 멸하고 뿔뿔이 흩어놓았다!
훠이!!
메에에~
메에에~

그러니 너희는 모두 심판받을 것이며, 그 심판 뒤에 하나님이 백성을 돌봐줄 참다운 목자를 세워주실 것이다!!
타다닥!
됐다, 빨리 끌어내라!
저 깡패 같은 놈이!
MP

보라, 그날이 오고 있다! 그날엔 다윗의 집안에 의로운 가지가 날 것이다! 그가 백성을 구원하고 공평과 정의를 실현할 것이다!
꺼져라, 뻥쟁이야!
거지같은 놈, 다신 오지 마!
우우우우

※다윗 집안의 의로운 가지 : 예수 그리스도를 가리킨다.

시드기야에 대한 예언

유다 왕 시드기야 때, 바벨론이 예루살렘을 공격했어. Link 5권 232p
지금 당장 예레미야한테 가서, 하나님께 기도하라고 요청해라!
네!!
바스훌
스바냐
유다를 위해 기도해 주세요!
주께서 기적을 일으키시면, 바벨론이 물러날 겁니다!
엉 엉
후비적
급했구나. 거지한테 애걸하는 걸 보니.

※시드기야 : 유다의 20대 왕. Link 5권 231p

※스바냐 : 임멜의 아들 바스훌에 이어 유사장이 된 인물이다.

※바스훌 : 앞서 나왔던 임멜의 아들 바스훌 Link 6권 98p 과는 다른 인물이다.

나는 너희에게 분노했다! 내가 직접 이 성의 모든 것을 쳐서 무서운 염병으로 몰살할 것이다!
위잉
윙
또한 유다 왕 시드기야와 그의 신하들과 살아남은 자들을 바벨론 왕에게 넘겨 무자비하게 칼로 쳐 죽게 할 것이다!
으아악

내가 생명의 길과 죽음의 길을 너희 앞에 줄 테니 선택해라!
바벨론 군대에 항복하는 길이다! 항복하면 죽지 않을 것이다!
예루살렘 성 안에 머무르는 길이다! 이곳에 머무르는 자는 전쟁, 기근, 염병으로 죽을 것이다!
생명의 길
죽음의 길

tip 생명의 길과 죽음의 길

바벨론의 예루살렘 침공은 여호와의 심판이므로, 바벨론에 저항하는 것은 하나님께 저항하는 셈이 된다. 하나님께 저항하는 교만한 자는 죽는 게 당연했다. 바벨론의 침공을 하나님의 심판으로 깨닫고 모멸감과 수치심까지 감내하면서 바벨론에 항복하면 하나님께 순종하는 것이니 이는 생명의 길이 된다. 이는 바벨론 침략의 의미를 깨닫는 자만이 할 수 있는 순종이었다. 예레미야는 이 예언으로 유다의 종교 지도자들로부터 반역자로 낙인찍히게 된다. 그러나 그는 동족을 살릴 길을 제시했을 뿐이다.

나는 복이 아니라 재앙을 내리려고 예루살렘을 마주보고 있다! 나는 이 성을 바벨론에 줄 것이며, 그들은 이 성을 불태울 것이다!
히익!
허억!
저, 저게?
으으!
그렇소. 틀림없이 그리될 거요. 왕께 그리 전하시오.

제10설교
(23장 9절~40절)

거짓 예언자들에 대한 심판

※이 예언의 시기는 언제인지 알 수 없다.

거짓 예언자와 제사장들은 백성을 우상에 빠뜨리고 음란하게 했다!
크크! 용쓴다.
증거 있어?
킥킥
그들은 주님의 이름을 팔아서 거짓 예언을 했다!
모함하지 마라!!
너야말로 거짓 예언을 하고 있다!

그러므로 너희는 하나님의 심판을 받아 모두 죽게 될 것이며, 영원한 수치와 치욕을 당하게 될 것이다!
누구 말이 진짜야?
웃기지 마라! 저거 다 뻥이다!
백성들아! 거짓 예언자는 바로 저 예레미야다!!
이기는 편 우리 편!

제11설교
(24장 1절~10절)

무화과 두 바구니의 비교

※바벨론 왕 느부갓네살이 유다 백성을 바벨론으로 잡아간 뒤의 예언이다. Link 5권 230p

바벨론 왕이 유다 왕 여호야긴과 신하, 기술자, 대장장이들을 포로로 잡아간 뒤, 여호와는 예레미야에게 환상을 보여주셨어.
성전 앞에 웬 바구니가?
한쪽에는 잘 익은 무화과들이, 다른 쪽에는 썩은 무화과들이 담겨있었지.
왜 이런 것이 여기에…?
예레미야야, 무엇을 보느냐?
무화과입니다. 한쪽은 아주 좋고, 다른 쪽은 아주 나빠서 먹을 수가 없네요.
내가 바벨론으로 쫓아낸 유다 백성을 좋은 무화과처럼 잘 돌볼 것이다!
쫓아낸 백성들을 잘 돌봐 주신다고요?
그래, 또 그들을 다시 이 땅에 데려와서 헐지 않고 세우고, 뽑지 않고 심어서 자라게 할 것이다!
올해도 풍년이야!
주께서 풍성하게 자라게 해주신 거야!
하하하

나는 그들이 나를 주로 알게 하겠다! 그럼 그들이 내게 돌아와, 내 백성이 되고, 나는 그들의 하나님이 될 것이다!
이 모든 걸 주신 하나님께 감사하자!
할렐루야!
하지만 유다 왕 시드기야와 신하들, 이 땅에 남은 자들, 이집트로 도망친 자들은 아주 나쁜 무화과처럼 만들겠다!
우리만 미워해.
흑흑
엉엉

※이들은 하나님의 말씀에 불순종해 포로가 되기를 거부했던 자들이다.

그들이 세상에서 혐오와 수치와 조롱을 당하게 하고, 비웃음과 저주를 받게 할 것이다! 그리고 그들이 멸절될 때까지 전쟁, 기근, 염병을 보낼 것이다!
이것들이 찌질한 유다 놈들이야.
크크! 쪼다들.
하나님께 순종했어야 하는데.
크흐흑

제12설교
(25장 1절~38절)

세상에 대한 심판 예언

※이 예언의 시기는 제11설교보다 약 7~8년 정도 앞선 바벨론의 1차 예루살렘 침공 때다. Link 5권 228p

유다 왕 여호야김 4년, 바벨론 왕 느부갓네살 1년, 예레미야가 여호와의 말씀을 유다 백성들에게 전했어.
요시야 13년부터 지금까지 23년 동안, 주님의 말씀을 전했지만 너희는 듣지 않았다!
23년 동안이나 떠들었어?
참 징한 놈일세.
하나님께서 많은 예언자를 보냈어도 너희는 회개는커녕, 더 많은 악을 저질렀다. 그래서 유다는 바벨론에 의해 멸망할 것이다!
아이고, 멸망당하는 장면만 몇 번째야!!
100번은 되겠다!
나도 이제 지겨워.
후다닥

그때, 살아남은 유다 백성은 바벨론에서 70년간 포로 생활을 할 것이다.
얘들아, 오늘도 활기찬 하루를 시작하자!
크하하
70년이 되면 바벨론도 심판할 것이다! 그들은 단지 유다를 위한 심판의 도구였을 뿐이기에, 유다에 저지른 악행만큼 고통스러운 벌을 받을 것이다!!
꼴좋다.
크크
니들도 한번 당해봐라.

※70년간 포로 생활: 바벨론은 총 3차에 걸쳐 유다를 공격했고, 1차 침략 때 처음 포로로 끌려가기 시작했다. 따라서 이때부터 계산하면 70년 포로 생활이 된다.

※이 예언대로 바벨론은 B.C.539 페르시아 왕 고레스에 의해 멸망한다. Link 6권 198p

예레미야는 온 세상에 내려질 여호와의 심판도 예언했지.
이 진노의 포도주 잔을 모든 나라가 마시게 해라!
제가 먼저 맛 좀 볼까요?
그걸 마시면, 내가 일으킨 전쟁으로 모두 미친 사람처럼 비틀거릴 것이다!
이 잔에 든 포도주가 전쟁이군요!!
그래서 나는 모든 나라에 포도주를 마시게 했다!
그럼 전쟁이 난다는 건가?
그런 것 같아.

그걸 마신 예루살렘과 유다는 지금처럼 폐허가 되고, 비웃음과 저주의 대상이 되었다!
끌끌! 쫄딱 망했군.
멍청이들.
으으
그리고 주께서 말씀하신 모든 나라와 북방의 왕들과 백성, 마지막에는 세삭 왕에게 그 잔을 마시게 했다.
모두 줄 서라! 주께서 주는 잔이니 피할 수 없다!
덜덜덜

※지금 : 심판이 이미 성취된 것처럼 표현한 것은 확실한 성취를 강조하기 위함이다.

※모든 나라 : 이집트, 블레셋, 에돔, 모압, 암몬, 두로, 시돈, 드단, 데마, 부스, 아라비아, 시므리, 엘람, 메대 등을 말한다. ※세삭 : 정체가 불분명하다.

주께서 전쟁을 일으키실 것이니 너희는 마시고, 취하고, 토하며 쓰러져 죽어라! 너희는 이 잔을 거절할 수 없다! 주께서 온 세상을 칠 것이기 때문이다!
주께서 모든 백성을 심판하실 것이다! 그분의 성 예루살렘에 이미 재앙을 내리기 시작했는데, 너희가 무사히 넘어갈 것 같으냐?
크아아아아
으아악!

하나님이 이처럼 맹렬히 분노하셨으니 모든 나라가 황무지가 될 거요!!
재미있겠네.
아, 그렇구나
배고파! 밥이나 먹으러 가자!

tip 12편의 설교

예레미야 2~25장은 총 12편의 설교로 이루어졌다. 이 12편의 설교는 공통적으로, 죄에 빠진 유다에 내려질 심판을 예레미야가 경고한 것이라 할 수 있다. 따라서 같은 내용이 반복되는 듯한 느낌을 받을 수 있다. 그러나 각각의 설교는 선포될 당시의 시대적 배경이나 상황이 다르고, 심판의 원인이나 근거도 다르기 때문에 분명히 독립된 설교로 봐야 한다.

26장 예레미야의 성전 설교

유다 왕 여호야김 1년, 여호와가 말씀하셨어.
성전 뜰에 나를 경배하러 오는 자들에게 내 말을 전해라. 혹시 그들이 그 말을 듣고 악한 길에서 돌아서면 내가 내리려던 재앙을 거두마!

성전에 모인 제사장 및 예언자들과 모든 백성이 그의 예언을 들었지.
하나님의 법에 순종하고, 하나님께서 거듭 보낸 예언자들의 말을 들어라!
그렇지 않으면 실로의 성막처럼, 이 성전도 파괴되고 예루살렘은 세상의 저주거리가 된다!
웅성
뭐? 성전이 멸망해?
예루살렘이 어쩐다고?
웅성

※실로 : Link 6권 89p tip 참고

그러자 그들이 예레미야를 죽이려고 몰려들었어.
이놈이 보자 보자 하니까!
어째서 주님의 이름을 빌어 성전이 파괴되고 예루살렘이 무너진다고 하느냐?
널 반드시 죽이겠다!
퍽!
크윽!

※성전 설교는 제3설교 Link 6권 89p 이후의 일이다.

유다의 신하들이 그 소식을 듣고, 성전으로 올라가서 새 대문 입구에 앉았지.
무슨 일이오?

tip 새 대문

새 대문은 성전 안뜰의 '베냐민의 대문'이라 불리며, 예레미야가 형틀에 매여있던 곳 Link 6권 98p 이다. 이곳에 유다의 신하들이 왔다는 것은 예레미야의 메시지가 예루살렘에 큰 반향을 일으켜, 법정으로까지 가게 되었음을 보여준다.

그때, 제사장들과 예언자들이 말했어.
예레미야는 사형돼야 마땅합니다!
이자는 예루살렘이 멸망한다고 했소!
흥!

주께서 나를 보내셔서 말씀을 전한 것뿐이니 맘대로 하시오.
막 가보자는 거지? 응?
허! 이놈 봐라?

하지만 날 죽인다면, 당신들과 이 성의 백성들은 무고한 사람의 피를 흘린 죗값을 받을 거요!
저, 저놈이 어디서 공갈 협박을 해?!
저런 발칙한 놈!!
죽이자!

※무고한 사람 : 예레미야 자신을 가리킨다.

유다의 신하들과 백성들도 말했지.
예레미야는 사형당할만한 죄가 없소.
맞아요, 우리 주 여호와의 말씀을 전했을 뿐이오.
엥?
이게 아닌데….

tip 신하와 백성의 반응

신하와 백성들은 예레미야가 하나님의 참 예언자임을 인정하고, 그를 죽이는 게 부당하다고 주장했다. 그들이 예레미야의 말을 듣고 회개했는지는 알 수 없지만, 어쨌거나 그들은 종교 지도자들의 주장과는 반대의 판결을 내렸다. 신하들은 하나님의 종인 예언자의 처형을 꺼렸을 뿐 아니라, 종교 지도자들에 비해 객관적인 시각을 지닐 수 있는 위치였기 때문에 반대한 것으로 보인다.

그때, 지방의 장로 몇몇이 거들었어.
흠! 유다 왕 히스기야 때 미가가 이렇게 예언했지요.

※미가 : 유다의 모레셋 출신 예언자. Link 6권 77p

시온은 밭을 갈듯 뒤집힐 것이며, 예루살렘은 폐허가 되고, 성전이 있는 이 산은 수풀만 무성할 것이다!
미가

※시온 Link 5권 42p : 예루살렘 남동쪽에 위치한 구릉. 여기에서는 예루살렘 전체를 칭한다.

하지만 히스기야 왕과 백성들은 미가를 죽이지 않았소.
도리어 주님을 두려워하며 그분의 은혜를 간구했죠.
흠! 그런 일이…?
그래서 어찌 됐죠?

※미가의 예언에 히스기야와 백성들이 어떻게 반응했는지는 이곳에서만 언급되었다.

그래서 하나님께서 생각을 바꾸시고 재앙을 거두셨소.
그런데 우리는 지금 예레미야를 죽여 큰 재앙을 불러들이려고 하고 있소.
예레미야는 죄가 없소!
옳소!
일단 튀자.
후다닥

예레미야는 사반의 아들 아히감의 보호로 자신을 죽이려는 자들에게서 벗어날 수 있었어.
휴! 다행입니다.
고맙소!

※아히감 : 서기관 사반 Link 5권 221p 의 아들. 예루살렘 멸망 후 바벨론 왕에 의해 유다 총독으로 임명된 그달리야 Link 5권 235p 의 아버지이다.

그 무렵, 여호와의 또 다른 예언자가 있었는데, 그는 기럇여아림 사람 스마야의 아들 우리야로 예레미야와 같은 말씀을 전했지.
예루살렘과 이 땅에 재앙이 내릴 것이다!!
저놈 뭐야?
저주를 퍼붓다니 죽고 싶나?
우리야

그런데 유다 왕 여호야김이 죽이려 하자 우리야는 이집트로 도망갔어.
아이고! 잡히면 죽겠다.

※기럇여아림 : 예루살렘 서북쪽 13km 지점에 있는 성읍.
※스마야 : 알려진 정보가 없다.

※여호야김 : 요시야의 아들이자 유다 18대 왕. Link 5권 228p

그러자 여호야김은 악볼의 아들 엘라단과 몇 사람을 이집트로 보냈지.
그놈 참 속 썩이네.
그들은 우리야를 붙잡아 여호야김에게 데려왔고,
어이쿠!
이놈 감히 도망쳐?
털썩!
여호야김은 우리야를 죽여 평민의 공동묘지에 그 시체를 던졌어.
털썩!

※악볼 : 유다의 지도자.
※엘라단 : 여호야김의 아내 느후스다의 아버지.

tip 우리야

예레미야와 함께 예루살렘의 멸망을 예언한 우리야는 예레미야와는 달리 살해당했는데, 이 사건은 예레미야의 성전 설교보다 훨씬 후대의 일이었다. 저자가 예레미야의 성전 설교와는 별개의 사건을 이곳에 기록한 것은, 예레미야도 생명이 위험한 상황이었음을 알려주려는 의도로 보인다. 이처럼, 당시 예레미야 외에도 예루살렘의 멸망을 예언한 진정한 예언자들이 있었음을 알 수 있다.

27장 바벨론에 복종을 선포함

요시야의 아들 시드기야가 유다 왕이 된 무렵, 여호와가 말씀하셨어.
나무 멍에에 밧줄을 달아 목에 걸어라! 그리고 시드기야를 만나러 예루살렘에 온 사신들에게 그것을 주어 에돔, 모압, 암몬, 두로, 시돈 왕들에게 보내라!
끙!
산타클로스 같네요. 멋진 선물을 줘야지.

tip 각국의 사신들

유다 왕 시드기야 Link 5권 231p 는 바벨론에 복종하라는 예레미야의 권고를 무시하고 주변 나라들과 동맹을 맺고 바벨론에 대항하고자 했다. 그리하여 각국의 사신들이 예루살렘에 왔는데, 이에 하나님은 그 사신들을 통해 자신의 뜻을 각국의 왕에게 전하려고 하셨다. 목에 멍에를 두르는 행위는 유다를 비롯한 동맹국들의 멸망과 포로 생활을 나타내는 상징으로, 바벨론에 대항하지 말라는 경고와도 같다.

여호와께서 바벨론 왕 느부갓네살에게 세상 모든 땅을 주려 하시니, 느부갓네살 왕과 그의 집안을 섬겨라! 그렇지 않으면 바벨론에 멸망당할 것이다!
이 말을 너희 왕에게 전해라!
허접한 바벨론에 항복하라고?
우리가 뭉치면 바벨론 따위는 껌이라구!

거짓 예언자나 점쟁이의 말을 듣지 마라! 그러면 너희는 고향에서 쫓겨나고 멸망당할 것이다!
거짓 예언자
바벨론을 섬기는 일은 없을 겁니다.
점쟁이
그럼요! 찌질한 바벨론쯤이야.
헤헤
그러나 바벨론의 멍에를 목에 걸고 그를 섬기는 민족은 고향에서 살게 해주실 것이다!
정말일까?
바벨론의 첩자라면…?
일단 보고는 해야겠지?

※바벨론의 멍에를 걸다 : 바벨론의 지배를 받는다는 의미이다.

예레미야는 시드기야 왕에게도 같은 말을 했어.
무슨 소리 하는 거요? 다른 예언자는 바벨론을 섬길 필요가 없다고 했소!
그건 거짓 예언이오! 주님은 이렇게 말씀하셨소!

나는 그들을 보내지 않았다! 그들은 내 이름을 팔아 거짓 예언을 한다! 그 말을 듣는다면 너희는 쫓겨나고, 그들과 함께 멸망할 것이다!
닥쳐라! 이놈을 당장 쫓아내라!!
하나님의 경고를 귀담아 들으시오!

예레미야는 제사장들과 모든 백성에게 선포했지.
바벨론에 빼앗긴 성전 기구들을 곧 돌려받을 거라는 말은 거짓 예언이니, 바벨론을 섬겨서 살아남으시오!
어떻게 원수를 섬기라는 거야?
빨리 끌어내라!
매국노!
타다닥

tip 성전 기구

거짓 예언자들은 바벨론이 곧 멸망하므로 여호야김과 여호야긴 때 바벨론으로 옮겨진 성전 기구들 Link 5권 230p 을 곧 돌려받을 거라고 주장했다. 그러나 성전 기구들은 유다 멸망 이후에도 약 40년간 바벨론에 머물렀으며, 바벨론이 페르시아에 넘어갈 때까지 바벨론 왕의 연회 그릇으로 사용되는 등 Link 6권 195p 온갖 수난을 겪었고, B.C.537 바벨론 땅에서 예루살렘으로 완전히 귀환할 때 비로소 함께 돌아왔다.

바벨론 왕 느부갓네살이 유다 왕 여호야긴과 모든 귀족을 잡아갈 때에 남겨두었던 기둥과 놋바다, 받침대와 기구들도 그곳으로 실려 갈 것이며, 후일 내가 이곳으로 다시 옮겨올 것이다!

※잡아갈 때 : 바벨론 2차 침략 때를 말한다. Link 5권 230p
※기둥 : 성전 입구의 보아스와 야긴을 가리킨다. Link 5권 40p

28장 거짓 예언자 하나냐

유다 왕 시드기야 4년 5월, 기브온 사람 앗술의 아들이자 예언자 하나냐가 성전에서 제사장과 모든 백성에게 말했어.
내가 바벨론 왕의 멍에를 꺾어버리겠다!
만군의 여호와, 이스라엘의 하나님께서 제게 말씀하셨소!
뭐?!
하나냐

※기브온 : 예루살렘 서북쪽 약 9km 지점의 성읍.
※멍에를 꺾다 : 유다가 바벨론의 멍에를 진다는 예레미야의 예언을 부정하는 말이다.

2년 안에, 바벨론으로 넘어간 성전 기구들을 주께서 친히 가져오고, 바벨론으로 끌려간 여호야긴 왕과 백성들도 다시 데려오겠다고 하셨소!
참 예언자가 나셨다!
와아아아!
주께서 선택한 우리가 멸망할 리가 없지!
하나냐 만세!

하나님께서 그렇게 해주신다면 얼마나 좋겠소. 나도 당신 말처럼 되길 바라오.
근데 뭐?
오래전부터 많은 예언자들이 재앙이 닥칠 것을 예언했소.
근데 뭐?
나를 비롯해서.
평화를 말하는 예언자는 그 말이 이루어진 뒤에야 참 예언자로 인정받을 것이오.
뭐야? 내가 거짓말이라도 했다는 거냐?
발끈

※예언자들 : 이사야, 요엘, 아모스, 미가, 하박국, 스바냐 등을 가리킨다.

※평화를 말하는 예언자 : 하나냐를 가리킨다.

하나냐가 예레미야의 나무 멍에를 꺾으며 말했어.
주께서 2년 안에 모든 나라에서 느부갓네살 왕의 멍에를 벗겨 이처럼 꺾겠다고 하셨다!
콰직!!
아니, 남의 걸 왜 부수고…?!
그러자 예레미야는 그 자리를 떠났지.
흥! 도망 가냐?
끙!

tip 자리를 떠난 예레미야

하나냐가 거짓 예언을 하자 예레미야는 자리를 뜬다. 자신이 참 예언자이고, 하나냐가 거짓 예언자임을 증명하기를 포기한 것이다. 더 이상의 논쟁은 아무런 도움도 되지 않을뿐더러, 옳고 그름은 오직 하나님만이 판명해주실 것이기 때문이다.

얼마 후 여호와가 말씀하셨어.
하나냐에게 내 말을 전해라!
후덜덜
끙! 쇠라서 엄청 무겁네요.
예레미야는 하나냐에게 그 말씀을 전했지.
하나냐는 들으시오! 주께서 말씀하셨소!
흥! 또 왔냐?
신형 멍에인가?
네가 나무 멍에를 꺾어버렸으니 쇠 멍에를 만들었다!
크으으으!
흥! 그게 부러지냐?
후덜덜

※쇠 멍에 : 유다를 심판하려는 하나님의 분명한 의지를 보여주려고 나무 멍에를 쇠 멍에로 바꿨다.

내가 온 나라의 목에 쇠 멍에를 채우고, 바벨론 왕을 섬기게 했으니 들짐승마저도 그를 섬길 수밖에 없다!
바벨론 느부갓네살 왕
크하하! 천한 것들!!
하나님은 당신을 보내지 않으셨는데, 당신은 백성들에게 거짓을 믿게 했소!
뭐… 뭐? 난 하나님이 보낸 예언자야!
흠칫

나 여호와를 거역한 너를 이 땅에서 영영 없애버리겠다! 너는 올해 안에 죽을 것이다!
어… 어디서 공갈이냐? 그런 일은 없을 거다!
오! 하나냐가 겁먹었다!
흥! 과연?
흥미 진진해!

예언자 하나냐는 그해 7월에 죽었어.

tip 하나냐의 죽음

하나냐가 어디서, 어떻게 죽었는지는 알 수 없다. 다만, 5월에 선포된 사망 예언이 7월에 성취된 만큼 그 예언은 매우 신속하게 성취되었다고 말할 수 있다. 이는 예레미야가 참 예언자이고 그의 다른 예언들도 반드시 성취될 거라는 증거라 할 수 있다.

29장 바벨론의 포로에게 보낸 편지

2회에 걸친 바벨론의 침략으로 유다의 왕과 신하들 그리고 많은 백성이 포로로 끌려갔어. Link 5권 230p
예레미야 말을 들을 걸.

그때, 시드기야 왕은 엘라사와 그마랴를 바벨론 사신으로 보냈지.
바벨론에 보내는 뇌물이니까 잘 챙겨라!
어이구! 자랑이다. 더 크게 얘기하지?
예레미야가 이 편지를 부탁했습니다.
그마랴
엘라사
?!
아히감

※아히감 : 성전 설교 때 예레미야를 위기에서 구해준 사람이다. Link 6권 106p

예레미야는 그 사신들을 통해, 바벨론에 있는 포로들에게 편지를 보낼 수 있었어.
이걸 바벨론 포로들에게 전해라.
넵!!

tip 예레미야의 편지

바벨론에 포로로 잡혀간 거짓 예언자들은 빠른 시일 내에 포로 귀환이 이루어질 거라고 거짓 예언을 했다. 그러자 포로 귀환에 대한 기대감에 부푼 백성들은 그곳에 제대로 적응하지 못하고 있었다. 이에 예레미야는 '70년의 포로'가 하나님의 뜻임을 알려, 포로 생활에 적응하게 하고 이를 회개의 기회로 삼도록 편지를 썼다. 여기서 주목할 사실은, 시드기야가 예레미야의 편지를 사신들을 통해 보냈다는 점이다. 여태까지 예레미야를 박해했던 그의 행태로 볼 때 이 일로 그가 예레미야를 하나님의 예언자로 인정했다고 볼 수는 없다. 다만, 여기에는 시드기야 나름의 정치적인 계산이 있었다. 그는 바벨론 왕에 의해 세워진 왕이기 때문에 Link 5권 230p , 백성에게 인기는 커녕 오히려 증오의 대상이었다. 게다가 여호야긴 왕이 아직 살아있고 여호야긴의 복귀 및 포로 귀환에 대한 기대가 어느 때보다 높았던 시기라 시드기야의 정치적 입지는 불안한 상태였다. 그러던 차에 포로 생활을 받아들이라는 예레미야의 편지가 자신의 불안한 정치적 입지를 굳건히 해줄 것이라 판단했던 것이다.

나 만군의 주, 이스라엘의 하나님이 말한다! 너희는 바벨론에서 집을 짓고, 결혼하고, 자식을 낳아 번성해라!
바벨론이 번영하도록 기도해라! 그곳이 평안해야 너희도 평안할 것이다!
너희 중에 있는 예언자들은 내가 보낸 자가 아니니, 그들이 나를 팔아 하는 거짓 예언에 속지 마라!
70년 뒤, 너희를 유다로 다시 데려온다는 약속을 반드시 이루겠다!
너희가 나를 부르고 기도하면 그 호소를 들어주겠다!
너희가 온전한 마음으로 나를 찾기만 하면, 나를 만날 것이다!

바벨론의 포로들아, 내 말을 들어라!
내가 거짓 예언하는 골라야의 아들 아합과
마아세야의 아들 시드기야를 바벨론 왕 느부갓네살에게
넘겨 너희 앞에서 죽게 하겠다!
이는 그들이 이웃의 아내들과 간음했고,
내 이름을 팔아 거짓 예언을 했기 때문이다!
이 말씀이 사실이오?
간음과 거짓 예언이라니?!
무슨 소리!
아합
시드기야
스마야
우리는 하나님 말씀을 전한 것뿐이오!
예레미야가 모함하는 것이오!
거짓 예언자 중 스마야는 유다에 있는 마아세야의 아들 유사장 스바냐와 모든 제사장에게 편지를 썼어.
예레미야, 네 이놈! 가만두지 않겠다!!
이놈을 죽여야 해!
저주 받을 놈!
파 파 파 팍!
스바냐가 그 편지를 예레미야에게 읽어주었지.
주께서 거짓 예언자들을 징계하라고
당신을 유사장으로 세웠는데 어째서
예레미야를 그냥 두십니까?
그는 심지어 우리에게 때가 아니니
바벨론에 정착하라고 합니다.
스바냐
참 나! 뻔뻔하기는.

※유사장: 성전 내의 질서를 감독하는 제사장 직책 중 하나로, 막강한 권력을 지녔다.

※아합과 시드기야: 거짓 예언자들로 이스라엘 왕 아합과 유다 왕 시드기야와는 동명이인이다.

※스바냐: 임멜의 아들 바스훌에 이어 유사장이 된 인물. 예레미야에게 호의적이었다. Link 6권 101p

그때, 여호와가 말씀하셨어.
포로로 잡혀간 유다 백성에게 내 말을 전해라!
넵! 말씀하세요.
예레미야는 바벨론의 포로들에게 여호와가 하신 말씀을 편지로 보냈지.
스마야는 내가 보낸 예언자도 아닌데
자기가 마치 예언자인 양 거짓 예언을 했다!
그러므로 스마야는 자손을 보지 못할 것이니,
내가 내 백성에게 베풀 복을
그의 자손이 누릴 일은 없을 것이다!
뜨악!
우리만 벌 받아서 배 아팠는데.
찔찔
헤이, 친구!
음….
저것들 도대체…

30장 이스라엘의 회복 약속 ①

예레미야야, 내가 지금 하는 말을 모두 기록해라!
네! 말씀만 하세요.
촤 악~!
보라. 때가 되면 포로로 잡혀간 내 백성 이스라엘과 유다를 그들의 조상에게 준 이 땅으로 돌아오게 하겠다!

※같은 예언을 이미 모세가 모압 평지에서 한 바 있다. Link 2권 219p

※이스라엘: 북왕국 이스라엘.

tip 위로의 책

30~33장은 시대적 배경만 약간 다를 뿐 모두 이스라엘의 회복을 다루고 있어 '위로의 책'이라 불린다. 물론 앞에서도 위로나 소망의 예언이 있었지만, 여기에선 좀 더 구체적이고 집중적으로 다룬다. 하나님의 엄중한 징계를 받은 유다 백성이 소망을 갖고 하나님을 바라보며 포로 생활을 잘 견디게 하려는 뜻으로 볼 수 있다.

이것은 여호와가 유다와 이스라엘에게 하신 말씀이야.
이스라엘아, 두려워 마라! 내가 너희를 구원하겠다! 너희의 멍에를 꺾고, 묶인 사슬을 풀어, 이방인들이 더 이상 너희를 종으로 부리지 못하게 하겠다!
그러면 너희는 나 주를 하나님으로 섬기고, 내가 너희에게 세워줄 다윗의 자손을 왕으로 섬길 것이다!
하하하
드디어 해방이다!
깔깔
집으로 가자!
이스라엘 독립 만세!

※다윗의 자손 : 메시아, 곧 예수 그리스도를 가리킴.

너희 상처는 너희 죄와 허물이 커서 내가 내린 벌이다! 하지만 이제 내가 너희 원수를 치고, 너희 상처를 치료해주겠다!
드디어 고향으로 돌아왔다!
하하하
할렐루야!

내가 야곱의 장막을 회복시켜 폐허의 언덕에 성과 궁궐을 다시 세우겠다! 그러면 감사와 기쁨의 노래를 부르는 너희는 내 백성이 되고, 나는 너희의 하나님이 될 것이다!
♫ 우헤헤 ♪
하나님께 감사하라~♪

※야곱의 장막 : 이스라엘 백성을 시적으로 표현한 것이다.

31장 북왕국 이스라엘의 회복

처녀 이스라엘아, 내가 너를 다시 일으켜줄 것이니 너는 흥에 겨워 춤을 출 것이다!
이스라엘의 남은 자를 구원해주세요!
주의 백성을 구원해주세요!
여호와를 찬양합니다!
야호!
하하하

※처녀 : 하나님이 모든 죄를 용서하셨다는 상징이다.

내가 너를 북녘 땅과 땅 끝에서 데려오겠다! 너희는 큰 무리를 이루고, 눈물을 흘리며 돌아올 것이다!
주님, 우리를 이끌어주십시오!
와아아
주님을 떠난 뒤 뉘우쳤습니다!

※북녘 땅 : 바벨론을 가리킨다. 앗시리아의 지배를 받던 북이스라엘은 앗시리아가 멸망하자 바벨론의 속국이 되었고, 바벨론이 멸망하자 페르시아의 속국이 되었다.

너희는 시온 산에서 찬송을 부르고 춤추며 기뻐할 것이다! 내가 너희 슬픔을 기쁨으로 바꾸고 위로하겠다!
여호와께 감사하라!
♫ 하하하!
♪ 껄껄 ♪

타락한 딸아, 언제까지 방황할 테냐? 내가 새 일을 창조했으니 그것은 곧 여자가 남자를 안는 것이다!
자자, 빨리 고향으로 돌아갑시다!
더는 머뭇거려서는 안 될 것이오!

※타락한 딸 : 하나님의 귀환 명령에도 불구하고 주저한 백성들에게 하신 책망의 말씀이다.

tip 새 일

새 일이란 여자가 남자를 안는 것이라 했는데 그 의미는 다음과 같이 해석될 수 있다.

① 여자같이 약한 이스라엘이 남자같이 강한 바벨론을 이긴다.
② 처녀 이스라엘이 남편 되신 하나님을 사모한다.
③ 예수가 처녀의 몸에서 태어난다.

무엇이 옳다고 단정할 수는 없으나, 놀라운 사건임에는 틀림이 없다.

남왕국 유다의 회복

내가 유다를 회복시킬 때, 유다 백성들은 이런 말을 할 것이다!
정의의 보금자리여, 거룩한 산이여, 주의 복을 받아라!
주께서 복 주시는 이곳을 누가 감히 침략할 것이냐?

이스라엘의 회복 약속 ②

그때, 내가 이스라엘과 유다의 가문과 새 약속을 세우겠다!
그들은 하나님께서 남편이 되었어도 약속을 깨뜨렸잖아요.
헤헤

tip 새 약속

이집트에서 해방될 때 세운 언약은 옛 언약, 곧 구약 율법을 가리킨다. 그런데 모세 이후, 이스라엘은 이 율법을 지키는 데 실패했고, 매번 심판을 받았다. 이처럼 인간은 구약 율법을 지키는 데 한계가 있었고, 그래서 하나님은 새 언약을 세우고자 하셨다. 새 언약이란 예수 그리스도를 통한 구원을 말하며, 옛 언약이 돌판에 새겨진 외적인 것이라면, 새 언약은 내적이며 영적인 것이라 할 수 있다. 또한 새 언약을 믿으면 성령이 마음속에 들어오게 되는데, 여기에선 이를 '사람 각자의 마음판에 새겨진다'라고 표현했다. 이로써 굳이 다른 사람의 가르침이 없이도 누구나 성령을 통해 하나님을 알게 되는 것이다. 여기서 '안다'는 히브리어로 '야다'라고 하며, 외적인 지식만이 아니라 전인격적으로 아는 것을 의미한다.

새 약속은 그들 조상을 이집트에서 데리고 나올 때에 세운 약속 Link 2권 75p 과 같지 않다!
그들이 악하여 이 약속을 지키지 않았으니.
헤헤

그날이 지난 뒤, 내가 새 약속을 세우고 나의 율법을 그들의 마음판에 새겨서 나는 그들의 하나님이 되고 그들은 내 백성이 될 것이다!
마음에 새기면 누가 알려주지 않아도 모든 백성이 여호와를 알게 돼.
돌판은 안 되겠어.마음에다 새겨줄게.
히익!
그… 그걸로? 레이저 시술은 안 될까요?

※그날이 지난 뒤 : 새 언약의 시대. 곧 신약시대를 가리킨다.

낮에는 해, 밤에는 달과 별이 빛을 밝히듯이 이스라엘도 내 앞에서 언제까지나 한 민족으로 남을 것이다!

32장 밭을 산 예레미야

유다 왕 시드기야 10년, 바벨론 왕 느브갓네살 18년, 바벨론의 군대가 예루살렘을 포위했어. Link 5권 232p

※이때는 예루살렘 멸망 1년 전. 예루살렘은 시드기야 9년 10월에 포위되어, 11년 4월에 함락되었다.

예레미야

그때 예레미야는 이렇게 예언했지.
예루살렘이 바벨론에 정복되어 유다 왕은 포로로 끌려가서, 주님이 찾을 때까지 그곳에 머물 것이오!
지금 상황에 그게 할 말이야?
쳇
저 망할 영감!

이 예언 때문에 예레미야는 왕궁의 경호대 뜰에 갇히게 되었어.
안 그래도 불안한 백성들에게 왜 쓸데없는 소리를 해서….
시드기야
유다는 바벨론을 절대 이기지 못할 거요.

tip 예레미야를 가둔 이유

예레미야가 갇힌 때는 유다를 도우려고 이집트 군대가 올라온 무렵이었다. 이에 예루살렘을 포위한 바벨론 군대는 이집트 군대와 맞서려고 잠시 포위를 풀었다. 그러자 유다는 이집트의 도움으로 구원될 거라 생각했는데, 예레미야가 예루살렘의 멸망을 재차 선포하자 백성들의 분노가 하늘을 찌를 듯 컸다. 그래서 예레미야를 바벨론의 첩자로 의심해 감옥에 가둔 것이다. Link 6권 121p

네 숙부 살룸의 아들 하나멜이 네게 이렇게 말할 것이다!
베냐민 지방의 아나돗에 있는 제 밭을 사십시오! 그 밭을 유산으로 살 우선권이 당신에게 있습니다.
형편이 어려워서 팔려는 거야? 아님 나라가 망한다니까 떠넘기는 거야?
쳇, 땅 팔러 왔군!
하나멜

※아나돗 : 예루살렘 북동쪽 약 5km 지점. 예레미야의 고향이다.

예레미야는 하나멜의 밭을 사는 것이 여호와의 뜻임을 깨달았어.
알겠네. 그 땅의 요즘 시세가…?
은 17세겔입니다. 서비스로 닭 한 마리 끼워드릴게요.
헤헤

예레미야는 계약서에 서명하고 봉인한 뒤 증인들을 세웠는데, 경호대 뜰에 이를 지켜본 유다 사람들이 있었지.
돈은 여기 있네.
네! 여기 원본하고 복사본 받으세요.
나라가 망하면 저 계약서도 똥종이가 될 텐데?

※이스라엘의 토지법 Link 2권 130p

※은 17세겔 : 약 193.8g. 은 1세겔은 노동자의 4일 품삯에 해당했음.

tip 토지 매매

토지 매매 계약서는 2부를 작성했다. 그중 1부는 원본이고, 다른 1부는 사본이 된다. 원본은 내용을 고치지 못하게 봉인한 다음 토기에 담아 영구 보존했고 사본은 언제든지 열람할 수 있게 봉인을 생략하고 구매자가 소지했다. 매매 계약이 성립하기 위해서는 증인 3명이 필요했다. 예레미야가 예루살렘 함락 직전에 토지를 산 것은, 예루살렘을 회복시키겠다는 하나님의 약속을 확신한 때문으로 보인다.

예레미야는 하나멜과 증인들 앞에서 마세야의 손자이며 네리야의 아들인 바룩에게 계약서를 건네주었어.
만군의 여호와께서, 훗날 이 나라에서 사람들이 다시 집과 밭과 포도밭을 사게 될 테니 이 문서를 오랫동안 보관하라고 하셨네.
응? 나라가 망한다고 떠들더니?
뭐야? 땅 투기하려고 작전 쓴 거야?

※바룩 : 네리야의 아들, 예레미야의 서기, 예레미야서를 대부분 대필했다.

그러고 나서 예레미야가 기도했지.
주님 말씀처럼 바벨론 군대가 곧 이 성을 점령할 텐데 왜 밭을 사고 증인을 세우라고 하셨습니까?
예루살렘은 바알과 몰렉에게 제물을 바치고, 내 성전을 더럽히는 역겨운 짓으로 나를 노하게 했다. 그러니 내가 그 집을 태워버릴 것이다!
화르르르

이스라엘의 회복 약속 ③

하지만 예루살렘에 큰 재앙을 내린 만큼 약속한 모든 복을 베풀 것이다!
힝! 병 주고 약 주고…
죄인 주제에…!
福

내 분노로 쫓겨난 유다 백성들은 예루살렘을 보며 이렇게 말할 것이다!
이 땅은 사람도 짐승도 없는 황무지며, 바벨론 군대의 땅이야.
그러나 내가 그들을 다시 데려와 이 땅에 뿌리를 내리게 하겠다! 그들이 다시 밭을 사고 계약서를 쓰고 봉인하여 증인들을 세울 것이다!
앗! 그럼 전 횡재한 거로군요!

예레미야

33장 이스라엘의 회복 약속 ④

예레미야가 경호대 뜰에 갇혔을 때, 여호와는 다시 말씀하셨어.
그들이 내게 저지른 모든 죄악을 씻어주고 용서해주겠다! 예루살렘은 내게 기쁨과 찬양과 영광을 돌리는 이름이 될 것이다!
내가 이스라엘과 유다의 집안에 약속한 복을 줄 그 날, 다윗에게서 한 의로운 가지가 돋아나 세상에 공평과 정의를 실현할 것이다! 이스라엘의 왕좌에 앉을 사람이 다윗에게서 끊이지 않을 것이며, 레위 지파의 제사장도 끊이지 않을 것이다!
와아아
하하하!

※한 의로운 가지 : 예수 그리스도를 가리킨다.
※레위 지파의 제사장 : 영원한 대제사장으로 오실 예수 그리스도를 가리키며, 신약시대 성도 개개인이 직접 하나님과 소통하는 제사장이 될 것임을 뜻한다.

34장 시드기야에 대한 경고

바벨론이 유다와 예루살렘을 공격할 때, 예루살렘 외에 점령되지 않은 성은 라기스와 아세가뿐이었지.
끈질긴 놈들!
그래봐야 시간문제지!

※라기스 : 예루살렘 서남쪽 45km 지점에 있는 성읍.
※아세가 : 예루살렘 서남쪽 26km, 라기스에서 북쪽 18km 지점에 있는 성읍.

이때는 예레미야가 경호대의 뜰에 갇히기 전이야.
주님의 말씀이오.
주께서 예루살렘을 바벨론 왕에게 넘기니 그가 이 성에 불을 지를 것이오.
늘 하던 얘기 아니오. 좋은 소식은 없소?
끄응!

※유다와 예루살렘의 멸망은 Link 5권 233p 참고.

왕은 바벨론 왕에게 붙잡혀 그와 얼굴을 맞댈 것이며, 그가 항복을 요구할 것이오.
그게 좋은 소식이오? 난 그 인간 꼴도 보기 싫구만.
아, 또 있소! 왕은 바벨론에 포로로 끌려갈 거요.
Link 5권 232p
하암~
인간아, 좋은 얘기도 좀 해봐라!
왕은 칼에 죽지 않고 평안히 죽고, 백성들이 애도할 거라고 주께서 약속하셨죠.
털썩
휴! 그거라도 어디요.

※시드기야는 바벨론 왕 느부갓네살에 의해 옹립된 왕이다. Link 5권 230p

※시드기야는 눈이 뽑힌 채 바벨론으로 끌려가서 Link 5권 233p 죽었지만, 천수를 다한 것으로 보인다.

노예 해방 언약을 파기한 데 대한 심판

과거 시드기야는 예루살렘의 모든 백성과 종에게 자유를 주겠다고 한 적이 있어.
종 가운데 히브리 사람은 다 풀어줘라! 누구도 동족인 유다 사람을 종으로 삼을 수 없다!!
저 인간이 미쳤나? 왜 갑자기?
웅성
무슨 꿍수가 있을 것 같은데?
웅성

※히브리 : 유다 사람을 가리킨다.

tip 노예 해방

모세 율법은 동족을 노예로 삼으면 7년이 되는 해에 해방시켜 주도록 규정한다. Link 2권 129p 그러나 유다 말기에는 이 율법이 전혀 지켜지지 않았는데 시드기야가 이 규정을 시행하겠다고 약속한 것이다. 하나님의 예언을 계속 거부했던 그가 자발적으로 이런 약속을 한 것은 아닐 것이다. 아마도 예레미야의 예언대로 예루살렘이 포위된 것을 보고, 율법을 지켜 하나님의 진노를 누그러뜨려보려 했을 수 있다. 마침 그때, 이집트가 원군을 보냄에 따라 바벨론은 예루살렘의 포위를 풀게 된다. 그러자 유다 백성은 해방시켰던 노예를 다시 잡아들인다.

이에 온 백성이 종들에게 자유를 주었지.
이제 넌 자유다!! 다시는 종으로 삼지 않을 것이다!
만세!
감사합니다!
그러나 머지않아 변덕을 부렸어.
아니, 다신 종으로 삼지 않겠다면서요!
내가 언제?
닥치고 일해라, 응?
잉잉
그때 여호와가 말씀하셨지.
종에 대한 율법을 지키길래, 어쩐 일로 옳은 일을 하나 했다! 그것도 성전, 내 앞에서 언약까지 맺으며 말이다! 이제, 너희가 또다시 내 이름을 더럽혔다!
그러므로 내가 유다의 모든 사람을 재앙으로 죽게 하고, 모조리 원수들의 손에 넘기겠다! 그러면 그 시체가 새와 들짐승의 먹이가 되고, 이 땅은 황무지가 되어 아무도 살 수 없는 곳이 될 것이다!
휴! 꿍수 부릴 때 알아봤다.

※바벨론이 예루살렘의 포위를 풀고 물러났다는 소식을 듣고 이집트 군대가 회군하자, 바벨론이 다시 예루살렘을 포위했다.

예레미야

35장 레갑 사람

유다 왕 여호야김 때 Link 5권 228p , 여호와가 말씀하셨어.
레갑 사람들을 성전의 한 방으로 안내해서 포도주를 마시게 해라!
네? 포도주를요?

※34장보다 약 15년 전 이야기다.

tip 레갑 사람

미디안 족속으로 겐 족속으로도 불린다. 이 족속을 세운 사람은 여호나답 Link 5권 162p 이다. 모세의 장인 이드로도 속했던 이 족속은 이스라엘 민족이 광야 생활을 할 때부터 이스라엘 민족과 함께 있었으며, 가나안 땅에 들어와서도 하나님을 신실하게 섬겼다. 예레미야가 레갑 족속 모두를 성전으로 데려간 것으로 보아 그 수가 많지 않았던 것으로 보인다. 35~36장은 시드기야의 통치 이전 내용이지만, 하나님의 심판이 불가피함을 보여주기 위해 이곳에 실렸다.

예레미야는 야아사냐(하바시냐의 손자)와 레갑 사람들을 성전으로 불렀지.
왜 부르는 거지?
야아사냐?
바쁜데.

※야아사냐: 레갑 족속의 대표자. 그의 아버지는 예레미야로 예언자 예레미야와 동명이인이다.

예레미야는 그들을 하나님의 사람 하난의 아들들이 쓰는 방으로 데려갔어. 그 방은 신하들의 방 곁, 성전 문지기인 마아세야의 방 위쪽에 있었지.
앉으세요.
오! 한턱 쏘려는 건가?
오오
하하하
이런 고마울 때가!

예레미야는 레갑 사람들에게 포도주 단지를 내놓았어.
자, 맘껏 드시고, 포도주도 마시시오!
?!
쿵

※하나님의 사람 하난: 하나님의 사람은 예언자를 뜻한다. 하난(익다랴의 아들)에 대해서는 알려진 게 없다.
※하난의 아들들: 하난의 제자들을 가리킨다. ※마아세야: 살룸의 아들이자, 제사장(유사장) 스바냐의 부친으로 보인다.

우리 레갑은 포도주를 마셔서는 안 되오. 레갑의 아들 요나답이 명령한 일이거든요.
응? 무슨 명령?

우린 요나답의 명령에 순종하며 장막에 살고 있소.
장막? 지금은 예루살렘에 살고 있잖소?
이렇게.
① 포도주를 마시지 말 것.
② 농사를 짓지 말고, 유목 생활을 할 것.
③ 집을 짓지 말고 장막 생활을 할 것.

아… 그건 바벨론과 시리아 군대가 쳐들어와서 예루살렘으로 피한 거죠.
딱히 도망갈 곳도 없고….
흠

※요나답(여호나답): 이스라엘 왕 예후의 종교개혁을 도왔던 인물이다. Link 5권 163p

※시리아: 아람을 말한다. 바벨론은 아람의 주변국들과 연합하여 예루살렘을 공격했던 것으로 보인다.

그때 여호와가 말씀하셨어.
예레미야야, 유다에 이 교훈을 전해라!
네, 어떤?
?

요나답의 자손은 조상의 명령에 순종하여 지금까지 포도주를 마시지 않았다! 그러나 너희는 주께서 거듭 거듭 말해도 듣지 않았다!
그러므로 주께서 유다와 예루살렘에 예고한 모든 재앙을 내리신다! 너희가 말을 해도 듣지 않고, 불러도 대답하지 않았기 때문이다!
가위 바위 보
너도 먹을래?
으하하

예레미야가 레갑 사람들에게 말했지.
주께서 이렇게 말씀하셨소!
너희는 조상 요나답의 명령에 순종하고 그대로 실천했다! 그러므로 레갑 족속 가운데 나를 섬길 사람이 영원히 끊이지 않을 것이다!
아이고! 감사합니다.
아멘!
할렐루야!
와하하

tip 나를 섬길 사람

일반적으로 제사장이나 레위 사람을 가리키는 말이다. 그러나 레갑 족속이 제사장 집안이나 레위 지파가 되었다고 볼 수는 없다. 다만 하나님이 귀중히 여긴 족속임에는 틀림없다. 이런 축복은 이방인이던 레갑 족속에게는 큰 영광이었지만, 선택된 민족이라 자부했던 이스라엘에게는 수치스러운 일이었다. B.C.586 유다의 멸망 Link 5권 233p 이후 레갑 족속의 동향은 분명치 않다.

36장 두루마리를 불태운 여호야김

요시야의 아들이자 유다 18대 왕 여호야김 4년,
두루마리에 요시야 때부터 지금까지, 내가 한 모든 말을 기록해라! 혹시 그걸 보고 유다 백성들이 악한 길에서 돌아설지 모르지 않느냐?
백성들이 돌아서면 어떻게 하실 거예요?

그야, 당연히 그들의 허물과 죄를 용서해야지!
아이고! 참 속도 좋으시네요.
부르셨어요?

※여호야김 4년은 바벨론이 갈그미스 전투에서 이집트 군대를 격파하고 Link 5권 229p 근동의 새로운 패권자로 등장한 해이다.

예레미야는 여호와가 하신 말씀을 바룩에게 불러주었어.
다 적었냐?
조, 좀 천천히… 잠시만요!
헉
헉
파파파팍
내가 감금되었으니, 금식일에 성전에 가서 백성들에게 낭독해줘.
네? 제가요?
그럼 그들이 주님의 노여움을 깨달아 엎드려 기도하고, 악한 짓을 멈출지도 모르잖아.
음! 알겠습니다.

※바룩 : 네리야의 아들, 예레미야의 서기, 예레미야서를 대부분 대필했다.

※실제로 감금된 게 아니라, 백성들이 예레미야를 싫어해 자유롭게 예언할 수 없다는 뜻이다.

유다 왕 여호야김 5년 9월, 여호와 앞에 금식하라는 선포가 내려졌지.
1년 동안 적은 거라 무지 많군.
낑!

tip 금식

이스라엘은 대속죄제 Link 2권 122p 를 드리는 7월 10일(속죄일)에 금식했다. 또한 전쟁 위협이 있을 때, 병이 들거나 회개할 때도 금식했다. 따라서 9월에 있었던 이 금식은 정기적인 게 아니라, 바벨론이 침공한 그 해의 국가적 수치를 기억하고, 계속되는 고난을 극복하기 위해 선포된 것으로 보인다. 예레미야가 금식일에 말씀을 낭독하게 한 이유는 다음과 같다.

① 금식일에는 많은 사람이 성전에 모이므로, 예루살렘뿐 아니라 온 유다에 하나님의 말씀을 전파할 수 있었기 때문이다.
② 금식일에는 하나님의 말씀을 긍정적으로 받아들일 거로 생각했기 때문이다.

예레미야

바룩은 새 대문 Link 6권 105p 입구의 위뜰에 있는, 서기관 그마랴(사반의 아들)의 방에서 말씀을 낭독했어.
바벨론 왕 느부갓네살이 쳐들어올 것이오! 이는 하나님의 심판입니다!
웅성
뭐라고?
웅성
허접한 바벨론이 뭘 한다고?
그 말씀을 들은 미가야(사반의 손자이며, 그마랴의 아들)가 왕궁 서기관의 방에 갔지.
미가야
타다닥

※바룩은 하나님의 말씀을 여호야김 4년에 기록하기 시작했고, 5년에 완성해 선포했다.
※그마랴: 예레미야를 구출한 아히감 Link 6권 106p 의 형제로 서기관이며, 그의 아버지 사반도 서기관이었다.

마침 그곳엔 모든 신하가 앉아있어서, 미가야는 바룩이 낭독한 모든 말을 그들에게 전했어.
뭐라?
엘리사마
들라야
엘라단
그게 정말이냐?
시드기야
그마랴
제가 좀 전에 듣고 온 겁니다.
신하들은 여후디(느다냐의 아들)를 바룩에게 보내 그 두루마리를 가져오게 했지.
두루마리를 가지고 따라오시오!
아! 네.
여후디
바룩은 신하들에게 두루마리를 읽어줬어.
우리에게 그 두루마리를 읽어주시오.
몇 시간 동안 떠들었는데 또 읽어요?
켁!
이를 다 듣고 난 신하들이 놀라서 말했지.
이 말씀을 반드시 왕께 전해야겠소!!
예언자 예레미야님이 불러주고, 제가 먹으로 받아 적었죠.
이 말씀을 어떻게 기록하게 됐소?

※여후디: 그에 대해 알려진 정보가 없다.

tip 신하들의 반응

신하들은 하나님의 예언을 듣고 당황하고 두려워했다. 그 말씀을 듣지 않았다면 국론을 분열시켰다는 죄목으로 바룩과 예레미야를 체포했을 것이다. 사안의 심각함을 깨달은 신하들은 즉각, 여호야김 왕에게 보고하려 했다. 그래서 예언의 정확한 출처를 확인하려 한 것이다.

※시드기야: 여기의 시드기야는 유다의 마지막 왕 시드기야 Link 5권 231p 와 거짓 예언자 시드기야 Link 6권 111p 와는 다른 인물이다.

당신은 예레미야와 아무도 모르게 숨으시오.
왕이 이 예언을 듣고 당신들을 해칠지도 몰라.
아… 알겠습니다.
신하들은 그 두루마리를 서기관 엘리사마의 방에 숨기고,
일단 여기 숨기자.
왕이 어떻게 나올지 모르니.
성질 더럽잖아.
왕궁 뜰로 들어가 여호야김 왕에게 그 일을 모두 보고했어.
여차저차해서 어쩌구저쩌구…
흠
그래?

여호야김은 여후디를 보내 두루마리를 가져와서 낭독하게 했지.
쳇! 이렇게 쉽게 내줄 거면 왜 숨겼어?
빨랑 읽지 못해?
때는 9월이라 여호야김은 겨울 별관에 있었고, 그 앞에 화로가 있었는데,
그리하여 주께서….
스윽
여후디가 서너 칸을 읽으면, 여호야김이 서기관의 칼로 읽은 부분을 잘라서,
아… 니…?!
읽기나 해라!
좌악
화롯불에 던져 넣었어.
아니?!
헉!!
화르르르
그런 식으로 여호야김은 두루마리를 모두 불에 태워버렸지.
화르릭!
엘라단, 들라야, 그마랴가 태우지 말라고 간청했으나, 여호야김은 듣지 않았어.
아이고, 하나님의 말씀을 태워버리다니요!!
그만두십시오!
시끄!
그러고도 그들은 슬퍼하며 옷을 찢거나 두려워하지 않았지.
수군수군
왜 꼽냐?
왕이 사고친 건데, 뭐!
어쩔 수 없지.
왕은 왕자 여라므엘과 스라야(아스리엘의 아들), 셀레먀(압디엘의 아들)에게 명령했어.
바룩과 예레미야를 잡아와라!!
네!!!
그러나 여호와가 그들을 숨기셨지.
예레미야야, 불에 태운 걸 다시 써라! 그리고 여호야김에게 이렇게 전해라!
켁!!
네! 말씀하세요.
다, 다시?
여호야김아! 너는 예레미야에게 두루마리에 유다에 대한 심판을 왜 적었는지 묻고는 그것을 태워버렸다!
아따! 잘 탄다.
으앙! 1년이나 걸려서 적었는데!
화르르르
그러므로 네 자손은 이제 다윗 왕좌에 앉지 못할 것이다! 네 시체가 땅에 버려져 뒹굴고, 온 유다에 재앙이 임할 것이다! 이는 믿지 않은 너희에게 내리는 내 경고다!

※9월 : 이스라엘의 9월은 태양력으로는 12월이다.

※서기관의 칼 : 갈대 촉을 깎던 작은 칼을 말한다. 당시에는 갈대 촉을 깎아 펜으로 썼다.

※왕자 : 당시 30세였던 여호야김에게는 장성한 아들이 없었다. 따라서 왕자가 아닌 왕족으로 봐야 한다.

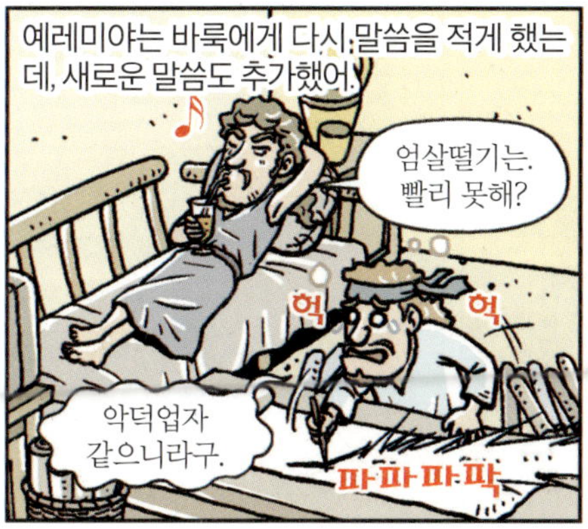
예레미야는 바룩에게 다시 말씀을 적게 했는데, 새로운 말씀도 추가했어.
엄살떨기는. 빨리 못해?
헉
헉
악덕업자 같으니라구.
파파파팍

37장 감옥에 갇힌 예레미야

바벨론 왕이 여호야김의 아들 여호야긴을 대신해 요시야의 아들 시드기야를 유다 왕으로 세웠어.
넌 저리 꺼져!
히히! 조카야. 꺼지라고 하시잖아!
퍽
철퍼덕
흑!

※37장은 36장 이후 18년이 지난 일이다. Link 5권 230p

하지만 시드기야와 백성들은 여호와의 말씀에 순종하지 않았지.
바벨론에 항복하십시오!! 그게 하나님의 뜻입니다!
적에게 항복하느니 장렬하게 전사하겠다!
저 망할 늙은이가?!

이때는 예레미야가 감옥에 갇히기 전 Link 6권 114p 이며, 이집트의 군대가 온다는 소식에 바벨론 군대가 예루살렘의 포위를 풀고 퇴각한 때였어.
오! 바벨론 군대가 물러가는군!
네! 다행입니다.
킥킥
해방시켰던 노예들도 다시 잡아들여야겠어.

시드기야가 여후갈(셀레먀의 아들)과 스바냐(마아세야의 아들)에게 말했어.
예레미야한테 우리를 위해 하나님께 기도해달라고 해라!
넵!
여후갈
스바냐

너희를 도우려는 파라오의 군대는 이집트로 돌아갈 것이다! 그럼 바벨론 군대가 다시 돌아와, 이 성을 공격하고 불태울 것이다! 그들은 어떤 경우라도 물러나지 않을 것이다!
이렇게 말씀하셨으니 왕께 전하시오.
마… 맙소사!
컥!
바벨론이 돌아온다니!

※여후갈 : 시드기야의 심복으로 유갈이라고도 불린다.
※스바냐 : 임멜의 아들 바스훌 Link 6권 98p 에 이어 유사장이 되었다.

예레미야가 집안의 재산을 물려받을 일 때문에, 베냐민 땅으로 떠나려 했지.
어디 가슈?
고향에 가는데, 왜?

※예레미야가 하나멜 Link 6권 114p 을 만나기 이전에, 다른 세습 토지를 유산으로 받으려고 베냐민의 아나돗으로 가려던 것으로 보인다.

베냐민 문에 이르렀을 때, 수문장 이리야가 예레미야를 체포했어.
바벨론에 투항하러 가는 게 분명하다. 체포해라!
뭐? 아니라니까!

※베냐민 문(에브라임 문) : 예루살렘 북쪽에 위치한 문으로 앞에 나왔던 '베냐민 대문' Link 6권 98p 과는 다른 문이다.

tip 수문장 이리야

이리야는 예레미야의 저주를 받고 죽은 거짓 예언자 하나냐 Link 6권 109p 의 손자로 하나냐가 죽자 예레미야에게 원한을 품었던 것으로 보인다. 평소 바벨론에 항복을 촉구한 예레미야에 대한 여론이 좋지 않자 이리야는 첩자 혐의를 씌워 그를 체포했다.

이리야는 예레미야를 왕궁에 데려갔고,
투항하러 가는 게 아니라니까!
시끄럽다!
왕의 신하들은 예레미야를 때린 뒤 서기관 요나단의 집에 가두었어.
맨날 바벨론에 항복하라고 할 때 알아봤다.
변호사나 불러줘!
예레미야는 그 지하 감옥에 여러 날 갇혔지.

※요나단의 집 : 집이 감옥으로 사용된 이유는 분명치 않지만, 당시 유다 관리들의 집에는 사옥이 있었던 듯하다.

tip 감옥에 갇힌 예레미야

평소 예레미야를 배척하고 싶어했던 왕의 신하들은 그가 바벨론의 간첩 혐의로 체포되자, 그를 제거할 수 있는 좋은 기회로 생각하여 재판 없이 그를 때리고 감옥에 가두었다. 그 감옥은 공식 형무소가 아니라 관리들의 집에 있던 개인 감옥으로 개인의 인권을 보장받기가 사실상 불가능한 곳이었다.

그러던 어느 날, 시드기야가 예레미야를 왕궁으로 데려와 은밀히 물었어.
바벨론 군대가 잠시 물러가긴 했지만 불안해서….
혹시 하나님께서 무슨 말씀이 없었소?
바벨론은 다시 돌아올 것이고, 왕은 바벨론 왕의 손에 넘겨질 거요.
망할 놈들이 돌아오긴 왜 돌아온다고.
후우
근데, 내가 무슨 죄를 저질렀다고 감옥에 가둔 것이오?

바벨론이 유다를 공격하지 않을 거라던 왕의 예언자들은 지금 어디 있소?
아! 그… 글쎄?
그놈들 어디를 갔지?
부디 나를 다시 감옥으로 보내지 말아주시오. 그곳에 가면 다시는 살아 나올 수 없을 것이오.
흠! 꼴을 보니 정말 그렇겠군요.
왕은 예레미야를 경호대 뜰에 가두고 성 안에 식량이 떨어질 때까지, 매일 빵 만드는 거리에서 빵을 가져다주게 했어.
뭐야? 야채는? 베이컨은?
먹기 싫어?

38장 진흙 웅덩이에 갇히다

스바댜(맛단의 아들), 그달리야(바스훌의 아들), 유갈(셀레마의 아들), 바스훌(말기야의 아들)은 예레미야가 전하는 예언을 들었지.
누구든지 이 성에 머물면 죽고, 바벨론에 항복하면 살 것이다! 이 성은 반드시 바벨론에 점령당할 것이기 때문이다!
스바댜
바스훌
으음!
그달리야
유갈

※빵 만드는 거리 : 평민들이 먹는 빵을 만들던 곳이다. 보잘것없는 빵이지만, 오래도록 바벨론에 포위된 상태에서 소중한 양식이었다.

tip 스바댜, 그달리야, 유갈, 바스훌

반바벨론 파로 예레미야를 적대시했던 사람들이다.

① 스바댜 : 알려진 정보가 없다.
② 그달리야 : 유다의 총독 그달리야 Link 5권 235p 와는 동명이인. 여기서는 예레미야를 박해한 바스훌(임멜의 아들) Link 6권 98p 의 아들로 보인다.
③ 유갈 : 시드기야가 예레미야에게 기도를 요청하기 위해 보낸, 여후갈(셀레먀의 아들) Link 6권 121p 과 동일인.
④ 바스훌 : 시드기야가 예레미야에게 기도를 요청하기 위해 보낸 인물 Link 6권 101p.

그리고 그들은 유다 왕 시드기야에게 말했어.
예레미야를 사형에 처해야 합니다!
흠!
그는 병사와 백성의 사기를 떨어뜨리고 있어요!
예루살렘에 평안은커녕 재앙을 재촉하고 있다고요!

그를 죽이든 살리든 맘대로 하시오. 내가 무슨 힘이 있다고 그대들을 반대하겠소.
아자!
알겠습니다!
맡겨만 주십시오!
척!

※시드기야가 신하들의 뜻을 거부할 수 없을 만큼 왕권이 약화되었다.

그들은 말기야의 집, 경호대 뜰 안에 있던 물웅덩이에 예레미야를 내려 보냈지.
낄낄
꼴좋다!

※말기야 : 누구인지 알려진 정보가 없다.

tip 물웅덩이

물웅덩이는 반석을 파서 만든 우물을 가리키는데, 당시 예루살렘 주택에는 거의 다 이런 우물이 있었다. 신하들이 예레미야를 우물에 넣은 것은, 그곳에서 굶어 죽게 하여 예언자를 살해했다는 비난을 받지 않으려는 속셈이었을 것이다.

그런데 거긴 물은 없고 진흙뿐이었어. 예레미야는 진흙 속에 빠진 거야.
지하 감옥에서 겨우 나왔는데 이제 진흙탕 우물이라니.

이 소식을 들은 에티오피아 출신의 왕궁 내시 에벳멜렉이 시드기야에게 갔지.
왕의 신하들이 악한 짓을 하고 있습니다!
나도 안다. 하지만 신하들을 거스르기가….

성 안에 식량이 떨어졌으니, 예레미야는 굶어죽을 겁니다.
음!

※예루살렘은 식량이 고갈된 상태였기 때문에 백성이 먹기에도 부족한 식량을 죄인인 예레미야에게 줄 수 없었다.

너는 예레미야가 죽기 전에 병사 30명을 데려가서 끌어내라!
네! 30명이면 스바댜 일당도 못 막을 겁니다!

에벳멜렉은 왕궁의 의복 창고에서, 헝겊과 낡은 옷으로 밧줄을 만든 다음,
서둘러라!!
타다닥!

그 밧줄을 예레미야에게 내려주었지.
스윽
밧줄 끝에 양쪽 겨드랑이를 넣으세요!
응?

사람들은 예레미야를 끌어올려서 경호대 뜰에 다시 머물게 했어.
애고, 살았다!
푸하
이제 예전처럼 이 뜰에서 지내세요.
얼마 후 시드기야가 예레미야를 성전 셋째 문 어귀로 불렀지.
왕이 왜 이런 곳에서…?
저기 계시는군요.
시드기야가 예레미야에게 말했어.
한 가지 물어볼게 있으니 아무것도 숨기지 마시오.
그럼, 왕은 날 죽일 것이오! 어차피 내 충고도 듣지 않을 것이고.

※성전 셋째 문 : 어느 문인지 알 수 없지만 왕궁에서 성전으로 통하는 입구로 보인다.

시드기야는 은밀히 맹세했지.
여호와의 살아계심을 두고 맹세하는데 결코 당신을 죽이지 않고, 죽이려는 자들에게 넘겨주지도 않겠소.
알겠소.
주께서 바벨론에 항복하라 하셨소. 그럼 왕과 왕의 집안이 살고, 예루살렘도 불타지 않을 것이라 하셨소.
만약 항복하지 않으면?
예루살렘은 불에 타고, 왕도 바벨론의 손에서 빠져나갈 수 없을 것이오!
사실… 나는 바벨론에 이미 투항한 유다 백성들이 두렵소.
힝

※이미 투항한 유다 백성 : 친바벨론 파, 또는 예레미야의 예언을 듣고 바벨론에 투항한 사람들을 가리킨다.

바벨론 군대가 나를 잡아가면, 그들이 나를 학대할지도 모르잖소?
백성들 고생시키지 말고 빨리 항복하지!
칠칠맞기는!
내… 내가 잘못했네.
후덜덜
그리되지 않을 테니 걱정 마시오. 다만, 제가 전해드린 주님의 말씀에 순종하시오. 그래야 모든 일이 잘되고 왕의 목숨도 구할 수 있소.
반바벨론 파 신하들의 반대도 만만치 않잖소.

만약 항복하지 않으면, 주께서 내게 보여주신 일이 그대로 일어날 것이오!
우 우 웅
예루살렘 폭격 준비 완료!
그럼, 유다 왕궁의 궁녀들이 바벨론의 신하들에게 끌려가며 탄식할 것이오!
믿었던 도끼에 발등 찍혔어.
흑흑
왕이 진창에 빠지자 왕의 친구들이 왕을 버리고 떠났다고.

tip 궁녀들의 말

여기서 왕의 친구들이란 예루살렘이 망하지 않을 거라고 속인 거짓 예언자들과 반바벨론 파이자 친이집트 신하들을 가리킨다. 이들은 시드기야를 부추겨 바벨론에 대항하게 해놓고, 막상 시드기야가 곤경에 처하자, 자취를 감추고 만다. 궁녀들은 이런 시드기야의 어리석음을 조롱할 것이다.

왕뿐만 아니라 왕의 아내와 자녀들까지 모두 끌려간단 말이오!
무슨 말인지는 알겠소. 일단 돌아가시오.
단, 지금 한 말은 비밀로 하시오. 그렇지 않으면 당신은 죽을 것이오.
네?
나와 이야기한 사실을 신하들이 알면….
왕한테 무슨 말을 했냐?
사실대로 말하면 죽이지 않겠다.
조사하면 다 나와!!
아! 그…게….

그럼 당신은 이렇게 말하시오.
요나단의 집에 또 갇히면 거기서 죽을 것이니, 제발 그곳으로 보내지 말아달라고 간청했소.
정말?
거짓말이면 죽는다.
과연, 신하들은 예레미야에게 시드기야와 무슨 이야기를 했는지 물어보았어.
딱이네! 이참에 나도 예언이나 해볼까?

※요나단의 집 : 예레미야가 갇혔던 지하 감옥. Link 6권 122p

예레미야는 시드기야가 시킨 대로 대답했지.
별 얘기 없었군.
할 말 없다.
가자!
휴~
그 후, 예레미야는 예루살렘이 함락될 때까지, 경호대 뜰에 있었어.
그러던 어느 날, 여호와가 말씀하셨지.
에티오피아 사람 에벳멜렉에게 내 말을 전해라!
절 구해 주었던?
저요?

※이 내용은 39장 15~18절에 해당하지만 이야기 흐름상 이곳에 배치했다.

내가 이제 이 성에 재앙을 내리겠지만, 너를 적의 손에서 건져내겠다! 네가 나를 의지했기 때문에, 네 생명을 상으로 주는 것이다!
두려워할 필요 없어.
감사합니다!

39장 예루살렘의 함락

유다 왕 시드기야 9년 10월, 바벨론 왕의 군대가 예루살렘을 포위했고, 11년 4월 9일, 마침내 성벽이 뚫렸어. Link 5권 233p
와아아아
으아악!

※성벽 : 바벨론의 군대는 밤을 틈타, 경사가 심하지 않아 공략하기가 용이한 북쪽 성벽을 뚫은 것으로 보인다.

네르갈사레셀, 삼갈르보, 살스김, 네르갈사레셀(랍막) 등 바벨론의 모든 신하가 예루살렘 성 안 중앙 문에 모여 앉았지.
푸하하! 드디어 정복했다!
징한 놈들, 1년 6개월을 버텼어!
네르갈사레셀
삼갈르보
네르갈사레셀(랍막)
근데 시드기야는 아직 못 잡았나?
느부사라단
살스김

tip 바벨론 군대의 지휘관들

① 네르갈사레셀(느부사라단) : 느부갓네살 왕의 경호 대장 느부사라단을 가리킨다. 이름을 옮기는 과정에서 발생한 오기로 보인다.

② 삼갈르보, 살스김(느부사스반) : 느부갓네살의 신하란 것 외에 알려진 게 없다. 살스김은 느부사스반이라는 이름의 오기로 보인다.

③ 네르갈사레셀(랍막) : 느부갓네살 왕의 심복으로 느부갓네살의 딸과 결혼했다.

시드기야는 예루살렘을 빠져나와 아라바 길로 도망쳤어!
Link 5권 232p

그러나 바벨론 군대가 여리고 평야에서 시드기야를 사로잡고,
그를 하맛 땅 립나로 끌고 가서, 바벨론 왕 느부갓네살 앞에 세웠지.

※중앙 문 : 예루살렘 성 북쪽 성벽의 중앙 문으로 예루살렘 성 전체를 감시할 수 있는 전략적 요충지였다.

바벨론 왕은 시드기야를 심문한 뒤, 그의 앞에서 아들들과 귀족들 모두 처형했어.
그런 후, 시드기야의 눈을 빼고 쇠사슬에 묶어 바벨론으로 끌고 갔지.
한편, 바벨론 병사들은 예루살렘 왕궁과 민가에 불을 지르고, 성벽을 헐어버렸어.
꺄악

경호 대장 느부사라단은 항복한 백성과 성 안에 남아있던 백성을 거의 모두 바벨론으로 잡아갔지.
엉엉!
모두 바벨론에 끌고 가라!
그러나 아무것도 없는 빈민들은 남겨두고, 그들에게 포도밭과 땅을 나눠주었어.
골라잡아라. 이젠 너희 땅이다!
이런 자비를?!
오오…!!

※빈민은 옛 질서가 무너지는 것을 반겼기 때문에 반란의 여지가 거의 없었다. 이들에게 유다 땅을 경작하도록 한 뒤 조공을 받으려는 속셈이었다.

느부갓네살 왕이 느부사라단에게 명령했지.
예레미야를 잘 돌봐라. 해치지 말고, 원하는 건 다 들어줘라!
척!
넵!

tip 느부갓네살의 호의

느부갓네살은 예레미야가 바벨론에 항복할 것을 촉구하다 감옥에 갇힌 사실을 알고, 그를 친바벨론 파로 착각했을 것이다. 이는 예레미야를 안전하게 보호해주실 거라는 하나님 말씀 Link 6권 85p 이 성취되는 과정에서 느부갓네살의 마음이 움직인 것으로 볼 수 있다.

바벨론의 신하들은 경호대 뜰에 있던 예레미야에게 사람을 보낸 다음,
예레미야가 누구요?
여기서 나갑시다!
무슨 일이오?

예레미야를 그달리야에게 맡겼지.
그동안 고생하셨소. 이제 집으로 돌아가세요.
내 고생은 끝났으나 백성의 고생은 이제 시작이구려.
그달리야
흑흑

tip 그달리야 Link 5권 235p

그달리야의 아버지 아히감은 예전에 예레미야를 도와준 적이 있다. Link 6권 106p 그달리야의 할아버지 사반은 요시야 왕의 종교개혁에 적극 동참한 인물이었다. Link 5권 220p 이런 집안으로 볼 때, 그달리야가 바벨론에 항복한 것은 순전히 예레미야의 예언에 순종한 결과로 보인다.

그래서 예레미야는 백성과 함께 살 수 있게 되었어.

40장 예레미야의 재석방

다른 유다 포로들과 함께 예레미야도 바벨론에 끌려가고 있었어.
어? 예레미야님은 풀려나지 않았어요?
에휴! 집에 가다가 또 잡혔다네.

하지만 느부사라단이 라마 성에서 예레미야를 풀어줬지.
당신의 하나님께서 말씀하신 대로 되었소. 이는 주님께 죄를 짓고, 말씀에 순종하지 않은 당신 백성들 때문이오.
당신이 유다 백성보다 낫소!

※라마 성 : 예루살렘 북쪽 약 8km 지점. 유다의 전략적 요충지.

당신을 다시 풀어주겠소. 나와 함께 바벨론에 간다면 잘 보살펴주겠지만, 아니어도 좋소.
어디든 당신이 가고 싶은 곳으로 가시오.
전 그냥 유다에 남겠소. 내 백성과 함께 있고 싶소.

느부사라단은 예레미야에게 먹을 것과 선물을 주며 말했어.
그럼 그달리야에게 가시오. 바벨론 왕께서 그를 유다 총독으로 세우셨소.
뭐, 그것도 싫으면 당신 마음대로 하고….
그달리야에게 가지요.

※그달리야 : 사반의 손자이며, 아히감의 아들. Link 5권 235p 나라의 멸망을 선포한 예레미야에게 유다 사람들이 적대감을 가지고 있어서 그달리야와 함께 있기를 권고한 것이다.

예레미야는 미스바에 있는 그달리야에게 갔지.
아 참! 그달리야는 미스바에 있소. 예루살렘은 폐허가 됐거든.
아! 네.

※미스바 : 예루살렘 서북쪽 6km 떨어진 고원 지대에 위치한 성읍.

총독 그달리야

바벨론 군대를 피해 숨어있던 유다 장교들과 부하들은 그달리야 소식을 들었어.
바벨론 왕이 그달리야를 유다 총독으로 세우고, 바벨론으로 끌려가지 않은 사람들을 맡겼대!
이스마엘
에배의 아들들
스라야
요하난
우리도 그달리야가 있는 미스바로 가자!
여사냐(야아사니야)
요나단

※장교들 : 느다니야의 아들 이스마엘, 가레아의 두 아들 요하난과 요나단, 단후멧의 아들 스라야, 에배의 아들들, 마아가 사람의 아들 여사냐(야아사니야).

그들은 미스바로 갔고,
미스바
그달리야가 그들에게 약속했어.
바벨론엔 내가 대표로 나설 테니 여러분은 어느 성이든 차지하고 포도주, 여름 과일, 기름을 항아리에 저장하며 사시오!

※항아리에 음식을 저장하는 것은 평화로운 시기에 전쟁을 대비하는 행위로 평안과 안정을 나타내는 비유다.

모압, 암몬, 에돔 등 여러 나라에 흩어졌던 유다 사람들도 그 소문을 들었지.
유다로 돌아갈까?
바벨론이 유다에 사람들을 남겨두고 그달리야를 총독으로 세웠대!
그들도 유다 미스바로 그달리야를 찾아갔어.
요즘 유다가 평화롭대!
바벨론에 항복했더니 평화라니?!
예레미야의 예언이 맞았어.
하하하
그리고 포도주와 여름 과일을 많이 모으며 평화와 안정을 찾았지.
전쟁은 흔적도 없구나!
진작에 바벨론에 항복할 걸.

※여름 과일 : 7월에 첫 수확이 이루어지는 무화과를 가리킨다.

한편, 들판에 숨어있던 요하난과 유다 장교들이 그달리야에게 말했어.
암몬 왕 바알리스가 총독을 죽이려고 느다냐의 아들 이스마엘을 보냈답니다.
에이! 설마요?
허! 설마가 사람 잡아요!
제가 이스마엘을 아무도 몰래 죽일 테니 허락해주십시오.
만약 총독님이 살해되면, 유다 사람들이 다시 흩어지고 우린 멸망할 겁니다.
속닥 속닥
음! 안 되오. 그게 사실일 리가 없소!

※암몬 왕 바알리스 : 가나안 동쪽 모압 위에 있는 암몬 족속의 왕으로, 반바벨론 동맹을 결성하기 위해 시드기야에게 전령을 보낸 적이 있다. Link 6권 107p

예레미야

tip 바알리스의 암살 계획

유다와 오랫동안 적대 관계였던 암몬 왕 바알리스는 유다가 재건되는 것을 원치 않았다. 유다 왕족 이스마엘은 귀족의 자손에 불과한 그달리야가 유다의 통치자가 된 것에 불만이었고, 바벨론에 복종한 그를 매국노로 생각했다. 이처럼 뜻이 맞은 암몬 왕과 이스마엘이 그달리야의 암살을 모의하게 된 것이다. 그런데 그달리야는 요하난의 보고를 헛소문이라고 일축했다. 그는 어쩌면 요하난의 보고를 사실로 직감했을지도 모른다. 그러나 이스마엘을 죽인다면 동족간의 분쟁(친바벨론과 반바벨론)이 생겨 오랜만에 찾아온 평화가 깨질 수 있었으므로 요하난의 보고를 묵살했을 수 있다.

41장 암살당한 그달리야

유다가 멸망한 해 7월, 그달리야가 총독이 된 지 2개월이 되었을 때야.
이스마엘이 총독님을 뵙자고 합니다.
그래? 언제 식사나 같이 하자더니.

엘리사마의 손자이자 느다냐의 아들이며, 왕의 신하였던 이스마엘이 부하 10명과 함께 그달리야에게 왔어. Link 5권 235p
우리 짜장면이나 시켜 먹을까요?
좋죠~ 난 짬뽕!!
탕수육도 시킬 거죠?
이스마엘

※엘리사마 : 왕족으로 고위 관료이기도 했다.

그들은 식사 도중 자리에서 일어나 그달리야를 칼로 쳐 죽였지.
크윽
푸욱

이스마엘은 함께 식사하던 유다 사람들과 그곳에 있던 바벨론 병사들도 다 죽였어.
커헉

tip 유다 사람들, 바벨론 병사들

반바벨론 파인 이스마엘의 입장에서, 그달리야와 함께한 유다인들은 나라를 팔아먹은 매국노였다. 더불어, 바벨론 병사들까지 죽인 것은 그들이 바벨론 총독부를 지키며 그달리야를 호위하는 임무를 맡았기 때문이다.

그달리야가 살해당한 다음 날, 아직 아무도 그 사실을 알지 못할 때,
꼬끼오~

수염을 깎고 옷을 찢고 몸에 상처를 낸 80명의 사람들이 세겜과 실로와 사마리아에서 나왔어. 그들은 예루살렘 성전에 곡식 제물과 향료를 바치려고 미스바를 지났지.

※세겜, 실로, 사마리아 : 북왕국 이스라엘의 주요 성읍. 80명의 사람들은 북왕국 이스라엘 10지파에서 모인 자들임을 알 수 있다.

tip 80명의 사람

이들은 예루살렘 성전이 폐허가 된 것을 슬퍼하면서 하나님께 제사를 드리러 가던 순례자들이었다. 이때가 7월이었으므로 초막절 Link 2권 127p 을 지키려던 것으로 보인다. 이들이 옷을 찢은 것은 애통함을 표현하는 고대 근동의 풍습이었으나, 수염을 깎고 몸에 상처를 내는 행위는 이교도의 관습이었다. 북왕국 이스라엘 사람인 이들은 율법 지식이 부족했음을 알 수 있다.

그때, 미스바에서 나온 이스마엘이 울면서 그들에게 갔어.
총독님이 만나시길 원합니다. 저와 함께 가시지요.
왜요?
가봅시다. 총독님이 뵙자는데.
그런데 이스마엘과 그의 부하들은 성 안으로 들어온 이들 80명을 모두 죽였지.
크헉!
모두 죽여라!
왜 이러는 거야?
으악
제, 제발!

그중 10명이 이스마엘에게 애걸했어.
살려주시오. 우리가 밀, 보리, 기름, 꿀을 밭에 많이 숨겨두었습니다!
그래?
그 위치를 알려드리죠!
부디 자비를!
그러자 이스마엘은 그들을 살려주고,
좋아. 너희는 열외!
감사합니다! 감사합니다!
시체들은 웅덩이에 던져 넣었어.

tip 죽임당한 80명

이스마엘은 성전을 향하던 80명의 순례자들을 그달리야가 초청했다는 거짓말로 유인했다. 순례자들은 이스마엘의 거짓 울음에 속았고, 게다가 왕족인 그를 전혀 의심하지 않았다. 이스마엘이 성을 지나가던 순례자들을 죽인 이유는 정확히 알 수 없다.

유다 아사 왕이 이스라엘의 침략에 대비해 만들었던 그 웅덩이를 이스마엘이 시체로 가득 채운 거야.
뚜껑으로 덮어!

tip 물웅덩이

유다 아사 왕(3대) 때 이스라엘의 바아사 왕(3대)이 라마에 성을 건축하고 유다를 위협한 일이 있었다. 그때 아사는 아람 민족을 회유해 이스라엘을 침략하게 했고, 바아사는 이를 막으려고 라마의 성 건축을 중지한 다음 북이스라엘로 귀환했다. Link 5권 75p 그러자 아사는 라마에 있던 건축 자재를 가져와, 게바와 미스바 성을 건축했다. Link 5권 76p 이때 저수지나 방어용 참호인 웅덩이를 크게 파놓았는데, 순례자들의 시체를 채운 웅덩이가 바로 그것이었다.

그런 뒤, 이스마엘은 바벨론의 경호대장 느부사라단이 미스바에 남겨뒀던 공주들과 백성들을 사로잡아서 암몬에 넘기려 했어.
질질
암몬 왕 바알리스에게 선물로 줘야지.
흑흑
얼마 후, 요하난과 그의 군대 장교들이 이스마엘의 악행에 대해 들었지.
미친놈, 기어코 저질렀군!
공주와 백성들을 암몬에 넘긴답니다.
어떻게 찾아온 평환데…!

요하난과 장교들은 이스마엘을 뒤쫓아 기브온에 있는 큰 연못 근처에서 따라 잡았어.
멈춰라!!!
아니?!
요하난이다!
두두두
이스마엘에게 끌려가던 포로들은 이들을 보자 매우 기뻐했지.
아… 아니?!
저것들이?!
살려주세요!!
와아아
피해야 합니다.
요하난의 병사들이…?!

※기브온 : 미스바 서남쪽 약 54km 지점. 요압의 군대와 아브넬의 군대가 피비린내 나는 혈전을 벌였던 곳이다. Link 4권 133p

이스마엘은 부하 8명과 함께 암몬으로 도망갔어.
서라!
커억!
작전상 후퇴다!
두두두
요하난은 포로로 끌려가던 사람들을 기브온에서 데리고 돌아왔지.
고맙습니다!
덕분에 살았습니다!!
하하하
이제 안심하세요!!

※이스마엘의 부하는 10명이었는데 그중 2명은 요하난과의 전투에서 전사한 것으로 보인다.

그런데 요하난과 장교들은 바벨론 군대가 두려워서 이집트로 도망가기로 했어.
총독이 살해됐으니, 바벨론 왕이 다시 쳐들어올 거요.
그가 보기엔 당연히 반역이니.
이집트는 반바벨론 국가니까 그곳으로 갑시다!
그들은 이집트로 가는 길에 베들레헴과 가까운 게롯김함에 잠시 머물렀지.
여기서 예레미야님을 좀 만나봐야겠다.

※게롯김함 : 여행자를 위해 지은 숙소로 보이며, 정확한 위치는 알 수 없다.

42장 예레미야에게 묻는 요하난

요하난(가레아의 아들), 여사냐(호사야의 아들), 장교들, 그리고 포로에서 구출된 백성들이 예레미야에게 말했어.
예언자님, 우리를 위해 기도해주세요. 많은 사람 중 겨우 우리만 남았습니다.
우리가 어디로 가고, 무엇을 해야 하는지 알려주세요.

알겠소. 주께서 응답하신 말씀을 그대로 알려주겠소!
우리는 주님 말씀대로 할 것을 맹세합니다. 그분의 응답이 좋든 나쁘든 순종할 거예요.
여호와의 말씀에 순종하면 복을 받겠죠.

tip 백성의 기도 요청

이집트로 떠나기에 앞서, 예레미야에게 하나님의 뜻을 물으며 기도를 요청한 요하난 일행의 행동은, 얼핏 매우 신실한 행동으로 비춰진다. 그러나 이는 자기들이 내린 결정에 하나님의 동의를 구하는 태도로 해석될 수 있다. 이는 마치 이스라엘을 저주해달라는 모압 왕의 요청을 수락한 뒤, 하나님의 뜻을 알려고 한 발람의 태도와 같다. Link 2권 187p

열흘이 지난 뒤, 여호와가 예레미야를 통해 말씀하셨지.
주께서 말씀하셨소.
내가 너희를 지켜줄 테니 바벨론 왕을 두려워 말고 이 땅에 머물러라!
만약 이집트로 간다면 주께서 예루살렘에 분노를 쏟은 것처럼 여러분에게도 분노를 쏟으실 것이오.
웅성
음... 어떻게 하지?
웅성
그래도 이집트가 안전하지 않을까?

여러분은 주님께 순종하겠다고 했으면서도 마음은 이미 이집트로 향해 있소!
들켰다!
바벨론 왕은 우릴 죽일 거야.
헉!
그러므로 여러분은 이집트에서 전쟁, 굶주림, 전염병으로 모두 죽게 될 것이오!!
맙소사!
헉!
43장 이집트로 끌려간 예레미야
예레미야의 말이 끝나자, 요하난과 아사랴와 고집 센 자들이 말했어.
거짓말하지 마시오!
주께서 그런 말씀을 하셨을 리 없소!
우리를 바벨론에서 죽이거나 잡히게 하려는 바룩의 꾀에 당신이 넘어간 것이오!
헐!!
결국, 요하난과 장교들은 유다로 돌아온 사람들과 유다에 남아있던 사람들을 이끌고 이집트로 갔지.
그새 사람들이 엄청 많아졌네.
흥! 니들이 언제 하나님께 순종한 적이 있냐?
싫으면 말지 괜한 억지를 부리고.

※바룩 : 예레미야의 서기. 예레미야서를 대부분 대필했다.

※유다에 남아있던 사람들 : 이스마엘에게 잡혀갔던 공주들과 백성들을 가리킨다.

심지어 예레미야와 바룩도 끌고 갔어.
우리는 왜 끌고 가?!
참 예언자가 있으면 쓸모가 있을지도….
이거 놔요!!
그들이 다바네스에 도착했을 때,
이집트가 우리를 받아줄지 말지 결정할 동안 여기에 있자.
다바네스에 있는 파라오 궁의 대문 앞 포장된 곳을 파라!
팍
팍
??

※다바네스 : 가나안에서 이집트로 들어가는 관문으로 나일 삼각주 동쪽 국경 지대에 있는 도시이다.

그리고 유다 사람들 앞에서
큰 돌들을 그곳에 묻어라!
뭐 하는
거지?
끙
운동하나?
쿵

그런 다음,
유다 사람에게 전해라!
주께서 바벨론 왕이 이집트를
치게 하신다고 했소! 바벨론 왕은
이 돌들 위에 보좌를 놓고
화려한 장막을 칠 것이오!
엄마야!
헉!
바벨론이
여기까지?!

바벨론 왕은 이집트의 태양
신전들을 불살라 신상들을
태우거나 전리품으로 가져가고,
이집트 백성들은 염병이나 칼에
죽고, 혹은 포로로 끌려갈 것이오.
그리고 그는 평안히
이곳을 떠나갈 것이오!

44장 이집트에 내릴 재앙

여호와가 이집트의 믹돌, 다바네스, 놉(멤피스), 상(上)이
집트에 사는 유다 사람들에게 말씀하셨어.
너희는 우상을 숭배해서
예루살렘이 멸망한
것을 보았다!

tip 이집트에 정착한 유다

44장은 멸망한 유다가 이집트의 다음 도시들로 퍼져나간 이후의 이야기다.

① 믹돌 : 이집트 동북 변경, 지중해 부근의 국경 도시.
② 다바네스 : 이집트 삼각주 동쪽에 있는 성읍.
③ 놉(멤피스) : 카이로 남쪽 20km 지점.
④ 상(上)이집트 : 이집트와 에티오피아 사이에 있음.

그런데 어찌하여 이집트까지 와서
또 다시 이집트의 신들을 섬기는
것이냐? 도대체 제정신이냐?
이제 주께서 이 땅에도 심판을
내려 전쟁과 굶주림, 염병으로 모두
죽을 것이며, 몇몇을 빼고는 유다로
돌아가지 못할 것이다!
여기까지 와서도
잔소리야?!
으그!
지겨운 영감!

다른 신에게 제물을 바치는 아내를 둔 남자들과 상(上)·하(下)이집트에 사는 유다인들이 항의했지.
당신이 무슨 말을
해도 듣지 않겠소!
우린 유다에서 하던
대로 하늘 여신께
제물을 바치겠소!
하늘 여신을 섬기지
않자, 전쟁과 기근으로
사람들이 죽고 모든 게
힘들어졌잖소!
하늘 여신을 섬길
때는 양식도 풍족했고,
재앙도 없었소!
허! 해석이
기가 막히네.
그러게요.

우리가 언제 남편
모르게 하늘 여신을
섬겼어요?
다 허락받고
한 거라고요!

※하늘 여신 : 아스다롯 또는 이쉬타르라고 불리며 전쟁과 성(性)을 주관하는 신. 제사 의식으로 문란한 성 행위를 벌였다.

※하늘 여신을 섬기며 음란한 행위를 한 여인들이 남편의 동의와 허락을 받았다며 자신의 행위를 정당화하고 있다.

자랑이다!! 바로 그런 우상숭배 때문에 유다가 멸망했단 말이다!!
하늘 여신을 섬기지 않아서 어쩌고 어째?
쿵!
맘대로 해봐라! 여호와는 이집트에서 우상을 숭배하는 유다 사람들을 전쟁과 기근으로 모두 죽일 것이다!
주님의 말씀과 너희 말 중에 누구의 말대로 되는지 알게 될 거다!
흥! 웃기시네!
무슨 근거로?
증거를 대보셔!

증거? 좋다! 파라오 호브라의 죽음이 그 증거다!
여호와께서 바벨론 왕 느부갓네살의 손에 그를 넘겨주실 것이다! 그럼 하나님 말씀이 사실인지 아닌지 알게 될 거다!
어디 두고 보자고!
여전히 짜증나는 캐릭터야!
니들 일에 왜 내가 죽어야 해?!
호브라

tip 파라오 호브라

이집트 26왕조의 4대 왕 호브라(재위 B.C.589~570)는 바벨론이 예루살렘을 포위할 때 시드기야의 요청으로 출정했으나, 바벨론이 예루살렘의 포위를 풀고 그와 싸우려 하자 곧 철수했다. Link 6권 121p 그는 리비아에서의 전투 패배와 이로 인한 내전으로 전사한다. 그리고 느부갓네살 왕은 이 혼란을 틈타 이집트를 침공한다.

45장 바룩에 대한 메시지

유다 왕 여호야김 4년, 예레미야가 여호와의 말씀을 바룩에게 받아쓰게 했어.
헉
헉
파파파팍

바룩은 유다에 내릴 여호와의 심판을 읽고는 Link 6권 119p 슬픔에 빠졌지.
주께서 내 고통에 슬픔을 더하셨으니, 이제 꼼짝없이 죽겠네. 나는 탄식으로 마음 편할 일이 없겠구나.

※44장보다 약 20년 앞서 있었던 일이다.

tip 바룩의 슬픔

바룩이 슬픔에 빠진 이유는 다음처럼 생각해볼 수 있다.

① 조국 유다의 멸망을 기록하고 사람들 앞에서 낭독해야 했던 괴로움 때문.
② 예언을 선포했음에도 동족의 배척과 불순종이 여전했기 때문.
③ 동족에게 언제 살해될지 알 수 없는 위기감과 불안감 때문.

하나님께서 자네의 탄식을 듣고 말씀하셨네.
네?
하나님께서?!
나는 내가 세운 것을 헐기도 하고, 내가 심은 것을 뽑기도 한다!
주님의 일이니 어차피 자네나 나나 할 수 있는 게 없어.
그렇긴 하지만.
내가 이제 재앙을 내리겠다. 그러나 네가 어디로 가든지 네 목숨을 건져주겠다!
주님의 약속이니 걱정 말게.
알겠습니다.
흑흑

46장 이방 국가에 대한 예언

여호와는 이스라엘 주변 10개국에 대해 틈틈이 말씀하셨어.
그걸 쭉 정리해보자.
네!

※이스라엘 : 유다를 가리킨다.

이집트에 대한 예언

먼저, 여호야김 4년, 아람 북쪽의 갈그미스에서 바벨론 왕 느부갓네살에게 격파된 이집트 왕 느고의 군대를 두고 하신 말씀이야.
내가 북녘 유프라테스 강가로 가서 희생제물을 잡을 것이다! 이집트의 용사들은 겁에 질려 도망치고, 울부짖는 소리가 온 땅에 가득할 것이다!

※느고 : 사마틱 1세의 아들 바르느고 2세. 후기 이집트 왕 중 가장 진취적이고 호전적인 인물이다. Link 5권 225p

tip 갈그미스 전투

갈그미스는 시리아에서 유프라테스를 오고가는 관문으로 전략적 요충지였다. B.C.605 남하 정책을 추진한 바벨론과 이집트가 갈그미스에서 전투 Link 5권 229p 를 벌였는데, 그 결과 승리한 바벨론은 근동 지역의 패권자로 거듭나게 되었고, 패배한 이집트는 국력이 급속도로 약화되었다.

바벨론 왕 느부갓네살이 이집트를 칠 것이다! 멤피스는 폐허가 되고, 백성들은 수치를 당한 뒤 북에 넘어갈 것이다!
와아아아
크윽!

이집트에 있는 이스라엘은 두려워 마라! 내가 네 자손을 구원하여 고향으로 돌아가서 편히 살게 할 것이다!
정말요?
헤헤
우리가 뭐가 예쁘다고?

내가 너를 멸망시키지는 않겠지만, 반드시 법에 따라 징계할 것이다!
아이고! 그럼 그렇지.
히익!

47장 블레셋에 대한 예언

이집트 군대가 가사를 공격하기 전, 여호와가 블레셋에 대해 말씀하셨어.
북쪽에서 온 적군이 강물처럼 블레셋 성읍과 주민을 다 휩쓸면, 백성들은 울부짖으며 통곡할 것이다!
크레타 섬의 블레셋 사람들과 두로와 시돈의 지원군도 모두 파멸되면, 가사는 슬픔으로 머리를 밀고, 아스글론은 말문이 막힐 것이다!
와아아아
쿵!
으아악

※적군 : 바벨론 군대를 가리킨다. ※크레타 섬 : 블레셋 사람들은 크레타 섬에서 이주해 왔다.
※가사, 아스글론 : 블레셋의 5대 성읍(가사, 아스글론, 에그론, 아스돗, 가드)에 속한다.

예레미야

tip 이집트가 가사를 공격한 때

블레셋은 B.C.604경 바벨론 왕 느부갓네살에 의해 멸망했는데, 이 예언이 있었던 시대는 다음 중 하나로 추정된다.

① 이집트 왕 느고가 요시야와 므깃도 전투 Link 5권 226p 에서 승리할 때인 B.C.607경으로 본다.

② 느고 왕이 느부갓네살 왕과 갈그미스에서 일전 Link 5권 225p 을 벌이기 직전인 B.C.605경으로 본다.

48장 모압에 대한 예언

불쌍한 느보야, 모압의 영광이 사라졌다.
바벨론이 너희를 멸망시킬 계획을 세우고 있다!
너희가 울부짖을 것이며, 성들은 황무지가 될 것이다!
와아아아아

※느보: 헤스본 동남쪽 6km 지점. 모압의 대표적인 성읍.

너희가 멸망한 이유는 첫째, 그모스를 섬겼기 때문이다! 그래서 모압의 뿔이 잘리고 팔이 부러지고, 용사들이 살육을 당할 것이다!
엉엉

둘째, 교만 때문이다! 너희가 이스라엘을 비웃고 조롱했으며, 풍요로움을 믿고 거만함이 가득했으니 이제 모압은 그릇처럼 깨질 것이다!
이놈들 재물이 엄청나네!
고원 지대라 침략당한 적이 없어서 그래.

※그모스: 몰렉이라고도 하며 인신 제사로 유명했다.

모압은 멸망해 다시는 나라를 이루지 못하지만 훗날 포로들을 돌아오게 할 것이다!
빨리 가!
너희는 이제 노예다!!
엉엉
흑흑

49장 암몬에 대한 예언

너희는 이스라엘에 몰렉 신을 섬기게 하고 그들을 괴롭혔다! 그러므로 사방에서 무서운 적이 너희를 치고, 몰렉과 제사장과 신하도 모두 포로로 끌려갈 것이다!
하지만 훗날 암몬의 포로들도 돌아오게 하겠다!
암몬(랍바 성)
똑바로 들어라!
헉헉
흑흑
떨어뜨리면 100대씩 맞는다!

에돔에 대한 말씀

에서의 후손인 에돔도 절대 멸망을 피할 수 없다! 너희는 이스라엘에 잔인하고 교만했기 때문에 소돔과 고모라 Link 1권 65p 처럼 멸망할 것이다!
너희는 숨지 못한다!
에돔(세일 산)
와아아아!
크억!
으아악!
에돔을 황무지로 만들자!

※하나님은 모압, 암몬, 엘람, 이 세 나라를 회복시켜준다고 했는데, 그 이유는 알 수 없다.

※에서: 야곱의 쌍둥이 형으로 그의 자손이 에돔 민족을 이루었다. Link 1권 128p

다메섹에 대한 예언

부귀영화를 누리며 칭송을 받던 다메섹은 버림받을 것이며, 벤하닷의 궁궐도 내가 태워버릴 것이다!
아람(다메섹)

※벤하닷 : 아람의 왕조이자 왕의 이름으로 벤하닷 1세 Link 5권 76p 와 벤하닷 2세 Link 5권 96p 가 있다. ※다메섹 : 아람의 수도.

게달과 하솔에 대한 예언

게달과 하솔의 장막과 낙타는 노략질당하고, 그곳이 황폐해져 머무는 사람이 없을 것이다!
크악
게달&하솔

※게달 : 아라비아 사막에 사는 유목 민족.
※하솔 : 게달과 가까운 곳에 살았던 유목 민족으로 추정.

엘람에 대한 예언

시드기야가 왕이 된 무렵, 여호와가 말씀하셨어.
내가 바벨론을 보내 엘람의 활을 꺾어버리겠다! 그들은 사방으로 흩어지고 유배될 것이다! 하지만 훗날 엘람의 포로들을 돌아오게 하겠다!
티그리스 강

※엘람 : 셈(노아의 아들)의 아들 엘람의 후손이 세운 나라. 활을 잘 쏘던 이들은 이웃 민족에게 난폭하고 잔인했다.

50장 바벨론에 대한 예언 ①

북방의 한 나라가 바벨론을 쳐서 폐허로 만드니 그곳에 아무도 살지 못할 것이다!
두두두두

tip 북방의 한 나라

예레미야서에서 북방의 나라는 대부분 바벨론을 가리키지만, 여기서는 바벨론을 멸망시킬 페르시아를 가리킨다. 페르시아는 본래 바벨론 북쪽이 아닌 동쪽에 위치했다. 그런데도 북방의 나라라고 불린 것은 북쪽의 메대와 동맹을 맺고 바벨론을 정복했기 때문으로 보인다.

그때, 이스라엘과 유다 백성들은 울면서 나를 찾을 것이다!
주께서 약속을 이뤄주셨다!
주님이 계시는 예루살렘으로 가자!

그리고 나와 영원한 언약을 맺고 연합할 것이다!
자, 약속!
와아아아

내 백성이 길 잃은 양 떼였던 것은 잘못된 길로 인도한 목자들 때문이었다!
자기 하나님께 죄를 지은 놈들이야.
그러니 잡아먹어도 우린 죄 없지.
메애애

※목자들 : 정치 및 종교 지도자들을 가리킨다.

바벨론에 대한 예언 ②

나의 소유, 내 백성을 노략질한 바벨론아!
헉!!
딸꾹!

너는 온 세상에서 가장 비참하고 메마른, 황량한 사막이 될 것이다!
크으으!
힝! 괜히 잡아먹었어.

내가 앗시리아 왕에게 벌을 내렸듯이 바벨론 왕에게도 벌을 내릴 것이다!
난 또 누구라고. 댁이 바벨론 왕?
댁은 앗시리아 왕? 꼴좋네.

바벨론에 대한 예언 ③

북녘에서 활과 창으로 무장한, 잔인하고 무자비한 민족이 오고 있다! 바벨론 성이 함락되는 소리가 땅을 흔들고, 부르짖는 소리가 온 민족에게 들릴 것이다!
콰르릉!
쿠오오오!
엄청 무서운 일이 벌어지고 있나 봐!
도대체 바벨론에 무슨 일이?

※무자비한 민족 : 페르시아와 메대의 군대를 가리킨다.

51장 바벨론에 주는 말씀

네가 시온에서 저지른 죄악을 갚아주겠다! 너의 높은 성문들도 불타 없어질 것이며, 두꺼운 성벽도 허물어질 것이다!

※시온 : 예루살렘 남동쪽에 위치한 구릉. 여기서는 예루살렘 전체를 칭하는 뜻으로 쓰였다. Link 5권 42p

유다 왕 시드기야 4년, 시드기야와 수석 보좌관 스라야가 바벨론으로 가게 되었는데,
어이!……
반역하다가 들켰으니 살아 돌아올 수 있을지.
휴우

※스라야 : 마세야의 손자, 네리야의 아들, 예레미야의 서기 바룩의 형제. 아스리엘의 아들 Link 6권 120p 과 단후멧의 아들 Link 6권 128p 과는 다른 인물이다.

tip 바벨론에 소환된 시드기야

시드기야 4년은 그가 유다 주변국들과 동맹을 맺고 바벨론과 싸우려 한 해 Link 5권 231p 다. 하지만 이 동맹이 발각되고, 시드기야는 바벨론으로 소환된다. 두 차례의 바벨론 침공으로 많은 유다 백성이 포로로 끌려가 좌절과 실의에 빠진 때였다.

예레미야가 스라야에게 책을 한 권 줬지.
바벨론에 내릴 재앙을 적은 책이오! 그곳에 가면, 유다의 포로들에게 읽어주시오.
그러죠.
스라야

책을 다 읽고 이렇게 말하시오.
주께서 이곳을 멸망시켜 영원한 폐허로 만들겠다고 하셨습니다!
바벨론이 멸망한다고?
와우!

그런 다음, 책을 돌에 매달아 유프라테스 강에 던지고 이렇게 말하시오.
바벨론은 재앙을 당해 저 책처럼 가라앉고 다시는 떠오르지 못할 것이오!
초강대국 바벨론이?
보글보글
오오!

52장 예루살렘의 멸망

시드기야는 21세에 유다 왕이 돼 Link 5권 231p 11년간 여호와 앞에서 악한 짓을 했어.
우리는 좀 창조적인 우상을 섬겨봅시다.
몰렉이니 아세라니 태양신이니 식상하잖아요!
달님은 어때요?
어이구, 도대체 저 인간들은…!

tip 예레미야 52장

이 장은 바룩이 첨가한 일종의 역사 부록이다. 예레미야의 예언이 이루어진 것을 증거하고, 예루살렘이 함락한 상황과 그 이후의 역사를 언급한다. 이 사건은 Link 5권 232p 에서 자세히 다루었으므로, 여기에서는 간단히 정리했음을 밝힌다.

마침내 여호와의 진노로 바벨론의 군대가 예루살렘을 공격해 점령했고,
와아아아
으아악!
바벨론에 반기를 들다니 모두 죽여라!

시드기야는 두 눈이 뽑혀 바벨론 감옥에 평생 갇히게 되었지.

바벨론의 경호대장 느부사라단은 예루살렘의 건물을 모두 불태우고,

모든 성전 기구를 가져갔어.

또한, 끝까지 저항한 사람들을 하맛 땅 립나로 끌고 가 죽였지.

※하맛 땅 립나(리블라) : 팔레스타인 북쪽 경계에 있는 성읍으로, 하맛 남쪽 약 10km 지점.

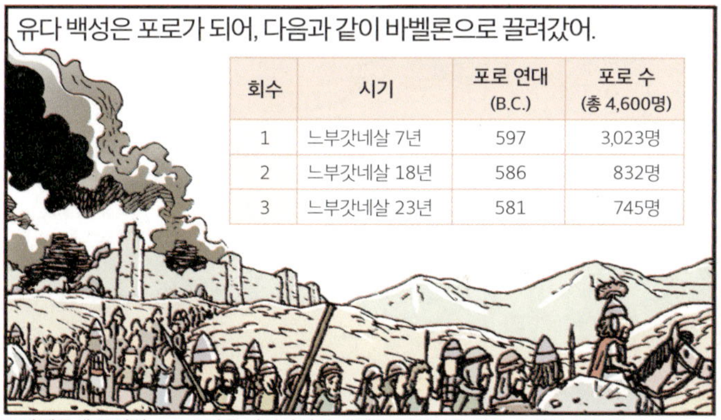
유다 백성은 포로가 되어, 다음과 같이 바벨론으로 끌려갔어.

회수	시기	포로 연대 (B.C.)	포로 수 (총 4,600명)
1	느부갓네살 7년	597	3,023명
2	느부갓네살 18년	586	832명
3	느부갓네살 23년	581	745명

※바벨론에 끌려간 4,600명은 어린아이와 여자를 포함하지 않은 수이기 때문에 실제로는 이보다 몇 배 더 많았다. 위의 포로 시기는 여러 면에서 오류가 있다. 특히 1회의 느부갓네살 7년을 17년으로 보는 학자가 많다.

한편, 유다 왕 여호야긴이 바벨론으로 잡혀간 지 Link 5권 230p 37년이 지난 후, 에윌므로닥이 바벨론 왕이 되었지.
관대하게 통치하면 다들 나를 잘 따를 거야.
에윌므로닥

※에윌므로닥 : 바벨론 왕 느부갓네살의 아들. Link 5권 236p

바벨론 왕 에윌므로닥 1년 12월 25일, 그는 여호야긴을 감옥에서 석방했어.

그리고 그를 다른 왕들보다 높이고, 남은 생애 동안 늘 같은 식탁에 앉게 했지.

에윌므로닥은 여호야긴에게 평생 생계비를 대주었어.
늘 일정하게 받는데 기왕이면 4대 보험도 해주시면 안 될까요?
…….

7. 예레미야애가

1장 제1노래 : 예루살렘의 멸망

이 애가는 예루살렘이 멸망한 직후, 예레미야에 의해 기록되었어.
아, 슬프다! 모든 나라의
여왕이던 시온이 이제 종의 신세가
되어 밤새 통곡하는구나!
띠리링~

시온이 누리던 영광은 사라지고
마침내 조롱거리가 되었구나!
너희를 위로할
사람은 없다!
아아악!

※시온 : 예루살렘 남동쪽에 위치한 구릉. 여기서는 예루살렘 전체를 칭하고 있다. Link 5권 42p

주여, 이 고통을 살펴주소서!
주여, 이 비천한 신세를
살펴주소서!

주께서 내 죄로 만든 멍에를
내 목에 씌우시고 사방에서
나를 칠 군대를 일으키셨네!
크크크
히익!

내가 주님의 말씀을 거역하니
거리에는 살육이 있고,
집안에는 죽음이 있네!
크악!
컥!

내 원수는 그게 주님의 뜻임을 알고
기뻐합니다. 주여, 원수들의 사악함을
드러내 엄하게 다스리소서!
응? 왜?
하나님 일이라
맘 놓고 하는구만.
크으으

tip 예레미야 애가

B.C.586 예루살렘 성의 몰락을 슬퍼하며 읊은 예레미야의 서정시다. 1~4장까지의 4편의 비탄시와 5장의 기도시로 총 5편 구성이다. '애가'라는 제목은 비탄, 애도라는 뜻의 'lamentation'을 옮긴 것이다. 처참한 살육과 공포를 동반한 예루살렘의 패망이 현실로 닥쳐오자 유다 백성은 물론이고, 예레미야도 고통과 슬픔을 주체하기 어려웠다. 예레미야는 절망에 빠진 백성들에게 예루살렘 멸망은 끊임없는 죄로 인한 하나님의 일시적인 징계임을 지적하고, 오직 하나님께 회개하는 것만이 살 길임을 거듭 촉구한다. 또한, 하나님께 조속한 구원을 간구하는 한편, 이스라엘 백성에게는 구원에 대한 소망과 확신을 선포한다.

2장 제2노래 : 예루살렘 패망의 원인

슬프다! 주께서 진노하셔서 이스라엘의 영광이 땅에 떨어졌구나. 주께서 모든 것을 삼키는 불꽃처럼 이스라엘을 불사르셨도다!
내 제단을 버린다! 내 성소도 역겹다!
와아아아아
으아아
꺄악!

주께서 이스라엘의 원수라도 되신 듯 왕궁을 삼키고 성을 부수니 시온의 장로들이 주저앉아 할 말을 잃고, 처녀들은 머리를 떨구네.
으아아
흑흑흑
이는 거짓 예언자들이 헛된 환상을 보여주고, 네 죄를 말하지 않은 탓이다.
저게 아름답고 온 세상의 기쁨이라던 바로 그 성인가?
꼴좋구나.

시온아! 쉬지 말고 큰 소리로 부르짖어라! 밤이든 낮이든 눈물을 그치지 마라!
주여, 살펴주소서! 예전엔 저희에게 이렇게까지 하신 적이 없잖습니까?
저희가 고이 기른 것을 원수들이 모두 죽였습니다!

3장 제3노래 : 하나님의 구원

아! 주께서 나를 깜깜한 곳에서 헤매게 하고, 내 뼈를 꺾으며, 나를 과녁으로 삼아 심장을 뚫으신다! 주께서 내 평안을 뺏으시니 나오는 건 탄식뿐이네!
크흑

※예레미야는 완전히 멸망한 유다를 자신과 동일시하고 동일한 고난의 주체로 묘사한다.

아, 희망은 있다! 주님의 사랑과 긍휼은 끝이 없으니!
주님은 내 모든 것, 그러니 주님께 희망을 거네!
주님은 크신 사랑으로 우리를 불쌍히 여기시고 영원히 버려두지 않으신다!
우리를 괴롭히는 게 주님의 본심은 아니다!

어째서 자기 죗값으로
벌 받는 걸 불평하느냐?
지나온 길을 돌아보고
모두 주께 돌아가자!
오, 주여!
우리가 죄를 지었으니 주님이
우리를 쫓아내고, 사정없이
죽이고, 우리의 기도가 주님께
이르지 못하게 하셨죠!
우리에겐 두려움과
파멸뿐입니다. 저희 눈에서
눈물이 쏟아지네요!
이렇게 울부짖으니
저희를 건지시고 원수에게
저주를 내려주소서!

4장 제4노래 : 예루살렘의 패망을 돌아보며

아, 슬프다! 순금처럼 고귀한 시온이
어찌하여 질그릇처럼 되었나? 예전에
소돔이 사람의 손길 없이도 순식간에
무너지더니 네 죄가 소돔보다 크구나!
주께서 진노하셔서 타오르는
분노를 퍼부으시니 시온이 불타고,
그 터를 삼켜버렸네!
콰
쾅
으아악!
이는 예언자들이 죄를 짓고,
악한 제사장들이 의로운
사람들을 죽인 탓이다!
으아아아
하지만 시온아! 네가 이미 받을
벌을 다 받았으니, 주님은 네가 다시
잡혀가지 않게 하시리~♪
아, 우릴
도와줄 사람은
어디 있나?
우리가
마지막이야!

5장 제5노래 : 기도

주여! 우리가 겪은 일을 기억하고 우리의 치욕을 살피소서!
우리의 땅과 집이 이방인에게 넘어갔습니다.
퍽!
퍽!
우리는 고아가 되고 어머니는 과부가 됐습니다.
다들 지쳤지만 아무도 쉴 수가 없습니다.

배불리 먹으려는 사람들이 이집트와
앗시리아와 손을 잡았습니다.
죄지은 조상은 가버렸고,
그들의 죄는 우리가 대신 짊어졌군요.
종들이 우리를 지배하는데
우리를 구해줄 사람은
어디에도 없네요!
시온에서는 여인들이 짓밟히고,
지도자들은 매달리고,
장로들은 천대받고 있습니다.
젊은이들은 맷돌을 돌리고,
아이들은 비틀대며 나뭇짐을 지네요!
슬프지만 이 모든 것이
다 우리가 지은 죄 때문이네요.
우리 가슴이 저미고,
눈이 침침해지는군요!

※전쟁 후, 극도로 어려운 식량 사정을 해결하려고 이집트 등지에서 식량을 수입했는데 이를 약탈당해 큰 타격을 입었다.

주님은 영원히 다스리시며, 주님의 보좌는 자자손손 이어집니다.
한데 어찌하여 주께서는 우리를 잊고 이토록 오래 버려두십니까?
주여! 우리를 돌이켜주소서! 주께로 돌아가겠습니다.
우리를 다시 새롭게 하여 옛날처럼 되게 해주소서!
주여! 우리를 아주 버리십니까? 우리에게 내린 진노를 풀어주소서!

이방 민족에 대한 예언서

요나, 나훔, 오바댜

이방 민족 예언서

여호와는 이스라엘 민족만을 사랑하고 그들만을 구원하시길…,
뭐야? 이런 엉터리 글을 쓰다니!
빠각!
글 작가
켁!
사실, 여호와는 모든 사람을 사랑하고 구원하려 하셔. 그분 말씀에 순종하는 사람은 누구라도 구원받을 수 있지.
똑바로 해라! 혼난다.
네!
그럼 그렇지, 한국 사람인 난 어쩌라고?
아저씬 누구세요?

이스라엘이 아닌 이방 민족에게 예언한 예언자는 요나, 나훔, 오바댜 이렇게 세 사람이야.
나는 요나란다. 이방인의 멸망을 예언했지.
우리도~!
나훔
오바댜
요나
요나와 나훔은 앗시리아의 수도 니느웨 성에 대해, 오바댜는 에돔에 대해 예언했지.
앗시리아에 대한 예언
우리는 친구!
에돔에 대한 예언
※에돔 : 야곱의 형 에서의 후손이 세운 나라로 모압 남쪽에 위치했던 국가.
하지만 니느웨에 대한 요나와 나훔의 예언은 서로 달랐어.
뭐야? 친구 아냐?
앗시리아에 대한 예언
요나는 니느웨에 심판이 있을 테니 회개하라고 선포했지.
하나님의 심판이 있을 것이다! 회개하는 게 좋을 걸!
결국 니느웨는 심판을 피할 수 있었어.
아무리 악한 사람이라도 나는 용서하길 원한다!
앗싸, 살았다!
와아!
브라보!
반면, 나훔과 오바댜는 이방 민족의 멸망을 선포했어.
니느웨 성은 쫄딱 망한다!
에돔도 폭삭 망해!
죄를 뉘우치지 않는 악한 자에겐 희망의 메시지를 선포하지 않은 거야.
악인에게 용서는 없다!
멸망의 고통을 내려주마!
캬캬캬
아이고!
헉!
그러나 악한 자들에게 고통받던 자들을 위해선 하나님의 심판 뒤에 구원이 있다고 예언했어.
이제 고통은 끝났소!
모두 집으로 돌아가시오!
와아아!
만세!
하하하
여호와는 악한 자에겐 심판을, 여호와를 찾는 자에겐 구원을 주시는 분이거든.
이제 우리 예언서를 보러 가자고!
와아아아!
당연히 봐야죠!
성경20

이방 민족 예언서

1. 요나

※요나 : '비둘기'라는 뜻. 유다 9대 왕 아마샤와 이스라엘의 여로보암 2세 때 활약했던 이스라엘 출신의 예언자다. 이스라엘의 원수인 앗시리아의 수도 니느웨에서 하나님의 심판을 예언했다.

1장 도망가는 요나

여호와가 아밋대의 아들 요나에게 말씀하셨어.
너는 큰 성읍 니느웨로 가서 외쳐라. 그들의 죄가 내 앞까지 이르렀다!
아니? 니느웨는 왜?

※아밋대 : 나사렛에서 북동쪽으로 약 5km 지점에 있는 가드헤벨 사람으로 그 외에 알려진 바가 없다.

tip 니느웨

앗시리아의 수도인 니느웨는 약 60만 명이 살았을 것으로 추정된다. 우상숭배와 강탈, 교만 등 각종 죄악을 상징하는 도시이며 이방 세계를 대표하는 지역이다. 무엇보다 앗시리아는 항상 이스라엘을 괴롭혔다. 따라서 이 성에 하나님의 심판을 경고하여 회개의 기회를 주라는 명령은 매우 충격적이었다.

그러나 요나는 여호와를 피해, 스페인으로 도망가려고 욥바로 갔지.
일단 튀자.
니느웨로 가라니, 말도 안 돼!

※욥바 : 예루살렘 북서쪽 약 50km 지점에 있는 항구 도시.

요나는 마침 스페인으로 가는 배를 보고 그 배에 탔어.
푸헤헤
안녕, 하나님! 전 니느웨가 싫어요!

tip 도망간 요나

니느웨는 이스라엘의 원수 앗시리아의 수도였다. 요나는 하나님의 메시지를 듣고 니느웨 사람들이 회개하면 그들이 구원받을 거라는 확신이 들었다. 그렇기에 더더욱 니느웨에 가고 싶지 않았다. 그가 하나님의 메시지를 전하지 않으면, 니느웨는 멸망할 것이라 생각했던 것이다.

얼마 후, 여호와가 바다에 폭풍을 보내셨고, 배는 부서지기 직전이었지.
쿠오오오오오!
포세이돈이여, 노여움을 푸소서!
오, 바알이여!
도와줘요, 태권 V!!

선원들은 저마다 자기 신에게 부르짖으며 배 안의 짐들을 바다에 버렸어.
배를 가볍게 해야 해!
서둘러!
콰아아아!

그러나 요나는 진즉에 배 밑창에서 깊이 잠들어있었지.
음냐 음냐.
드르렁

그러자 선장이 와서 소리쳤어.
뭘 하고 있소? 지금 잠이 와?
당신의 신에게 부르짖으시오. 그럼 우리를 생각해줄지 모르잖소?
아, 귀찮게 왜…?

그때 뱃사람들이 말했지.
제비를 뽑아 이 재앙이 누구 때문인지 알아보기로 했소!
선장님도요!!
알겠네.
헤헤! 나네.
왜 이런 재앙이 내린 거요?
당신은 누구요?
어느 나라 사람이오?
나는 히브리 사람이오. 바다와 땅을 만드신 주 하나님을 섬기고 있죠.
그럼, 이 재앙이 왜 왔는지 아시오?
흠!
끼이이익!
글쎄요…. 주님의 명령을 듣지 않고 그분의 낯을 피해 도망치는 중이긴 한데….
뭐? 어쩌자고 그런 것이오!?
우릴 다 죽일 셈이오?
그때 파도가 더 거세게 일어났어.
말하시오. 우리가 어떻게 하면 바다가 잠잠해지겠소?
끼이이익!
흠!
나 때문에 폭풍이 몰려왔으니 나를 바다에 던지면 되지 않겠소?
뭐?
우리가 살자고 사람을 죽일 수야…!
뭐 이런 놈이…?
뱃사람들은 노를 저으며 육지로 돌아가려고 애썼지만,
더 힘을 내라!!
쏴아아아!
거 참, 쓸데없이 힘 빼네.
헉 헉!
파도는 점점 더 거세져서 헛일이 되었지.
폭풍이 더 심해졌어!
이대로는 다 죽는다!
쿠오오오오!
그러자 그들이 여호와께 부르짖었어.
주님! 우리가 이 사람을 죽여도 우리를 살려주세요!
우리한테 살인죄를 지우지 말아주세요!
그런 후, 그들은 요나를 들어 바다에 던졌지.
꺄오오오오!
영차!
안녕!
그러자 바다가 잔잔해졌어.
이럴 수가?!
폭풍이 사라졌어!

그들은 여호와가 너무 두려워서, 희생제물을 드리고 맹세했지.
이제 하나님을 섬기겠습니다.
하나님은 정말로 살아계신 분이군요!

여호와는 큰 물고기 한 마리를 준비해두셨다가 요나를 삼키게 하셨어.
콰아아아아

요나는 그 물고기 뱃속에서 사흘 밤낮을 보냈지.
아이고! 내 팔자야.

※큰 물고기: 정확히 어떤 물고기인지 알 수 없다.

2장 기도하는 요나

요나는 물고기 뱃속에서 여호와께 기도했어.
주님은 제가 고통스러워 기도했더니 응답하셨고, 스올에서 살려달라고 외쳤더니 들어주셨습니다.

※스올: 사람이 죽은 뒤 가는 세계. 무덤이나 죽음을 뜻하는 음부라고도 한다.

tip 주님이 응답하셨습니다

물고기 뱃속에 있는 요나는 마치 이미 구원받은 것처럼 기도한다. 자신이 바닷속에서 죽을 줄로만 알았으나 물고기에 의해 구출되었고, 앞으로도 물고기 뱃속에서 구출될 줄로 믿는다는 뜻이다. 그래서 이미 구원된 것처럼 완료형으로 표현한 것이다.

주께서 저를 바다 깊이 던지시니 큰 파도와 큰 물결이 덮쳤습니다.
제가 주께 쫓겨나도 반드시 주님이 계신 성전을 바라보겠다고 했지요.
제가 바닥까지 내려가서 영영 갇히려 했지만 주님이 건져주셨군요.
제 목숨이 꺼져갈 때 주님을 기억하니, 제 기도가 주님의 성전까지 이르렀네요!
이제 제가 주께 감사의 찬양과 희생제물을 바치고 주께서 원하는 것은
무엇이든 지키겠습니다. 구원은 오직 주님에게서만 나옵니다!

이때 여호와가 명령하시니 큰 물고기가 요나를 땅에 뱉어냈지.
푸우우!
꺄오오오

3장 니느웨로 간 요나

고생했다! 자, 이제 뭘 해야 할까?
아이고! 니느웨로 가서 주님 말씀을 전할게요.
콜럭
콜럭

요나는 곧 니느웨로 향했어.
가다가 죽겠다야! 도망칠 수도 없고….
아이고!
헤헥!

니느웨는 둘러보기만 해도 3일이 걸리는 아주 큰 성읍이었지.
헉 헉!
드디어 살아서 도착했구나.
요나는 니느웨에 도착한 날 곧바로 외쳤어.
40일 뒤에 니느웨는 무너진다!
악!
대충하고 튀자!
뭐? 40일 뒤?
히잉!
크… 큰일 났다!
어쩐지 요즘 불길했다고!
헉!

그러자 니느웨 사람들은 금식을 선포하고, 모두 굵은 베옷을 입었지.
금식하며 회개하자! 우리가 망하게 생겼다!
멸망하기 전에 회개하자!
굵은 베옷을 입어라!
말 한마디에 이게 뭐…?
아이고!
꺅!
후다닥!

※금식, 굵은 베옷 : 굵은 베옷을 입고 금식하는 것은 하나님께 죄를 회개하며 슬픔을 표현하는 행위였다.

tip 하루 만에 전파된 복음

그동안 하나님을 모르고 죄를 쌓아 오던 백성이 어떻게 하루 만에 하나님을 믿고 회개할 수 있었을까? 당시, 앗시리아에는 큰 전염병이 돌아 많은 백성이 죽었다. 또한 B.C.763 6월 15일경에는 완전한 일식으로 온 나라가 칠흑 같은 어둠에 휩싸였다. 이에 불안해하던 니느웨 사람들이 요나의 말을 듣자마자 빠르게 반응했던 것이다.

그 소식을 들은 니느웨 왕도 굵은 베옷을 입고 잿더미에 앉았지.
이게 무슨 날벼락이냐?!
니느웨 왕은 백성들에게 선포했어.
백성은 물론이고 가축도 음식을 먹어선 안 된다. 물도 마시지 마라!
무… 물까지!
사람이든 짐승이든 굵은 베옷만을 걸치고 하나님께 부르짖어라! 각자 악한 길에서 돌아서고 폭력을 그쳐라!

※니느웨 왕 : 앗시리아 왕을 가리킨다.

혹시 아느냐? 하나님이 마음을 돌려 노여움을 푸시면 우리가 망하지 않을 수도 있다!
주님!!
흑흑흑!
여호와는 니느웨 백성이 나쁜 길에서 돌이켜 뉘우치는 것을 보고 재앙을 내리지 않으셨어.
음! 한 번 봐줬다!

요나

4장 교훈을 얻는 요나

이 일을 못마땅히 여긴 요나는 화를 냈지.
씩씩
뭐야, 이런 황당한 일이? 망해야 할 놈들인데!
전 이렇게 될 줄 알았어요. 제가 도망친 것도 바로 그래서였죠!
하나님은 자비와 은혜가 넘치고, 좀처럼 노하지 않으시며, 사랑이 한없는 분이죠. 그래서 계획했던 재앙도 거두실 줄 알았어요!
하하하!
만세!

※이 일 : 하나님이 니느웨 성을 멸망시키지 않으신 일.

그러니 차라리 저를 죽여주세요. 이렇게 사느니 죽는 게 낫습니다!
네가 화를 내는 게 옳으냐?

tip 죽기를 바라는 요나

요나는 멸망해 마땅하다고 생각한 니느웨 사람들이 도리어 회개하고 구원받은 것을 못마땅하게 여긴 나머지, 차라리 자신을 죽여달라고 요청했다. 하나님의 뜻이 이루어진 것에 분노한 것이다. 이처럼 하나님의 사람들도 편견이나 선입관에 사로잡히면 하나님의 뜻을 올바로 이해하지 못할 수 있다.

요나는 니느웨 성 밖 동쪽에 초막을 지었어.
몰라요, 몰라! 40일 뒤에 저 성이 어찌되나 지켜볼랍니다!

그리고 초막 그늘에 앉아 지켜보며 기다렸지.
끙!
여호와는 초막 지붕에 박 넝쿨을 자라게 하셨어.
스르륵!
응? 박 넝쿨이?!
박 넝쿨이 그늘을 만들어, 요나를 편안하게 해주었지.
박 넝쿨 덕에 시원해졌구나!

그런데 다음 날 새벽 여호와가 보낸 벌레가 박 넝쿨을 다 먹어치웠어.
파파파팍!
그래서 박 넝쿨은 시들어버렸지.
음냐, 음냐.
해가 뜨자 여호와는 동풍이 불고 따가운 햇볕이 내리쬐게 하셨어.
휘 이 이 잉
으으으!

※동풍 : 북아프리카에서 지중해 연안으로 불어오는 열풍인 시로코를 말한다. 그 열기가 대단해 사람의 호흡까지 곤란하게 만든다.

헉 헉!
왜 이렇게 뜨거워?
켁!
아니? 넝쿨이 다 시들어버렸잖아!
기력을 잃은 요나가 말했어.
털 썩!
이렇게 사느니 차라리 죽는 게 낫겠습니다!
박 넝쿨이 죽었다고, 네가 화를 내는 게 옳으냐?
맞습니다! 전 화가 나서 죽을 지경입니다!
그런데 좌우를 가릴 줄 모르는 사람이 12만 명도 넘고 수많은 짐승이 사는 저 큰 니느웨를 내가 어찌 아끼지 않겠느냐?
봐라! 너는 네가 수고하지도 않고 키우지도 않은 식물이 하룻밤 사이에 났다가 죽어버린 것을 두고 아까워하지 않느냐?
흑!
당연히 아깝죠. 얼마나 시원했는데!
그렇네요. 이제 하나님의 뜻을 알겠습니다.

tip 좌우를 가릴 줄 모르는 사람

좌우를 분별하지 못하는 사람이란 이성적 사고가 없는 3~4세 이하의 어린아이를 가리킨다. 고대 사회에서 이런 아이들은 대체로 성 전체 인구의 1/5정도를 차지했다. 이 계산에 따르면 니느웨 전체 인구수는 12만×5=60만 명 정도로 추정할 수 있다. 하나님께는 니느웨 백성도 이스라엘 백성과 마찬가지로 가장 소중한 피조물이다. 따라서 박 넝쿨보다 귀한 니느웨 사람과 수많은 가축을 구원하기를 바라는 건 너무도 당연한 일이었다. 니느웨 성을 떠난 이후 요나의 행적은 알 수 없다.

2. 나훔

※나훔 : '위로자'라는 뜻. 유다 출신의 예언자로 유다 14대 왕 므낫세부터 16대 왕 요시야 때까지 활약했다. 요나처럼 유다에 위협을 주는 앗시리아의 수도 니느웨 성의 멸망을 예언했다.

1장 여호와의 진노

엘고스 사람 나훔은 니느웨 성에 내릴 형벌을 예언했어.
여호와는 좀처럼 진노하는 법이 없지만, 죄를 벌하지 않은 채 방치하는 분도 아니다!
뭐야?
쳇
그래서 어쩌라고?

주께서 노하시면 아무도 버틸 수 없다! 주의 진노가 불처럼 쏟아지면 세상 모든 땅이 뒤집힌다!
콰앙!
으악!

※이 예언은 요나가 예언한 지 약 100년 뒤의 것이다.
※엘고스 : 유다 서남쪽에 위치했던 것으로 보인다.

나를 거역하는 니느웨야! 네가 지금은 힘이 막강하고 수가 많지만, 곧 잘려서 없어질 것이다! 네 자손이 끊기고, 네 우상이 부서지며, 너 또한 쓸모없어질 것이다!
우리 바벨론을 막을 자는 없다!
와아아아
다 쓸어라!
으아아!

그때 유다의 멍에를 꺾고 유다를 묶은 사슬을 끊겠다!
하나님이 앗시리아를 치셨다!
앗시리아가 폭삭 망했다!
와아아
푸하하!

※이때 메대는 바벨론과 연합해 앗시리아를 공격했지만, 후일에는 페르시아와 연합해 바벨론을 공격한다.

2장 니느웨 성의 멸망

나훔은 니느웨 성이 멸망할 때의 참상을 예언했어.
침략군이 너를 치려고 올라왔다! 있는 힘껏 막아봐라!
어디?

적군은 붉은 방패를 들고 붉은 군복을 입고 있다. 그들의 전차가 올 때, 철갑이 불꽃처럼 번쩍이며 소나무 창이 물결칠 것이다!

※붉은 방패, 붉은 군복 : 적군에게 용맹함을 과시하고 공포심을 불러일으키기 위해 방패와 군복에 붉은색을 칠했다.

질풍처럼 휩쓸고 달리는 전차들이 횃불 같고 번개 같다! 정예부대를 앞세워 벼락같이 들이닥치니 황후가 벌거벗은 채 끌려가고 시녀들이 구슬피 울며 가슴을 친다!

니느웨야, 네 전차들을 불살라서 연기처럼 사라지게 하겠다! 네 새끼 사자들이 칼에 죽고, 다시는 네가 보낸 전령의 목소리가 들리지 않을 것이다!

※새끼 사자들 : 앗시리아의 군대를 가리킨다.
※전령 : 앗시리아 왕은 주변 국가를 침략할 때 먼저 전령을 보내 항복을 요구했다.

3장 니느웨 성의 죄악

니느웨 성은 왜 멸망한 것일까?
너희가 망한 건 이 성에 거짓말과 약탈이 가득했기 때문이다!
또한 음란한 짓과 마술로 다른 나라들을 홀려 우상을 숭배하게 만들었기 때문이다!
메에~
꺄악!
크흑!

에티오피아와 이집트가 너희에게 힘이 되어주었지만 그들의 지도자와 백성도 사슬에 묶여 끌려갔다!
꺼져!
아이고
믿었던 동맹국이…
너희는 원수를 피해서 갈팡질팡하고, 네 모든 요새가 무화과처럼 우수수 떨어질 것이다!
우르르!
헉!
너희 백성은 이산 저산으로 흩어지겠지만 다시 모을 사람이 없을 것이다!
다들 어디 갔어?
외로워.

너흰 치명적인 상처를 입으나 치료할 수 없을 것이다! 그러나 그 소식을 듣고 다들 기뻐할 것이다! 너희한테 학대받지 않은 자가 어디 있겠느냐?
소문 들었어? 앗시리아가 망했대!
와우, 대박!
신나는데? 깡패 같은 놈이 망했군!
이제 살맛나겠다!
흑흑

tip 앗시리아의 멸망

나훔이 활동한 시기는 바벨론 제국이 근동의 강국으로 부상하던 때였다. 앗시리아의 수도 니느웨는 바벨론과 메대 연합군의 공격을 받아 함락되기 직전이었고, 정치·사회적으로 크게 혼란스러웠다. 이런 시기에 나훔이 니느웨 멸망을 선포한 것은 세계 역사가 하나님의 주권 아래에 있으니 하나님을 더욱 신뢰하라는 메시지였다. 앗시리아는 나훔의 예언대로 B.C.612 바벨론-메대 연합군에 의해 멸망했다.

3. 오바댜

※오바댜 : '여호와의 종', '여호와를 경배하는 자'라는 뜻. 유다 출신의 예언자로 유다 20대 왕 시드기야 때 활약했다. 예루살렘의 멸망을 직접 목격했고 에돔의 멸망을 예언했다.

1장 에돔의 멸망

이것은 오바댜가 받은 계시야. 여호와가 천사를 보내 모든 나라에 하신 말씀을 우리가 들었어.
너희는 일어나라, 에돔을 치러 가자!
네!!!!
헉!
에돔을 치러 가신다고?!

여호와가 에돔에 대해 말씀하셨지.
내가 에돔을 세상에서 가장 보잘것없는 나라로 만들어 세상 모든 사람에게 경멸받게 할 것이다!

※에돔 : 야곱의 형 에서의 후손이 세운 나라로 모압 남쪽에 위치했다. Link 1권 128p
※우리 : 오바댜 선지자가 자신을 이스라엘과 일체로 생각해서 한 표현이다.

천연 요새인 에돔 성에 살던 사람들은 자신을 바닥으로 끌어내릴 자 아무도 없다는 교만함에 빠져있었어.
이처럼 높은 바위틈에 둥지를 틀었으니 누가 감히 우릴 넘보겠느냐?
우헤헤헤헤!

tip 에돔 성의 지형

에돔은 사해 남방에 우뚝 솟은 세일 산에 있었다. 지세가 워낙 가파르고 험난할 뿐만 아니라 동굴과 같은 피난처가 많아서, 일찍이 그곳을 정복한 나라가 없었다. 에돔 사람은 이러한 지형적 이점을 과신하여 세상 어떤 나라도 그들을 멸망시킬 수 없다는 교만한 마음을 가졌고, 주변의 변방 지역을 약탈하기를 일삼았다.

여호와가 교만한 그들에게 말씀하셨지.
너희가 독수리처럼 높은 곳에, 심지어 별들 사이에 둥지를 튼다 해도, 내가 너희를 끌어내릴 것이다!
허억!
콰직

내가 심판하면 너희 모든 부가 샅샅이 털리고, 너희는 동맹국에 배신당해 쫓겨날 것이다! 그날 내가 에돔의 모든 지혜로운 사람과 병사를 죽일 것이다!
쌀 한 톨도 남기지 말고 싹 쓸어가자!
부르릉

tip 에돔의 동맹국

에돔과 군사 동맹을 맺은 나라는 모압, 암몬, 두로, 시돈 등으로 보인다. 에돔은 평상시 이들과 연합해 강대국에 대항하고 서로의 안전을 도모했다. 그런데 오바댜는 하나님의 심판 때, 에돔이 동맹국에 구원을 요청해도 거절당하고, 오히려 그들에게 공격당할 거라고 예언한다. 이 예언이 선포된 지 200년 뒤, 에돔은 아랍계 유목민 나바티안족의 침략을 받아 세일 산에서 쫓겨나 유다 남방으로 밀려난다.

예루살렘이 망하던 날, 이방인이 야곱의 재물을 약탈할 때 너희도 그들과 한패였다! 유다가 몰락하던 날, 너희는 기뻐하지 말았어야 했다!
우리도 이참에 한몫 챙기자!
유다의 불행은 에돔의 행복!
낄낄

내 백성이 패망하던 날, 너희는 그 재산에 손대지 말았어야 했다! 도망가는 이들을 죽이지 말고, 살아남은 자들을 원수에게 넘기지 말았어야 했다!
어딜 도망치냐? 유다 놈들아!
에돔 놈들이다!
재물은 빼앗고 놈들은 포로로 넘기자!
낄낄
헉!

※예루살렘이 바벨론에 의해 파괴되던 날 Link 5권 233p 에돔은 유다를 돕지 않고 수수방관했으며, 오히려 바벨론을 지원했던 것으로 보인다.

에돔이 이렇게 멸망할 수밖에 없는 이유는?
너희는 동생 야곱에게 폭력을 휘둘렀기 때문에 치욕을 당하고, 영원히 망할 것이다!!!

※야곱: 이스라엘과 유다를 가리킨다.

내가 세상 모든 민족을 심판할 것이다! 그들은 쓴 잔을 마시되, 마지막 한 방울까지 다 마시고 멸망할 것이다!
마시고 죽을래? 그냥 죽을래?
덜덜덜
흡!

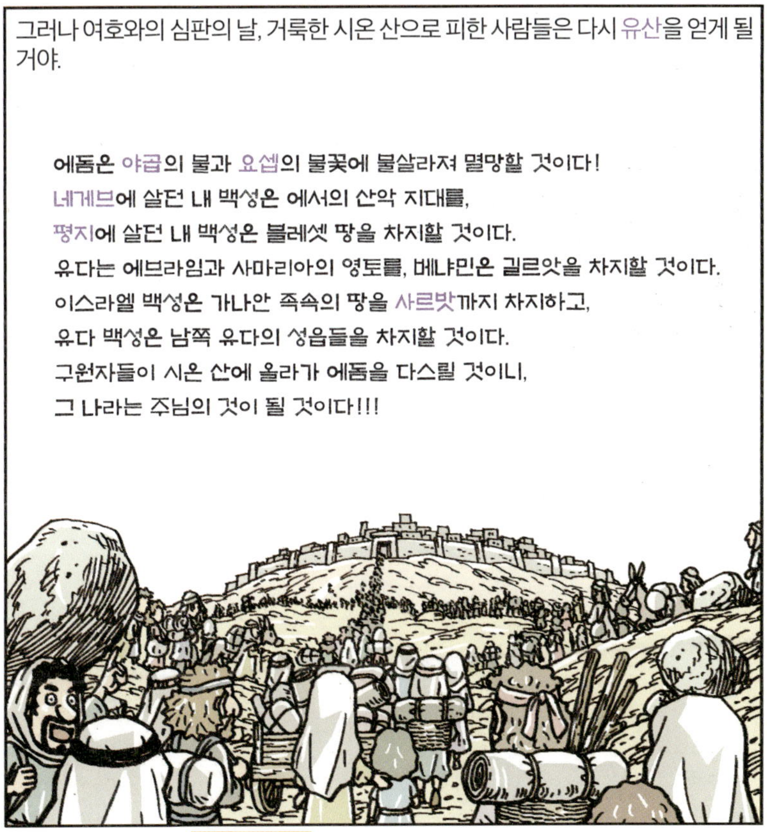

그러나 여호와의 심판의 날, 거룩한 시온 산으로 피한 사람들은 다시 유산을 얻게 될 거야.
에돔은 야곱의 불과 요셉의 불꽃에 불살라져 멸망할 것이다!
네게브에 살던 내 백성은 에서의 산악 지대를,
평지에 살던 내 백성은 블레셋 땅을 차지할 것이다.
유다는 에브라임과 사마리아의 영토를, 베냐민은 길르앗을 차지할 것이다.
이스라엘 백성은 가나안 족속의 땅을 사르밧까지 차지하고,
유다 백성은 남쪽 유다의 성읍들을 차지할 것이다.
구원자들이 시온 산에 올라가 에돔을 다스릴 것이니,
그 나라는 주님의 것이 될 것이다!!!

※유산: 가나안 정복 당시 Link 3권 58p 제비를 뽑아 분배받은 땅을 뜻한다.
※야곱은 유다를, 요셉은 이스라엘을 가리킨다.
※네게브, 평지: 유다 땅의 네게브와 평지에 살던 유다 백성을 가리킨다.
※사르밧: 팔레스타인 서북쪽, 시돈과 두로 사이에 있음.

tip 구원자들

여기서 구원자들은 해석에 따라 '구원하는 자들' 혹은 '구원받은 자들'로 볼 수 있고 어느 것을 사용해도 무방하다. 이 구원자들이 다스리게 될 나라는 일차적으로 에돔을 뜻하지만, 나아가서는 세상 모든 나라를 가리킨다. 따라서 그 나라가 주님의 것이 된다는 예언은 세상 모든 나라가 메시아 왕국 Link 6권 27p 이 된다는 암시이다. 오바댜는 이처럼 에돔의 멸망과 이스라엘의 회복을 예언함으로써, 예루살렘의 멸망으로 좌절에 빠져있는 이스라엘 백성에게 위로와 소망을 주었다.

포로 기간 중 유다 예언서

에스겔, 다니엘

바벨론 왕은 예루살렘을 3차례 침략했고 그때마다 유다 백성을 포로로 끌고 갔어.
어휴! 진짜 끈질기네.
의지의 사나이라고나 할까!
집착남이야!!
후후
느부갓네살 왕

1차 침입 때는 다니엘이, Link 5권 228p
다니엘

2차 침입 때는 에스겔이 끌려갔지. Link 5권 230p
아! 우리 앞날은 어떻게 될까?
에스겔

바벨론에 간 다니엘은 왕궁에서 왕의 심부름을 하게 되었고,
에어컨도 잘 나오고, 4대 보험은 기본이지.
후후
버럭
포로가 무슨 4대 보험!?
윙~윙~
에스겔은 그발 강가에 끌려가 노역을 했어.
누군 왕궁에서 일하는데….
흑!
두 사람의 공통점은 여호와의 환상을 보았다는 거야.
으으음!
다니엘은 세계 역사가 앞으로 어떻게 흘러가는지 그 과정을 보았고,
으으으!
에스겔은 여호와께 범죄한 이스라엘 백성이 받는 심판을 보았어.
크윽!
이들이 본 환상은 공통적으로, 포로가 된 이스라엘이 회복된 뒤 축복과 평화의 새 나라가 세워진다는 내용이었지.
힘들다면 하나님의 약속을 기억해라! 그분은 반드시 약속을 지키시는 분이거든.
그렇다면 이 새 나라의 왕은 누구일까?
예수 그리스도!
정답!
그동안 성경2.0을 보더니 뭐든 척척이네!
에스겔과 다니엘의 예언은 포로 생활을 하던 이스라엘 백성에게 큰 위로가 됐어.
하나님께 회개하시오!
그럼 우리는 구원받는다 하셨소!
우리 하나님을 믿고 기도하자!
우상숭배도 안 돼!
여호와가 세우실 축복과 평화의 나라를 안다면, 오늘날 힘들게 살아가는 우리도 큰 위로를 받을 거야.
자! 그럼, 포로 시대에 희망이 된 하나님의 구원 이야기를 들으러 가보자!
네!!
바벨론

※그발 강가 : 바벨론의 큰 강이자 대운하. 유프라테스 강과 티그리스 강 사이의 광대한 지역에 관개용수를 공급했다.

※범죄 : 우상숭배, 율법을 지키지 않음.

1. 에스겔

※에스겔 : '하나님이 강하게 하신다'라는 뜻. 제사장의 아들로 태어나 제사장이며 예언자였다.
바벨론의 포로로 잡혀간 지 5년째 되던 해 예언자로 부르심을 받아 예언을 시작했다.

1장 에스겔이 본 환상

30년 되던 해 4월 5일, 여호야긴이 잡혀온 지 5년째 되던 날, 여호와가 에스겔(부시의 아들) 제사장에게 하늘을 열어 환상을 보여주셨어. 여호와의 권능이 그를 사로잡았지.
아니?
쿠르릉

※30년 되던 해 : 에스겔이 30세 되던 해라고 추정된다.
※여호야긴 : 유다의 19대 왕으로 바벨론의 2차 침략 때 포로로 끌려갔다. Link 5권 230p 이때는 아직 유다가 멸망하기 전이다.

tip 그발 강가

바벨론의 강이며 대운하였던 그발 강은 유프라테스 강과 티그리스 강 사이 지역에 관개용수를 공급했다. 느부갓네살은 포로가 된 유다 백성을 그발 강가에 모아 정착하게 하고 운하 공사에도 동원했는데, 에스겔도 그 무리에 있었다. 이때 '여호와의 권능이 그(에스겔)를 사로잡았다'라는 말은 하나님이 주신 환상을 보았다는 의미다. '여호와의 권능'으로 번역된 히브리어 '야드 예호와'는 '여호와의 손'을 뜻한다.

에스겔이 보니, 북쪽에서 폭풍이 불어오고 있었는데,
콰아아아
저건 뭐지? 광채 한가운데 뭔가 4개가…? 사람 같기도 하고…?

마치 여호와의 영광이 나타난 것 같았어. 네 생물은 날개 끝이 서로 맞닿아 있었고, 움직일 때 몸을 돌리지 않고 각각 앞으로 똑바로 나아갔지. 그 날개 치는 소리가 천둥소리 같았어.
콰 콰 콰 쾅
헉!

※여호와의 영광 : 천사들과 함께 보좌에 앉으신 하나님의 모습을 가리킨다.

2장 에스겔을 예언자로 부르심
사람아 일어서라! 네게 할 말이 있다!
덜덜덜
싫습니다. 싫어요!
그때 한 영이 에스겔 속으로 들어와 그를 일으켜 세웠어.
어어…??
스윽
내가 너를 자기 조상처럼 반역하고 죄 지은 이스라엘 자손에게 보내겠다! 너는 그들이 듣든 말든 두려워 말고 오직 내 말을 전해라!
제가 뭘 안다고…?
에스겔이 보니, 눈앞에 두루마리를 든 손 하나가 있었지.
자! 반항하지 말고 내가 주는 것을 받아 먹어라!
네? 이… 이걸요?
여호와가 에스겔의 눈앞에 그 두루마리를 펼치셨어.
앞뒤로 온갖 조가와 탄식과 재앙의 글이 적혀있네요!
3장 파수꾼
이 두루마리를 먹고, 가서 이스라엘 족속에게 알려줘라!
제… 제가 염소도 아니고…?
힝!
에스겔이 입을 벌리니, 여호와가 두루마리를 먹여주셨지.
이걸로 배를 불리고, 속을 가득 채워라!
꾸역꾸역
으구아구!
그런데 그것은 꿀처럼 달았어.
오잉? 무지 맛있는데?
쩝
쩝
이스라엘 족속에게 내가 하는 이 말을 전해라!
물론 그들은 네 말을 들으려 하지 않을 것이다!
우리가 한 고집하거든!
하나님 말씀을 들을 생각이 없어.
얼굴도 두껍다고!
흥!
히히
하지만 내가 네 얼굴을 금강석처럼 만들었으니 두려워하거나, 떨지 마라!
감히 니들 따위가?!
크크
져…졌소.
우리보다 10배는 더 뻔뻔하다니!
크흑!
내가 하는 말을 마음에 간직하고, 그들이 듣든 말든 여호와께서 말씀하신다고 전해라!
불끈
네! 뻔뻔하게 무조건 떠들겠습니다!
그때, 여호와의 영이 에스겔을 들어 올리셨는데,
어어…?
슈욱

※한 영: 성령을 가리킨다.

※조가와 탄식과 재앙의 글: 이스라엘 민족이 당할 재앙과 멸망의 슬픔을 담은 내용.

※여호와의 영: 성령을 가리킨다. 여기서는 환상 속에서 에스겔의 영혼이 들려진 것이다.

에스겔 뒤에서 크고 요란한 소리가 들렸어.
여호와의 영광을 찬양하라!!
쿠르릉
콰
쾅
크윽!!
여호와의 영이 에스겔을 데려가실 때, 비통해하며 분노한 그를 여호와의 손이 힘껏 잡아주셨지.
크으으으

※분노 : 이스라엘의 계속된 죄와 자신이 예언자로서 부족하다는 자책을 분노로 표현한 것.
※잡아주시다 : 나약한 에스겔을 하나님이 잡아주시어 계획한 바를 성취하신다는 의미.

에스겔은 그발 강가의 델아빕에 얼빠진 사람처럼 앉았어.
?
7일 뒤, 여호와가 말씀하셨지.
너를 이스라엘의 파수꾼으로 세웠으니 자세한 건 팁을 보거라!
넵!
척!

tip 파수꾼

에스겔이 맡은 파수꾼의 임무는 다음과 같았다.

① 악인에게 경고하지 않을 경우, 그가 악행 때문에 죽는 것은 에스겔의 책임임. 다만 경고했으나 악을 행할 경우, 에스겔의 책임은 없음.
② 의인이 악을 행할 때 경고하지 않을 경우, 그 의인은 죽고, 그의 의로운 행동은 기억되지 않으며, 그것은 에스겔의 책임임. 다만 경고하여 그가 죄 짓지 않으면, 그는 살고, 에스겔도 책임이 없음.

※델아빕 : 정확한 위치는 알 수 없으나 그발 강가의 비옥한 지대였을 것이다.

그때 주님의 능력이 에스겔에게 내렸어.
일어나 들로 나가라! 거기서 할 말이 있다!
에스겔이 들에 나가보니, 여호와의 영광이 그곳에 있었지.
넙죽!
여호와의 영이 그의 마음속으로 들어와 그를 일으켜 세웠어.
집에 가서, 문을 잠그고 있어라!
네? 집에는 왜?
스윽

※여호와의 영광 : 천사들과 함께 보좌에 앉으신 하나님의 모습을 가리킨다.
※문을 잠그다 : 예언자의 직무를 중단함, 혹은 예루살렘이 포위돼 갇힘 등 여러 해석이 가능하다.

지금 네가 내 말을 전하면 사람들이 밧줄로 너를 묶고 나가지 못하게 할 것이다!
타다닥
아! 네네.
그러니 내가 너를 벙어리로 만들어 사람들이 죄를 짓더라도 꾸짖지 못하게 할 것이다!
철컥!
철커덩!
삐삐삐삐~
당분간 조용히 있어야겠네요.
하지만 내가 다시 입을 열어줄 테니 그때 내 말을 전해라! 반역하는 족속들이 듣든, 말든!
척!
네! 알겠습니다!

※하나님은 에스겔이 불필요한 위협을 피하고, 하나님이 정하신 때 예언하라는 뜻에서 집에 머무르라 하신 것이다.

4장 예루살렘 멸망 ①

여호와는 에스겔에게 예루살렘 멸망에 대한 계시를 주셨어. 그 첫 번째는 이랬지.
너는 흙판에 예루살렘을 그린 다음 포위망을 쳐라! 주변에 토성을 쌓고 성벽을 부수는 무기를 설치해라!
이것은 예루살렘이 바벨론에 의해 멸망 Link 5권 232p 하는 걸 암시하는군.
Jerusalem

또 철판을 가져와 너와 성읍 사이에 세워라!
이건 바벨론의 포위망이 아주 튼튼하다는 거군.
Jerusalem

두 번째 명령은 이랬어.
그리고 왼쪽으로 390일간 누워서 이스라엘의 죄를 떠맡고, 오른쪽으로 40일을 누워서 유다의 죄악을 떠맡아라!
흑흑
아이고! 1년 넘도록 어떻게…!

tip 390, 40

'390'은 대략 북왕국 이스라엘이 건국된 해(B.C.930)부터 남왕국 유다의 1차 포로 귀환(B.C.537)까지를 상징하는 숫자로, '40'은 남왕국 유다가 완전히 패망한 때(B.C.586)부터 1차 포로 귀환까지를 상징하는 숫자로 보인다. 이 기간 동안 에스겔이 눕는 행위는 이스라엘이 죄의 대가로 받을 고통을 상징한다.

그리고 예루살렘에 임할 심판을 예언해라! 내가 너를 묶어, 그 기간 동안 꼼짝 못 하게 하겠다!
너무해요!!
으앙!

세 번째 명령은 이랬지.
390일 동안 하루에 빵 20세겔과 물 1/6힌씩만 정해진 때에 먹어라!
절 굶겨 죽이려고 하시는군요!
엉엉!

내가 예루살렘의 빵을 끊어버리면 모두가 절망에 빠지고, 결국 죄악 속에서 말라 죽을 것이다!
??
꺼이
꺼이
잉잉! 배고파요.
다니엘은 왕궁으로 보내주더니, 전 강바닥이나 파다가 굶어 죽는군요.

tip 예루살렘 멸망에 대한 예언

에스겔의 기이한 행동은 다음과 같은 일을 예언한 것이다.

① 첫 번째 행동 : 예루살렘은 바벨론에 포위돼 함락할 것.
② 두 번째 행동 : 예루살렘 멸망 뒤 포로로 고통받을 기간을 암시함.
③ 세 번째 행동 : 바벨론 침공 시 예루살렘에 엄청난 대기근이 몰려올 것을 암시함.

※20세겔 : 228g. 1/6힌 : 약 0.61ℓ

5장 예루살렘 멸망 ②

하나님이 네 번째 명령하셨어.
칼로 머리카락과 수염을 깎고 셋으로 나눠 저울에 달아라!

포위 기간이 끝나면, 털의 1/3은 성 안에서 태우고, 1/3은 성 둘레를 돌면서 칼로 치고, 1/3은 바람에 날려라! 그럼 내가 칼을 들고 흩어지는 털을 뒤쫓겠다!

또한 약간의 털을 네 옷자락에 싸매고, 그중 얼마를 불에 태워라. 그 불이 온 이스라엘에 번질 것이다!
팁을 봐야 무슨 뜻인지 알겠네.
타다닥

※포위 기간 : 에스겔이 흙판에 예루살렘을 그리고 그 주변을 포위한 기간을 가리킨다.

에스겔

tip 하나님의 네 번째 명령

① 성 안에서 태울 1/3의 털은 바벨론 공격 시 기근과 질병으로 죽어갈 자들을 상징함. 성 둘레를 돌며 칼로 칠 1/3의 털은 바벨론의 칼에 맞아 죽게 될 자들을 상징함. 바람에 흩어질 1/3의 털은 목숨을 부지한 채 도망갈 사람들을 상징함.
② 칼을 빼고 쫓아갈 하나님 : 도망치는 사람도 하나님이 심판하신다는 의미.
③ 옷자락에 남길 약간의 털 : 일부 보호될 사람을 상징함. 그 털 중 얼마가 불에 탄다는 것은 살아남은 자들이 다시 고통을 당한다는 의미.

예루살렘의 죄와 하나님의 심판

너희의 온갖 역겨운 죄 때문에, 전에도 없었고 다시는 없을 벌을 내리겠다! 전염병과 피바람이 휩쓸고 모든 사람에게 조롱을 당할 것이다!

※디블라 : 다메섹 북쪽 약 100km 지점에 있는 곳으로 팔레스타인 지역의 북쪽 끝.

6장 우상숭배자들에 대한 심판

너는 내가 이스라엘의 산들에 내릴 심판을 예언해라!
오늘의 하나님 말씀을 전하겠소.
킁!

너희에게 전쟁이 닥치게 해서 산당을 없애겠다! 전쟁을 피한 자들은 포로가 돼서야 날 기억할 것이며, 그들 외에는 모두 죽어, 자신이 섬기던 우상 사이에서 시체로 뒹굴 것이다! 남쪽 광야에서 북쪽의 디블라까지 유다 사람이 있는 모든 곳을 황무지로 만들 것이다!

※이스라엘의 산들 : 아직 멸망당하지 않은 유다를 가리킨다.

※전쟁을 피한 자들 : 바벨론에 항복하고 포로가 된 유다 백성을 가리킨다.
※남쪽 광야 : 팔레스타인 남부에 넓게 펼쳐진 광야.

tip 우상숭배자들에 대한 심판

6장은 유다 왕국의 멸망이 우상숭배 때문이라 하며, 다음 세 가지를 언급한다.

① 우상숭배의 중심지인 산당에 내려질 심판.
② 하나님의 심판 중에도 구원받을 자가 있음.
③ 산당은 우상숭배자들의 매장지가 되고 이 매장지가 가나안 전 지역이 될 것임.

7장 유다에 임박한 심판

너희가 들어보지 못한 재앙이 이미 다가왔다! 이제 내 분노를 쏟아 너희 행실을 심판하겠다!
파멸은 이미 닥쳤고, 평안을 찾아봐야 턱도 없을 것이다!
지겨워.

재앙에서 살아남은 자들은 놀란 비둘기처럼 온몸을 떨며 슬피 울 것이다!
덜덜덜
덜덜덜

그때, 너희가 자랑하던 금과 은은 허기진 배를 채워주지 못하며, 왕은 통곡하고 지도자들 또한 절망에 빠질 것이다!
흑!
재물은 아무짝에도 쓸모없는 것을….
잉잉

tip 유다에 임박한 심판

여기서 예언된 말은 다음의 의미로 볼 수 있다.

① 유다 왕국의 멸망과 심판이 임박했음을 반복해 강조함.
② 유다의 무기력함을 상기하며, 하나님보다 더 사랑한 재물 등은 모조리 약탈당한다는 예언.
③ 유다의 죄에 책임이 있는 지도자들의 심판을 예언함.

8장 예루살렘 우상숭배 환상

바벨론 포로 6년째 6월 5일, 에스겔이 집에서 유다 장로들과 앉아있을 때,
이상한 행동을 하는 이유가 대체 뭐요?
기인열전에 출연하고 싶어서?

※앉다 : 에스겔이 누워있을 시기인데 앉아있었다고 기록되었다. 환상이 시작된 시기이기 때문이라고 그 이유를 해석할 수 있으며, 또한 히브리어로 '앉다'는 '거주하다', '머물다'라는 뜻도 있다.

※우상 : 므낫세 왕이 예루살렘 성전에 세운 바알이나 아세라로 추정된다. Link 5권 217p

환상에서 사람의 형상이 손 같은 걸 뻗어 에스겔의 머리를 잡았어.
어? 1장에서 뵌 분 같은데?

여호와의 영이 그를 예루살렘의 안뜰로 가는 북쪽 문어귀에 내려주셨지.
아니, 여기는?

그곳에는 여호와의 질투를 자극하는 우상과 여호와의 영광이 있었어.
앗! 예루살렘 성전에 우상이?

※안뜰 : 성전의 안뜰을 가리킨다.

여호와는 에스겔에게 예루살렘 성전의 각종 우상을 보여주셨지.
우상을 섬기고 있잖아? 그것도 성전에서!
보라, 이스라엘의 역겨운 짓을!! 그러니 내가 분노를 쏟을 것이다! 그들이 부르짖어도 나는 듣지 않을 것이다!
우오오오

tip 예루살렘 성전에 가득한 우상들

8장에 소개된 우상들은 크게 네 가지로 구분된다.

① 성전 북쪽 문에 세워져 하나님의 분노와 질투를 촉발한 우상.
② 이스라엘 70명의 장로가 숭배한 부정한 짐승과 벌레 형상의 우상.
③ 페니키아에서 숭배하던 곡물의 신 담무스.
④ 성전 앞 현관에 세워진 태양 신.

9장 예루살렘에 임할 대살육

이 성을 벌할 자들아. 각자 무기를 들고 나오라!
넵!!

여호와의 영광이 그룹에서 떠올라 성전 문지방으로 갔고, 모시옷을 입고 서기관의 먹통을 찬 사람에게 말씀하셨어.
예루살렘에서 일어나는 역겨운 일 때문에 슬퍼하고 신음하는 자들의 이마에 표시해라!
넵!!

※벌할 자들 : 성경에서는 6명으로 기록되었으나, 먹통을 든 사람을 포함해 7명으로 보기도 한다.

※그룹(케루빔) : 하나님을 수호하는 천사.

※성전 문지방 : 성전의 현관으로 보인다. ※먹통 : 잉크를 담은 뿔 그릇.

너희는 이마에 표시된 사람을 제외한 모든 남녀노소를 쳐 죽여라! 그들을 불쌍히 여기지 마라! 지금 내 성소부터 시작해라!
넵!!
헉!

그들은 성전 앞에 있던 장로들부터 죽인 뒤, 성 사람들을 죽였지.
성전을 더럽히고 뜰을 시체로 가득 채워라!
커억!
으아아아
크아악!

그동안 에스겔은 엎드려 부르짖었어.
주님의 진노를 이토록 다 쏟아 이스라엘의 남은 자를 모두 죽일 작정이십니까?
그들의 큰 죄악으로 땅이 피로 가득 차있다! 난 그들의 행실대로 갚아줄 뿐이다!
커억!
으아아아
크아악!
그때 모시옷을 입고 먹통을 찬 사람이 보고했지.
명령대로 다 표시했습니다.

10장 예루살렘에 임할 불의 재앙

그룹 아래 바퀴 사이에 있는 숯불을 잔뜩 가져와 성 위에 뿌려라!
네!!
그때 그룹 중 하나가 모시옷을 입은 사람에게 불을 넘겨주었어.
그는 그것을 받아 바깥으로 나갔지.
확 뿌려 버릴까요?

11장 악한 지도자들의 멸망

그때 여호와의 영이 에스겔을 성전 동문으로 데려가셨어.
바둥
바둥
으다다다!
성문 어귀에는 25명이 있었지!
지도자 앗술의 아들 야아사냐와 브나야의 아들 블라댜도 있네?
저들은 이 성에서 포악한 일을 꾸미는 자들이다!
아직은 집을 지을 때가 아니요.
이 성은 가마솥이고 우리는 그 안에 담긴 고기요.

※성전 동문 : 유다의 지도자들이 모여 중요한 일을 결정하던 장소.

※야아사냐와 블라댜 : 유다를 죄악으로 빠뜨린 악한 선동가 중 우두머리로 보이나 자세한 정보는 없다.

※고기 : 사람의 육신, 즉 사람을 뜻한다.

tip 집 지을 때, 가마솥과 고기

예레미야는 바벨론에 포로로 끌려간 유다 백성에게 편지하기를, 바벨론에서 집 짓고 정착해 번성하라고 권했다. Link 6권 110p 이에 유다의 지도자와 거짓 예언자들은 아직은 집을 지을 때가 아니라며 그의 예언을 조롱했다. 예레미야는 또한 바벨론의 침략으로 예루살렘이 끓는 솥처럼 되어 백성들에게 혹독한 재앙이 닥칠 것이라 예언했다. Link 6권 86p 그러나 유다의 지도자와 거짓 예언자들은 예루살렘 성이 단단한 가마솥 같아서 그 안에 사는 백성은 보호받을 것이라고 주장했다.

이스라엘의 하나님께서 말씀하셨다!
여호와께서 너희를 이 성에서 쫓아낼 것이다! 이 성은 너희를 보호하는 솥이 되지 못할뿐더러 너희는 그 솥에서 보호받는 고기도 되지 않을 것이다! 너희를 이방인에게 넘겨 칼에 쓰러지게 할 것이다!
아니, 저놈은?
무슨 헛소리냐?

에스겔이 여호와의 말씀을 전하는 동안 브나야의 아들 블라댜가 죽었어.
커억!
아니?
헉!
…
엇!
에스겔이 엎드려 큰 소리로 부르짖었지.
하나님! 이스라엘의 남은 사람들마저 완전히 없애려고 하십니까?
너희는 내가 떠났다고 하지만 예루살렘 백성을 흩어놓은 곳에서 내가 잠시 성소가 되어주겠다!
하나님이 여전히 우리와 함께하신다는 말씀이야.
포로로 끌려간 곳에서도 기도를 들어주신다는 거지.

※블라댜의 죽음은 예루살렘 멸망의 심판이 반드시 임할 것임을 상징한다.

그리고 내가 그들을 다시 모아 이스라엘 땅을 줄 것이다!
그들이 돌아와 유다 땅의 역겨운 우상들을 없애버릴 때, 내가 그들에게 새로운 영을 줄 것이다!
역겨운 우상을 따르면 바로 심판받는다고!
쾅!
그러자 여호와의 영광이 떠올라 성의 동쪽에 있는 산꼭대기에 머물렀어.
아, 하나님이 성전을 떠나신 건가?

※새로운 영 : 성령을 가리킨다.

※성의 동쪽에 있는 산 : 예루살렘 동편의 감람산을 뜻한다.

그리고 여호와의 영이 에스겔을 다시 바벨론으로 데려왔지.
무얼 본 건가요?
??
응?
에스겔은 여호와가 보여주신 모든 것을 들려주었어.
방금 예루살렘에 다녀왔습니다.
오…!
정말이오?
12장 에스겔의 상징적 행동 ①
너는 포로로 끌려가듯 대낮에 짐을 싸고, 저녁에 성벽을 뚫고 짐을 내놓아라! 그리고 어두울 때 짐을 메고 얼굴을 가리고 그 땅을 보지 말고 나가라!
뭐하는 거야?
멀쩡한 집에 구멍은 왜?
이는 이스라엘 모든 족속에 대한 징조요. 그들도 나처럼 성벽을 뚫고 짐을 메고 포로로 끌려갈 거요.
예루살렘이 완전히 끝장나나 봐.
아직도 정신 못 차리고 있으니.
왕도 포로로 끌려가고, 그 땅을 안 보려고 얼굴을 가리고, 바벨론에서도 그 땅을 못 보고 죽을 거요.
끌끌, 눈을 잃었으니.
크흐흑!!

※성벽 : 실제 성벽이라기보다는 가옥의 벽으로 보이며, 무너지는 예루살렘 성벽을 상징한다.

에스겔의 상징적 행동 ②

너는 떨면서 음식을 먹고, 두려움과 근심에 싸여 물을 마셔라!
덜덜
뭐야?
또 왜 저래?
작작 좀 해라!

이 땅의 백성은 놀라움과 근심 속에 먹고 마실 것이다! 그곳 사람들의 폭력으로 모든 것이 폐허가 되기 때문이다!

※이 땅 : 유다와 예루살렘.

임박한 하나님의 심판

계시가 이루어질 날이 가까이 왔다! 그들의 생전에 반드시 유다의 심판이 이루어질 것이다!
그동안 계시가 이뤄진 적이 없다지 않았어?
있어도 모른 척한 거지!

13장 거짓 예언자들에 대한 심판

내 계시도 없이 거짓을 말한 자들아, 너희가 내 백성을 잘못 인도했으니 내가 직접 너희를 칠 것이다!
헉!
아이고, 어쩌지?

tip 거짓 예언자들에 대한 심판

13장은 거짓 예언자들의 죄와 심판을 말한다. 여기에 언급된 거짓 예언자들의 특징은 다음과 같다.

① 하나님의 계시 없이 예언함.
② 심판이 임박했음에도 평안하다며 거짓으로 백성을 안심시킴.
③ 거짓 예언자 중 생계를 위해 거짓 예언을 한 여자들도 있음.

14장 우상숭배자들에 대한 심판

이스라엘 장로 몇이 에스겔 앞에 앉았을 때,
이들은 여러 우상을 섬기는 자들이니 이렇게 말해라!
아직도 우상을 섬겨요?
앗!
저기 그게..

※장로들 : 포로로 있던 지도자들.

우상을 숭배하는 자들아! 내가 너희를 내 백성 가운데 끊어버리리니, 어서 회개하고 우상에서 돌아서라!
히이익!
아이고, 자르지 마세요!
내게 죄 지은 나라에 재앙을 보내면 설사 노아, 다니엘, 욥이 있더라도 그들 말고는 모두 사라질 것이다!
자신의 구원은 오직 자신에게 달려있어.
남이 의롭다고 해서 내가 구원되는 건 아냐.
노아
다니엘
욥
그러나 재앙을 피한 자들은 내가 내린 재앙으로 오히려 위로를 받을 것이다!
하나님께서 구원을 약속하셨어!
기도하고 회개해야 해!

※위로를 받다 : 이스라엘에 내린 재앙으로 백성이 회개하고 하나님께 돌아와 회복된다는 의미.

tip 우상숭배자들에 대한 심판

14장은 우상을 숭배한 유다 백성에 대한 심판을 말하며, 구체적으로 다음과 같다.

① 우상숭배자에게 내릴 심판을 경고하고 회개를 촉구함.
② 죄를 지었다면 의인들의 기도로도 심판을 피할 수 없음.
③ 예루살렘 멸망 중에도 구원받아 살아남은 자들이 있음.

15장 포도나무 비유

들포도나무가 다른 나무에 비해 나은 점이 있느냐?
목재도 안 되고 나무못으로도 만들 수 없으니 쓸모가 없죠.

그것을 땔감으로 불속에 던질 텐데, 양쪽 끝이 다 타고 가운데도 그을린 포도나무를 어디에 쓰겠느냐?
타기 전에도 쓸모가 없는데 불에 탄 걸 어디에 쓰겠습니까?

tip 포도나무

포도나무는 유다 백성을, 불은 하나님의 심판을 가리킨다. 포도나무 양쪽 끝이 탔다는 것은 북이스라엘의 멸망 Link 5권 196p 과 이집트의 공격을 받아 조공국이 된 남유다 Link 5권 227p 의 상황을 가리킨다. 포도나무 가운데가 그을렸다는 것은 이스라엘의 중심이던 예루살렘 성전이 바벨론의 침략으로 황폐해진 상태를 가리킨다. 열매를 맺지 못하는 포도나무는 아무런 쓸모가 없다. 하물며 양 끝이 불에 타고 가운데가 그을려졌다면 더 말할 나위가 없다. 즉 주변 강국에 의해 국력이 쇠약해진 이스라엘 백성이 쓸모없는 존재가 되었음을 가리킨다.

그 포도나무처럼 예루살렘 백성을 땔감으로 던지겠다!
그들이 불을 피해 나와도 다시 불이 삼킬 것이다!
그들이 나를 배신했으니 그 땅을 황무지로 만들겠다!
화르르륵!!
크아아악!
사람 살려!!

16장 한 여인에 대한 비유

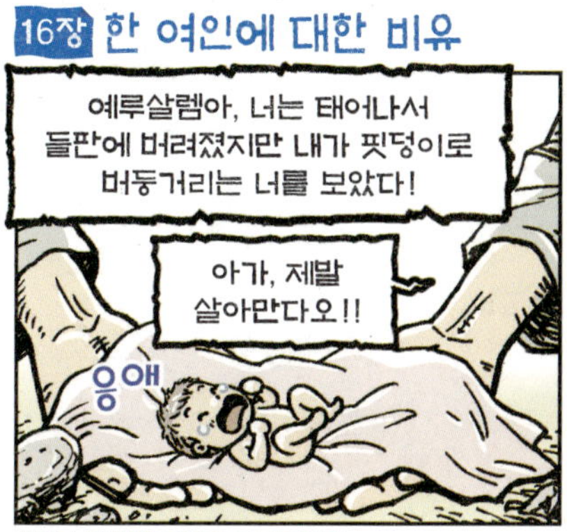
예루살렘아, 너는 태어나서
들판에 버려졌지만 내가 핏덩이로
버둥거리는 너를 보았다!
아가, 제발
살아만다오!!
응애

※이스라엘을 여인으로 비유했다.

너는 아름다운 보석처럼 자랐고,
나는 겉옷으로 네 벗은 몸을
가린 뒤 언약을 맺었다!
너는 이제
내 사람이다!

내가 너를 온갖 보물로 장식하고
아름다운 옷을 입혀 왕비처럼 만들었다!
어때요?
허허!
예쁘구나!

※이스라엘에서 남자가 자신의 겉옷을 여자에게 덮어주는 것은 그 여자와 결혼해 보호자가 된다는 의미다.

그러나 넌 네 아름다움을 믿고 아무하고나
음행을 저질렀다! 또 우리 사이에 태어난
아이들을 우상들의 제물로 불살랐다!
자식 정도는 바쳐야
몰렉 신을 믿는다고
할 수 있지.
오호호호!
응애
크하하하

※음행 : 우상숭배를 상징한다.

너 창녀야! 내가 네 정부들과 너를 좋아한 남자들과
너를 미워한 남자들까지 모두 너를 치게 하겠다! 그들이
네 옷을 벗겨 돌로 치고 칼로 찔러 죽일 것이다!
죽여라!
꺄아아악!
퍽!
퍽!
사악한
요물!

※정부와 너를 좋아한 남자 : 이스라엘이 동맹을 맺었거나 우상을 수입했던 이집트, 앗시리아, 바벨론 등을 가리킨다.
※너를 미워한 남자 : 이스라엘과 적대 관계였던 블레셋, 에돔, 암몬, 모압, 아람 등을 가리킨다.

네 언니는 딸들과 함께 북쪽에 사는
사마리아이고, 네 여동생은 딸들과 함께 남쪽에
사는 소돔이다. 너는 그들보다 더 타락했다!
네 죄에
비하면 우린
의롭게 보일
지경이라고.
사마리아
깔깔
넌 죄악의
덩어리야.
소돔
크흐흐흑!

※딸들 : 주변의 다른 성들을 가리킨다.

그러나 나는 너와 네 자매들을 다시 잘
살게 하겠다! 나는 네가 젊었을 때 맺은
언약을 기억해 영원한 언약을 세우겠다!
잘못했어요.
흑 흑

※영원한 언약 : 십자가 피로써 성취될 그리스도의 구원을 뜻한다. Link 히브리서 8장 6~13절

tip 음란한 여인의 비유

16장은 이스라엘을 향한 하나님의 사랑과 앞으로의 심판과 회복에 관해 음란한 여인의 비유로 예언한 장이다. 사마리아를 예루살렘의 언니로, 소돔을 예루살렘의 여동생으로 표현한 것은 예루살렘이 패역의 도시인 사마리아나 소돔과 다를 바 없음을 나타낸다.

※그 땅 : 레바논으로 상징된 유다를 가리킨다.

17장 독수리 비유

너는 이것이 무슨 뜻인지 반역하는 백성에게 알려주어라!
넵!!
큰 독수리가 레바논 백향목 끝에 돋은 햇순을 따서 그 햇순을 상인들의 성에 두었다!
그리고 그 땅에서 난 씨앗을 시냇가 옥토에 심었다!
푸드득

※레바논 : 팔레스타인 북부 지역의 국가. 그러나 여기서는 레바논 백향목으로 지은 유다의 화려한 왕궁을 가리킨다.
※상인들의 성 : 무역 국가였던 바벨론을 가리킨다.

씨앗은 무성한 포도나무가 되었다. 가지가 그 독수리에게 뻗었고 그 뿌리는 땅에 박혔다!
그때 다른 큰 독수리가 나타나자 포도나무는 그 독수리를 향해 가지와 뿌리를 뻗었다!
이 포도나무는 어찌 되겠느냐? 동쪽 열풍이 불어오면 뿌리가 마르지 않겠느냐?
스 스 스 스

※동쪽 열풍 : 팔레스타인 지역에는 5월과 10월, 동쪽 시리아 사막에서 건조하고 뜨거운 열풍이 불어왔다. 여기서는 바벨론을 상징한다.

tip 독수리 비유

큰 독수리는 바벨론의 느부갓네살 왕을, 레바논은 예루살렘을, 백향목은 다윗 왕조를, 햇순은 유다 여호야긴 왕을, 상인들의 성은 바벨론을 상징한다. 큰 독수리가 레바논에 간 것은 바벨론의 유다 2차 침공 Link 5권 230p 을 가리키며, 햇순을 따서 상인들의 성에 두었다는 것은 여호야긴이 바벨론에 포로로 끌려간 것을 상징한다. 그리고 독수리가 유다에 심은 씨앗은 느부갓네살이 시드기야를 유다 왕으로 세운 것을 가리킨다. 이 씨앗이 포도나무가 된 것은 시드기야가 다스리는 유다가 어느 정도 번영한다는 것을 의미하며, 포도나무의 가지가 독수리에게 뻗었다는 것은 유다가 바벨론의 지배를 받는 속국임을 의미한다. 이때 나타난 다른 큰 독수리는 이집트의 왕을 상징한다. 이에 포도나무는 그 뿌리와 가지를 새로 나타난 독수리에게 향하는데 이는 시드기야가 바벨론의 지배를 벗어나려고 이집트를 의지하는 것을 가리킨다. 실제로 시드기야가 이집트를 의지하자 바벨론이 3차 침략하여 유다는 멸망하게 된다. Link 5권 232p 하나님을 의지하지 않고 이집트를 의지하는 유다가 바벨론에 의해 반드시 멸망하게 된다는 선포였다.

백향목 비유

내가 백향목 끝에 돋은 연한 가지 하나를 이스라엘의 높은 산에 심으면 아름다운 백향목이 되고 그 백향목은 온갖 동물의 보금자리가 될 것이다! 그때 들판의 모든 나무가 알 것이다. 나 여호와는 높은 나무를 낮추고, 낮은 나무를 높이며, 푸른 나무를 시들게 하고, 마른 나무를 무성하게 한다는 것을!

18장 아버지와 아들

아버지가 죄악을 저지르면 그는 자신의 죄악 때문에 죽을 것이다!
이놈이 감히 내 말을 우습게 알아?! 엉?!
크으윽!
퍽
아버지! 그만해요!
퍽
그러나 그 아들이 내 법과 의와 율례를 지킨다면 살 것이다!
쿵!
연좌제는 없다는 말씀이야.
아버지!
헉!
켁!

※연한 가지 : 백향목은 다윗 왕조를 가리키며, 그 나무의 연한 가지는 예수 그리스도를 상징한다.
※들판의 모든 나무 : 세상의 모든 나라를 가리킨다.

또한 악인이라도 죄에서 떠나 내 법과 의와 율례를 지킨다면, 살 것이다!
하나님은 죄 지은 사람이라도 그가 죽는 걸 원치 않으셔.
아이고, 주여!

tip 아버지의 죄와 아들의 죄

에스겔이 이 예언을 한 때는 조상의 죄가 자손에게까지 영향을 미친다는 사상이 있었다. 따라서 자기에게 닥친 위기(이방 민족의 침입)가 조상의 죄 때문이라는 불평이 만연했다. 이에 하나님은 심판의 개별성을 강조한다. 즉 자기가 의로우면 자기가 상을 받고, 자기가 악하면 자기가 벌을 받는다는 것이다. 조상의 죄를 탓하지 말고 회개하라는 촉구와도 같다.

19장 두 사자의 비유

너는 이스라엘의 지도자들에게 애가를 불러주어라!
암사자가 새끼 하나를 키워 젊은 사자가 되었네~♬
또 뭐야?
정말 가지가지 한다.

그 사자는 사람을 잡아먹었네♩
이 소식을 들은 이방 민족이
그를 갈고리로 꿰서 이집트로 끌고 갔네♪
이집트

암사자는 다른 새끼를 젊은 사자로 키웠는데,
그도 사람을 잡아먹었다네~♪
크아앙
미친 사자다!
으아악!

그러자 이방 민족이 그를 갈고리로 꿰어 철창에 넣고 바벨론으로 끌고 갔네♪
이스라엘의 어떤 산에서도 이놈의 소리가 들리지 않게 가둬버리자!
바벨론

tip 두 사자

두 사자는 두 명의 유다 왕의 슬픈 운명을 상징적으로 보여준다. 첫 번째 젊은 사자는 여호아하스를, 두 번째 젊은 사자는 여호야긴을 가리킨다. 여호아하스는 이집트 왕 느고에 의해 이집트로 끌려가 죽었으며 Link 5권 227p 여호야긴은 바벨론의 2차 침공 때 바벨론에 끌려가 일생을 마쳤다. Link 5권 230p 에스겔이 과거 두 왕의 일을 상기시킨 것은 하나님의 심판 뒤에도 여전히 회개하지 않는 유다 백성에게 경각심을 주기 위해서였다.

포도나무 비유

네 어머니는 물가에 심은 포도나무처럼 물이 많고 열매가 많으며 가지가 무성하다네~♪
1절만 하지.
또 불러?

※어머니, 포도나무 : 유다 왕국을 상징한다.
※가지 : 유다의 왕들을 상징한다.

가지들 중 가장 센 가지가 통치자가 되어, 많은 가지들 중에 우뚝 솟았지~♪

※가장 센 가지 : 유다의 마지막 왕인 시드기야를 가리킨다.
※우뚝 솟다 : 교만했다는 의미.

그러나 그 포도나무가 분노로 뽑혀 땅에 던져지니, 열매와 가지들은 동풍에 마르고 불에 타버렸다네~♪

※분노로 뽑힘 : 하나님의 분노로 바벨론의 포로가 됨을 상징한다.

그리고 큰 가지에서 불이 솟아 가지와 열매를 태워버리니, 통치자가 될 튼튼한 가지가 하나도 남지 않았어~♪
화르르르

※큰 가지에서 불이 솟는 것은 시드기야 때문에 망하는 유다를, 가지가 하나도 남지 않는 것은 왕위를 이을 자손이 끊김을 상징한다.

tip 포도나무 비유

유다 왕실을 풍성한 포도나무에 비유한 것은 그동안 하나님의 은혜로 아주 번성했다는 의미다. 그중 우뚝 솟은 가지는 유다의 마지막 왕 시드기야를 상징한다. 그러나 이 포도나무가 뽑히고 가지는 불에 타는데, 이는 몰락의 길을 걷던 유다 왕실이 완전히 멸절하게 됨을 가리킨다. 이 예언이 있고 약 7~8년 뒤 유다는 완전히 멸망하고 시드기야는 바벨론에 포로로 끌려갔다. 그의 아들들 또한 그의 눈앞에서 죽었다. Link 5권 232p

20장 이스라엘 반역의 역사

제7년 5월 10일, 이스라엘의 장로 몇이 에스겔을 찾았어.
하나님의 뜻을 묻고 싶소.
우리는 앞으로 어떻게 되겠소?
장로들에게 그들의 조상이 저지른 역겨운 일을 알려주어라!
척!
네, 알겠습니다.

※제7년 : 바벨론 2차 침략으로 여호야긴이 포로로 끌려간 B.C.597부터 7년이 지난 B.C.590을 가리킨다.

tip 이스라엘 반역의 역사

20장의 말씀은 구체적으로 다음과 같다.

① 이스라엘을 이집트에서 구원했더니 그들이 이집트의 우상을 섬김. Link 2권 97p

② 광야에서 하나님의 율법을 배척하고 하나님을 반역함. Link 2권 168p

③ 가나안 정착 이후 에스겔 시대까지 이스라엘의 배교가 계속됨.

이에 이스라엘이 바벨론의 포로로 잡혀갈 것이고, 훗날 약속의 땅으로 돌아온다는 예언이다.

네게브 숲 비유

내가 남쪽 네게브 숲을 불태울 것이다! 남쪽에서 북쪽까지 모든 사람의 얼굴이 그 불에 그슬릴 것이다!
화르르르
그때, 비로소 모든 사람이 나 여호와가 그 불을 질렀다는 것을 알겠지만 그 불은 꺼지지 않을 것이다!
하나님, 사람들이 저한테 모호한 비유나 든다고 하네요.
으아아아
휴우

※네게브 숲 : 네게브는 이스라엘의 남쪽 광야 지대이나 여기서는 이스라엘 전체(이스라엘+유다)를 가리키며, 숲은 이스라엘 백성을 가리킨다.

tip 네게브 숲 비유

불붙는 네게브 숲은 북방 바벨론의 침공을 뜻하며, 남방 삼림으로 비유된 유다 왕국이 철저히 패망하고 황폐해질 것이라는 경고에 해당한다. 에스겔은 하나님의 명령대로 예언했는데 그 비유를 이해하지 못한 백성들은 에스겔이 어려운 말만 한다고 불평했다.

21장 칼의 비유

내가 칼을 뽑아 예루살렘의 의인과 악인들을 다 죽이겠다!
내가 너희를 살육자에게 넘기려고 칼날을 시퍼렇게 세웠다! 회개하지 않으면 이 칼이 너희를 칠 것이다!
극악무도한 이스라엘 왕아! 네가 최후의 형벌을 받을 날이 되었다!
암몬 자손아! 내 분노를 쏟아붓겠다! 너는 땔감이 되어 기억에서 영원히 사라질 것이다!
콰 콰 콰 쾅!
으아악!
이스라엘 왕이 왜 여기에?
나도 몰라!

※의인 : 의인은 악인들의 악행을 멈추려고 노력하지 않은 죄로 심판받는다.
※살육자 : 바벨론을 상징한다.

※이스라엘 왕 : 유다의 마지막 왕 시드기야를 가리킨다.
※암몬 자손 : 유다 주변국을 대표한 표현이다.

22장 유다의 부패

네가 저 피 흘린 성을 심판하겠느냐? 저들이 저지른 모든 역겨운 일을 깨닫게 해라!
네! 차트로 준비했습니다.
이런 악행 때문에 하나님이 분노하셨지요.
유다 백성의 죄(1~9절, 23~30절)
① 우상숭배 ② 살인 ③ 불효
④ 약자를 학대하고 수탈함
⑤ 음행
⑥ 안식일을 더럽힘
⑦ 거짓 예언
⑧ 제사장들의 율법 위반
⑨ 지도자들의 불의와 살인
맞다. 내가 그들을 여러 나라에 흩뿌려서 더러운 것을 소멸시키겠다! 이스라엘을 쇠 찌꺼기처럼 용광로에 집어넣고 녹여버릴 것이다!

※심판 : 여기서는 유죄 판결을 내린다는 의미다.

23장 음란한 두 자매 비유

한 어머니가 낳은 두 딸이 있으니 언니는 오홀라요, 동생은 오홀리바다. 이들은 어릴 때부터 이집트에서 음행했다!
오홀라
호호호!
오홀리바
깔깔!

이들은 내 사람이 되어 아들, 딸을 낳았는데, 오홀라는 사마리아고, 오홀리바는 예루살렘이다!
까르르

tip 두 자매

오홀라는 '자기의 장막', 오홀리바는 '내 장막이 그녀 안에 있다'라는 뜻. 오홀라는 이스라엘(북)을, 오홀리바는 유다(남)를 상징한다. 유다에 예루살렘 성전이 있었지만, 이스라엘의 여로보암은 벧엘과 단에 성소를 만들었다. Link 5권 59p 이에 이스라엘의 성소를 '자기의 장막'(오홀라)으로, 예루살렘 성전을 '내 장막'(오홀리바)으로 부른 것이다.

그런데 오홀라는 앗시리아 애인들과 음행하고 그들의 온갖 우상으로 자신을 더럽혔다!
그래서 그녀를 앗시리아의 애인들에게 넘겨주었더니 그들이 그녀의 자녀들을 잡아가고 그녀를 죽였다!
동생 오홀리바는 언니보다 더 음란해 앗시리아, 바벨론, 이집트의 애인들과 음행했다!
셋 다 맘에 들어.

이제 네 애인들이 너를 치게 하겠다! 그들이 네 코와 귀를 자르고, 네게 남은 것을 다 불태울 것이다!
크하하
아아악!
으아앙!
너는 네 언니의 길을 따라갔으니, 네 언니가 마신 공포와 멸망의 잔을 마실 것이다!
음행에 대한 벌이래.
원 샷!
흐흑!

tip 두 자매의 비유

23장은 사마리아와 예루살렘을 음란한 두 자매로 비유하며 다음을 강조한다.

① 북이스라엘이 앗시리아의 우상을 섬기다가 앗시리아에 의해 멸망한 사실.
② 주변 모든 나라의 우상을 섬긴 남유다에 심판이 임할 것임.
③ 이스라엘과 유다의 범죄상.
④ 이스라엘과 유다에 하나님의 심판이 임할 것임.

24장 가마솥 비유

제9년 10월 10일, 여호와가 말씀하셨어.
바벨론이 오늘 예루살렘을 포위했으니 반역하는 족속에게 이 비유를 전해라!
드디어 바벨론의 3차 침략이 시작됐군요.
Link 5권 232p

시뻘겋게 녹슨 가마솥에 물을 붓고, 가장 좋은 양을 잡아넣어라! 그리고 아궁이에 불을 지펴 고기를 푹 삶고, 고기 국물은 졸이고 뼈는 태워라! 빈 가마솥은 달궈서 더러운 것을 녹이고 녹을 태워라!

※제9년 : 바벨론 2차 침략으로 여호야긴이 포로로 끌려간 B.C.597부터 9년이 지난 B.C.588을 가리킨다.

tip 가마솥 비유

유다의 처절한 멸망을 보여주는 비유다. 가마솥은 예루살렘을, 양고기는 고난 중에 멸망할 유다 백성을, 가마솥의 녹은 유다 백성이 대대로 저지른 온갖 범죄를, 가마솥에 지피는 불은 바벨론의 군대를 상징한다. 하나님이 바벨론의 군대를 이용해 유다 백성을 심판하고, 유다 땅 구석구석에 찌든 온갖 죄악을 말끔히 씻기를 원한다는 의도를 드러내고 있다.

에스겔 아내의 죽음

네가 좋아하는 사람을 단숨에 죽이겠다! 그러나 너는 슬퍼하거나 울지 말고, 조용히 탄식해라!
하나님께서 내 아내를 죽인다고 하셨소!
오, 축하, 그럼 새 장가를?
여보!!

※좋아하는 사람 : 에스겔의 아내를 가리킨다.

그날 저녁 아내가 죽자 에스겔은 여호와의 말씀대로 슬픔을 참고 있었어.
이게 뭔 일이래?
크흐흑
진짜 죽었어?

다음 날 사람들이 와서 그 의미를 물었지.
내 아내는 예루살렘을 상징하오. 하나님이 예루살렘의 성소를 더럽히고, 백성들은 칼에 쓰러질 것이오.

그리고 나처럼 당신들도 예루살렘의 멸망을 보고도 울지 못하고 탄식만 할 것이오!
허어, 정말이오?
하긴 바벨론의 3차 공격이 시작됐잖아.

tip 아내의 죽음

하나님이 에스겔의 아내를 데려가신 것은 악하고 무딘 유다 백성에게 충격적인 메시지를 전달하려는 의도였다. 에스겔의 아내는 예루살렘을, 그녀의 죽음은 예루살렘의 멸망을 상징한다. 아내의 죽음에도 결코 울거나 애도하지 말라는 것은, 예루살렘의 멸망이 너무나 충격적이어서 슬퍼할 여유조차 없을 것임을 뜻한다.

25장 암몬·모압·에돔·블레셋에 대한 예언

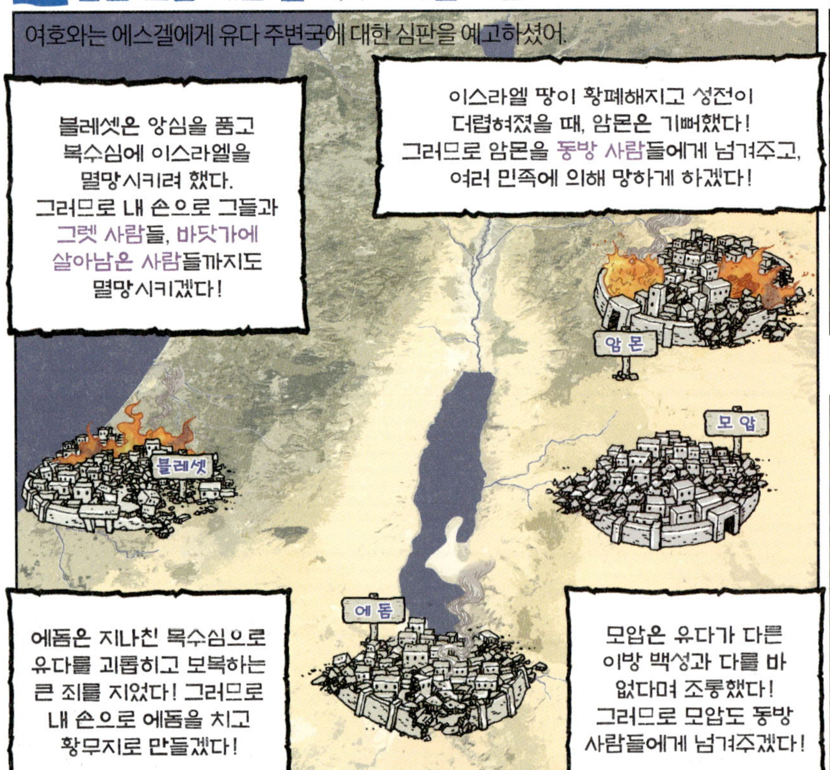
여호와는 에스겔에게 유다 주변국에 대한 심판을 예고하셨어.
블레셋은 앙심을 품고 복수심에 이스라엘을 멸망시키려 했다. 그러므로 내 손으로 그들과 그렛 사람들, 바닷가에 살아남은 사람들까지도 멸망시키겠다!
이스라엘 땅이 황폐해지고 성전이 더렵혀졌을 때, 암몬은 기뻐했다! 그러므로 암몬을 동방 사람들에게 넘겨주고, 여러 민족에 의해 망하게 하겠다!
암몬
모압
블레셋
에돔
에돔은 지나친 복수심으로 유다를 괴롭히고 보복하는 큰 죄를 지었다! 그러므로 내 손으로 에돔을 치고 황무지로 만들겠다!
모압은 유다가 다른 이방 백성과 다를 바 없다며 조롱했다! 그러므로 모압도 동방 사람들에게 넘겨주겠다!

26장 두로에 대한 예언

제11년 어느 달 1일, 여호와가 말씀하셨어.
누로 왕
크크
예루살렘이 황무지가 되었으니 번영은 이제 우리 차지다!

※제11년 : 이때는 B.C.586, 바벨론에 의해 예루살렘이 멸망한 해이다.

내가 바벨론 왕 느부갓네살에게 너를 치게 하겠다! 그가 말발굽으로 네 백성을 짓밟고 죽일 것이다!
크악!
와아아아!

※동방 사람 : 바벨론 사람을 가리킨다. ※그렛 사람 : 블레셋 족속의 한 일파. ※바닷가에 살아남은 사람 : 하나님의 심판을 피해 지중해 해변에 숨은 블레셋 사람.

그때, 해변 주민의 왕들이 두려워 떨며 왕좌에서 내려와 네 애가를 부를 것이다!
항해자들이 머물던 성이여! 바다에서 이름을 날리던 성이여! 어찌 이리 망했느냐?
엉엉
흑흑

※해변 주민의 왕 : 두로와 무역을 하던 각 나라의 지도자, 혹은 여러 도시의 귀족을 가리킨다.

tip 두로의 멸망

두로는 무역 시장의 경쟁자이기도 한 유다가 패망하자 크게 기뻐했고, 유다의 무역국들과 거래를 터 국가 발전의 초석을 다졌다. 이리하여 지중해 해상권을 장악했는데, 그런 두로가 멸망하자 주변 나라는 큰 충격에 휩싸였다. 특히, 주변국 왕들의 슬픔이 컸는데, 든든한 무역 상대국을 잃었기 때문이다.

27장 두로 멸망의 애가

너는 두로를 위해 애가를 불러라!
바닷가에서 무역하는 자야.
사람들이 너를 아름다운 배로 만들고
노련한 이들이
네 선장이 되었어~♪
또 노래야?

바다의 배와 선원들이
너와 거래했고,
페르시아, 리디아, 리비아의 용병들이
너의 전사가 되었어~♪

그러나 네가 바다 깊은 곳으로 나갔을 때에
동풍이 불어 너를 침몰시켰고,
네 모든 것이 바다에 빠졌네~♪
콰아아아

※동풍 : 바벨론을 상징한다.

tip 멸망한 두로에 대한 애가

27장은 두로가 누렸던 번영과 파멸을 상기하는데, 정리하면 다음과 같다.

① 지중해와 근동에서 최고의 해상 무역국이던 두로를 호화로운 큰 배에 비유함.
② 그 배가 침몰한다는 비유로써 두로의 멸망을 예언함.
③ 두로의 멸망이 주변국에 큰 피해를 줄 것을 예언함.

28장 두로 왕에 대한 예언

내가 가장 잔인한 이방인들을 데려다가 교만한 두로 왕을 치게 하겠다!
퍽퍽퍽!
크으윽!

※잔인한 이방인들 : 바벨론을 가리킨다.

그들이 네 아름다움을 파괴하고 네 영화를 더럽히며 너는 바다 가운데서 죽을 것이다!
바다에 던져버려!
아이고, 형! 아니… 어르신!

tip 두로 왕의 범죄

에스겔은 두로 왕의 멸망 원인이 교만에 있다고 하는데 구체적으로 다음과 같다.

① 자신을 신이라 자처함.
② 재물에 집착하고 이를 뽐냄.
③ 무역으로 부유해지자 가난한 자들을 폭력으로 약탈함.
④ 존귀와 영광을 얻게 되자 교만해짐.
⑤ 부정(폭력, 사기)한 거래를 함.

※제27년 : B.C.570에 해당함. 여기서 갑자기 27년 이야기가 나온 것은 유사한 내용을 함께 정리하려는 의도로 보인다.

시돈에 대한 예언

시돈아! 내가 너를 심판하겠다! 거리에는 피가 냇물처럼 흐르고, 적들이 너를 칼로 칠 것이다!

29장 이집트에 대한 예언

제10년 10월 12일, 여호와가 말씀하셨어.
이집트 왕아! 내가 칼로 치면 이집트는 황무지가 되고, 40년 동안 사람이 살 수 없을 것이다!

제27년 1월 1일, 또 여호와가 말씀하셨지.
내가 바벨론 왕 느부갓네살에게 이집트 땅을 주겠다! 그가 이집트를 약탈할 것이다!

※제10년 : 바벨론 2차 침략으로 여호야긴이 포로로 끌려간 B.C.597부터 10년이 지난 B.C.587을 가리킨다.
※칼 : 바벨론을 가리킨다. ※40년 : 이집트를 심판하는 기간을 나타내지만 역사적으로 어떤 기간인지는 정확히 알 수 없다.

tip 이집트에 대한 예언

29장은 이집트의 멸망 예언이며 정리하면 다음과 같다.

①나일 강에 누운 악어가 낚시에 걸려 잡히는 비유로 당시 강대국이던 이집트가 멸망할 것을 예언함. 이집트는 처참한 지경으로 멸망하게 됨.
②이집트에 대한 심판이 바벨론 왕 느부갓네살에 의해 이루어질 것임.

30장 이집트와 동맹국에 대한 예언

내가 바벨론 왕 느부갓네살을 보내
이집트의 무리를 멸망시킬 때가 왔다!
이집트 땅에 공포를!
와아아아
시체로 이 땅을 가득 채우자!

※이집트의 무리 : 이집트와 이집트의 동맹국인 에티오피아, 리비아, 리디아, 아라비아, 굽을 가리킨다.

이집트의 성들에 내 분노를 쏟을 것이다! 그 땅이 구름에 뒤덮이고, 그의 딸들은 포로로 끌려갈 것이다!

※이집트의 성 : 멤피스, 소안, 테베, 펠루시움, 헬리오폴리스, 부바스티스.

제11년 1월 7일, 여호와가 말씀하셨어.
내가 이집트 왕의 한쪽 팔을 부러뜨렸고, 나머지 팔도 부러뜨릴 것이다!
아이고, 파라오 살려!
파닥닥!

※한쪽 팔이 부러지다 : 이집트가 갈그미스 전투에서 바벨론에 패한 사건을 가리킨다.

Link 5권 229p

tip 이집트와 그 동맹국

30장은 이집트와 그 동맹국들의 파멸을 이야기한다. 정리하면 다음과 같다.

①이집트 동맹국들이 멸망함.
②이집트 백성이 살육당함.
③이집트 도시들이 파괴됨.
④이집트가 바벨론에 패함.

31장 앗시리아에 비유된 이집트

제11년 3월 1일, 여호와가 말씀하셨어.
앗시리아는 크고 아름다운 레바논의 백향목이었다! 그 그늘 밑에 모든 민족이 모였으며, 에덴의 나무들도 부러워했다!

※제11년 3월 1일 : B.C.586, 예루살렘이 바벨론에 함락되기 1개월 전이다.
※에덴의 나무들 : 이스라엘 민족을 상징한다.

그런데 그 나무가 교만해져서 잔인한 민족이 그것을 베고 세상의 백성들이 그곳에서 도망쳤다!
쿵!
꺄오오

※잔인한 민족 : 바벨론을 가리킨다.

이제 화려했던 앗시리아처럼 이집트의 왕과 백성들도 모두 스올로 끌려갈 것이다!
무서워!
흑흑

※스올(음부) : 죽은 자들의 영혼이 거하는 곳. 무덤이나 죽음을 뜻한다.

tip 앗시리아에 비유된 이집트

에스겔은 이집트의 영화를 앗시리아의 번영과 비교한 뒤, 바벨론에 멸망당한 앗시리아처럼 이집트도 곧 파멸한다고 예언했다. 에스겔 당시 이집트는 국력 면에서 전성기의 앗시리아를 따라갈 수 없었다. 에스겔은 그런 강대국이었던 앗시리아조차 멸망했음을 상기하며, 이집트 멸망의 필연성을 강조했다.

32장 이집트 멸망에 대한 애가

제12년 12월 1일, 여호와가 말씀하셨어.
너는 이집트 왕을 위해 애가를 불러라!
파라오는 자신을
사자라고 생각한다네~

하지만 너는 나일 강의 악어일 뿐이다! 내가 백성들을 불러 널 그물로 잡아 들판에 내동댕이치겠다!
악어 따위가!
크크
파파팍!

그러면 새와 모든 들짐승이 너를 뜯어 먹고, 시내마다 네 피가 철철 넘쳐흐를 것이다!
크르르르

※제12년 : 바벨론 2차 침략으로 여호야긴이 포로로 끌려간 B.C.597부터 12년이 지난 B.C.585를 가리킨다.

제12년 1월 15일, 여호와가 말씀하셨지.
너는 이집트를 애도하여 슬피 울고, 이집트와 열강의 딸들을 깊은 구덩이로 내려가는 사람들과 함께 지하로 보내라!
내려가서 할례 받지 못한 자들과 칼에 찔려 죽은 자들과 함께 누워라!!
크아악!
살려줘!!
으아아
퍽!

※열강의 딸들: 이집트의 동맹국과 이집트의 식민지를 가리킨다. ※깊은 구덩이: 스올(음부)을 가리킨다.
※할례 받지 못한 자: 이스라엘 백성이 이방인을 모욕적으로 표현할 때 쓰는 말이다.

> **tip 멸망할 이집트에 대한 애가**
>
> 32장의 내용은 다음과 같다.
>
> ① 그물에 걸린 나일 강의 악어를 비참한 종말을 맞이할 이집트 왕에 비유함.
> ② 바벨론의 군대가 이집트의 모든 생명을 끊어버리고 이집트의 전 국토를 폐허로 만들 것임.
> ③ 멸망한 앗시리아와 엘람, 메섹, 두발, 에돔, 시돈처럼 파라오도 같은 운명에 처하게 됨.

33장 파수꾼의 사명

너를 이스라엘의 파수꾼으로 세웠으니, 나를 대신해 백성들에게 경고해라!
넵! 알겠습니다!!

※에스겔을 파수꾼으로 세운 일은 Link 6권 160p 에도 언급되었다.

> **tip 파수꾼의 사명**
>
> 파수꾼이 적군을 보고 나팔을 불었으나, 백성이 이를 무시해서 당한 경우는 백성의 탓이고, 파수꾼이 나팔을 불지 않아서 백성이 당한 경우는 파수꾼의 탓이다. 에스겔의 사명도 이와 같았다. 즉, 악인에게 경고하지 않을 경우, 악인이 죽으면 그것은 에스겔 책임이었다. 그러나 악인에게 경고했는데도 악인이 돌이키지 않아 죽으면 그것은 에스겔 책임이 아니었다.

회개를 촉구하다

여호와는 악인의 죽음을 기뻐하지 않고, 그가 악에서 돌이키는 것을 기뻐하신다! 이스라엘 족속아, 악한 길에서 돌아서라! 의인이라도 죄를 지으면 과거의 의가 그를 구원하지 못하고, 악인이라도 악에서 돌이키면 과거의 악이 그를 넘어뜨리지 못한다!

> **tip 회개 촉구**
>
> 파수꾼으로서 에스겔이 전한 첫 번째 메시지는 다음과 같다.
>
> ① 과거에 아무리 중한 죄인이라 해도 돌이키면 구원받음.
> ② 과거에 아무리 의인이라도 현재 죄를 지으면 심판의 대상이 됨.
>
> 외부의 침략보다는 백성들 자신의 죄악과 부패가 더욱 위험하고 이를 척결하는 사명이 중요하다는 의미다.

예루살렘의 멸망

제12년 10월 5일, 예루살렘에서 탈출한 한 사람이 말했지.
예루살렘이 함락됐다!

※예루살렘 멸망은 B.C.586 4월 9일의 일인데 1년 6개월 뒤에나 백성들은 그 소식을 들었다. 이는 포로 생활로 외부와 단절되었기 때문으로 보인다.

너희는 피를 빼지 않은 채 고기를 먹고, 우상에 눈을 팔고, 사람들의 피를 흘리게 했으며, 칼에 의지해 역겨운 일을 하고, 이웃의 아내를 더럽혔다!
네 딸을 제물로 바쳐야겠다. 꿇냐?!
꺄악
크윽!

내가 너희를 칼에 쓰러져 들짐승에게 먹히게 하고, 전염병으로 죽게 하겠다! 내가 이스라엘을 황무지와 폐허로 만들 것이다!

※사람들의 피: 인신 제사를 위해 사람을 죽였음을 의미한다.
※칼에 의지한 역겨운 일: 살인과 강도를 가리킨다.

34장 거짓 목자들

이기적인 이스라엘의 목자들이 돌보지 않은 양 떼가 흩어져 온갖 들짐승의 먹이가 되었다!
낮잠이나 잘까?
꺼억 취한다.
크르르

그러니 그 목자들에게 맡겼던 내 양 떼를 되찾아오고, 다시는 내 양을 맡기지 않겠다!
퍽!
켁!
꺼져! 넌 해고다!

tip 거짓 목자들

에스겔은 목자인 이스라엘 지도자들의 부패와 타락을 다음과 같이 고발했다.

① 양 떼를 먹이는 대신 오히려 양을 먹으며 자기 배만 채움.
② 양 떼를 강압과 폭력으로 다스림.
③ 양 떼를 버려두어 죽음으로 몰아넣음.

참 목자

여러 민족으로부터 내 양 떼를 모아 그들의 땅으로 데려갈 것이다! 약한 것은 튼튼히 하고, 살찐 것과 힘센 것을 멸하며, 살찐 양과 여윈 양 사이에서 심판하겠다!
가자, 약속의 땅으로!
내가 오래전에 약속 Link 2권 219p 한 일이야!

※살찐 것과 힘센 것 : 이스라엘 백성을 억압하고 착취한 지도자들을 가리킨다.
※살찐 양은 권력자들에게 빌붙어 이익을 챙긴 일반 백성을, 여윈 양은 착취당하던 일반 서민을 가리킨다.

내가 그들 위에 목자를 세워 그들을 먹일 것이다! 그 목자는 내 종 다윗이다!

※목자, 다윗 : 다윗의 후손인 예수 그리스도를 가리킨다.

tip 참 목자

이스라엘의 참 목자이신 하나님은 다음과 같은 약속을 선포했다.

① 진정한 목자인 하나님이 양을 먹일 것이다.
② 거짓 목자와 악한 양을 모두 심판할 것이다.
③ 이상적인 목자인 메시아가 올 것이다.
④ 메시아 왕국에 평화가 가득 임할 것이다.

35장 에돔에 대한 심판

세일 산아! 주께서 너를 치시고 황무지와 폐허로 만드신단다!
어머나! 우리가 뭘 잘못했다고요?

너희가 오래전부터 이스라엘에 한을 품다가 그들이 심판받자, 그들에게 칼을 휘두르고 조롱했기 때문이래!
뭐야? 증거 대봐, 증거!

※세일 산 : 에돔 민족이 거주하던 곳으로 유다 남동쪽에 있는 산악 지대.

tip 에돔에 대한 심판

Link 6권 172p 에서 예언된 에돔의 심판이 거듭 선포되고 있다. 에돔이 이스라엘을 괴롭힌 대표적인 이방 세력이기 때문일 것이다. 이들은 과거에 여러 차례 이스라엘을 괴롭혔고, 유다가 바벨론에 의해 멸망할 때도 바벨론을 도왔을 뿐 아니라 유다 사람들의 땅을 빼앗기까지 했다. 또한 예루살렘의 함락을 심히 기뻐했다.

36장 이스라엘의 회복

이스라엘 산들아! 안녕?
안녕 못 해! 하나님의 심판으로 폭삭 망했고, 사방에서 삼키려들면서 조롱거리가 됐기든!

걱정 마! 하나님이 그들을 수치당하게 하고, 이스라엘 백성을 돌아오게 해서 번성케 하신대!
정말? 우리가 죄 없는 사람들을 피 흘리게 하고, 온갖 우상을 섬겼는데도?

※이스라엘 : 이스라엘과 유다를 가리킨다.

에스겔

응! 하나님께서 이스라엘 백성에게 맑은 물을 뿌려 정결하게 해주신다는데?
우와, 대박!!
다시 한 번 더 하나님의 도움을 간청해보자!

tip 이스라엘의 회복

36장은 회복될 이스라엘이 다음과 같은 은혜를 받는다고 한다.

① 황폐했던 이스라엘이 회복돼 풍요로워질 것.
② 이스라엘 백성이 비참해진 원인을 밝히고, 하나님이 그들을 깨끗이 해주실 것.
③ 백성의 죄에도 이스라엘을 구원하고 번성케 하실 것.

37장 마른 뼈 환상

여호와가 에스겔을 마른 뼈가 가득한 골짜기 가운데로 데려가셨어.
그 뼈들이 살아날 수 있겠느냐?
그야 주님만이 아시겠죠.

에스겔은 여호와가 시키는 대로 뼈들에게 명령했지.
마른 뼈들아, 주님의 말씀을 들어라! 주께서 너희에게 생기를 불어넣으면, 힘줄이 뻗치고 살이 입혀져 다시 살아날 것이다!

그러자 뼈들이 서로 이어지는 요란한 소리가 들렸어.
덜컹
덜컹
오오! 스켈레톤(해골) 부대?!

하지만 그들 속에 생기는 없었지.
뭐야? 좀비야? 힘줄과 살은 생겼는데?
크르르르

에스겔은 다시 여호와가 시키는 대로 명령했어.
생기여, 사방에서 불어라! 살해당한 사람들이 살아나게 하라!
스으으으

※생기 : 생명체만이 소유하는 생명의 본질, 혹은 생명의 영. 생명의 호흡으로 이해할 수 있다.

그러자 그들 속에 생기가 들어가 그들이 살아났지. 그들은 제 발로 일어나 엄청나게 큰 군대를 이루었어.
이 뼈들은 이스라엘의 모든 백성이다! 사람들은 뼈가 마르고 희망도 사라진 이스라엘을 보고 그들이 망했다고 한다!
그러므로 너는 그들에게 전해라!
내가 무덤에서 너희를 끌어내고, 너희 속에 내 영을 두어 이스라엘 땅으로 되돌아가게 할 것이다! 그때 비로소 너희는 내가 주인인 줄 알 것이며, 나 여호와가 말한 것이 그대로 이루어졌음을 알 것이다!
우우우
크아아아

tip 마른 뼈 환상

마른 뼈는 생명력을 잃고 무기력해진 이스라엘의 모습이다. 당시 바벨론에서 비참하게 살고 있던 이스라엘 백성은 자력으로는 회생이 불가능한 상태였다. 그때 하나님은 에스겔에게 마른 뼈가 소생해 큰 군대가 되는 환상을 보여주셨다. 이는 일차적으로 하나님께 버림받았던 이스라엘이 회복된다는 예언이고, 궁극적으로는 그리스도가 영적으로 죽은 영혼들을 살려내 하나님의 백성으로 살게 하신다는 선포에 해당한다.

두 막대기의 비유

막대기 두 개에 내가 말한 대로 써라!
유다+유다와 연합한 이스라엘 자손
요셉+요셉과 연합한 이스라엘 자손
슥슥
두 막대기를 연결해라! 네 손에서 하나가 될 것이다!
얍!!
또 뭐해?
신종 마술?
하나님께서 이 막대처럼 유다와 이스라엘을 합쳐 한 나라로 만들고 한 왕을 주실 것이오.
짠!
다윗의 단일 왕국처럼?
짝짝짝
딴 것도 해 봐요!
와, 신기하다!

※여기서 요셉은 북왕국 이스라엘을 가리킨다.

※한 왕 : 예수 그리스도를 상징함.

38장 마곡 땅의 왕, 곡과의 전쟁

로스와 메섹과 두발 왕인 곡의 군대가 내가 새롭게 세운 나라를 공격할 것이다! 그때 여러 나라가 곡을 도와 공격할 것이다!
공격하라! 죽여라! 약탈하라!
와아아아

tip 마곡 땅의 왕 '곡'

마곡은 노아의 아들 야벳의 후손이며, 마곡과 그의 후손들은 흑해 동남쪽의 스키디안 지방에서 살았던 것으로 보인다. 곡에 관한 정보는 없지만, 하나님의 택한 백성을 멸절하려는 사악한 세력임에는 분명하다. 곡과 동맹을 맺고 이스라엘을 침략한 나라는 대부분 이스라엘 북방에 위치한 민족들로 전쟁을 좋아하는 잔인한 무리였다. 그 우두머리 격인 곡은 하나님의 백성을 미혹하는 사탄의 하수인 같은 존재라 할 수 있다.

※로스 : 북쪽에 거주하는 민족으로 보인다. ※메섹, 두발 : 흑해와 카스피해 사이의 산악 지역에 거주했던 북방 민족.
※여러 나라 : 페르시아, 에티오피아, 리비아, 고멜, 북쪽 끝의 도갈마 족속.

그때 내가 격노해 전염병과 피로써 심판할 것이다! 폭우와 우박과 불과 유황을 곡의 연합군 위에 쏟아부을 것이다! 그러면 그들은 비로소 내가 여호와라는 것을 알게 될 것이다!
콰콰콰쾅!
크악!
으아악!

39장 곡의 멸망

곡아, 너와 연합군은 모두 이스라엘 땅에서 죽을 것이다! 이스라엘 족속이 그 시체를 아바림 골짜기에 묻는 데 일곱 달이 걸릴 것이다!
에휴! 언제 깨끗하게 다 치우냐?
아바림 골짜기를 하몬곡 골짜기라고 이름을 바꿔야겠네.

※아바림 골짜기 : 사해 동편의 골짜기로 보이나 정확한 위치는 알 수 없다.
※하몬곡 골짜기 : 곡의 무리의 골짜기라는 의미다.

40장 회복될 새 성전

포로된 지 25년, 에스겔이 환상을 보았어.
여긴 이스라엘의 높은 산이잖아.
척!

그 산 남쪽에는 성 같은 건축물이 있었는데,
이것은 새로운 성전이다. 잘 보고 듣고 새겨서 이스라엘 백성에게 전해라!
누구?

※포로 된 지 25년 : 예루살렘 성 멸망 후 14년 1월 10일이다. ※천사가 들고 있는 막대기는 측량을 위해 쓰였다.

청동같이 빛나는 사람이 에스겔을 데리고, 새로운 성전을 측량했지.
이곳이 새로운 성전이야.
잘 입력해둬라.
와우!

41장 회복될 성전의 내부

청동같이 빛나는 사람은 에스겔을 데리고 성전 내부도 측량했어.

tip 새로운 성전 측량

예루살렘 성전은 바벨론에 의해 완전히 파괴되었다. Link 5권 233p 그런데 에스겔 40~42장에는 새롭게 세워질 성전의 외부 및 내부 구조가 자세히 설명된다. 이는 이스라엘의 회복과 구원이 한 치의 오차도 없이 이루어질 것을 확신시켜주려는 의도였다. 나아가, 세상 끝 날 아름답고 풍요로운 새 예루살렘과 성전이 세워질 것을 보여주어 소망을 주려는 의도로 볼 수 있다.

42장 제사장의 방

청동같이 빛나는 사람은 바깥뜰로 나가 두 방으로 된 건물도 측량했지.
제사장들을 위한 일종의 기숙사야.

※두 방 : 성전에서 떨어진 건물에 있으며 제사장들이 사용하는 방이다.

이곳은 거룩한 방인데, 다음 세 가지를 하는 곳이지.
그렇군요!
① 제사장이 거룩한 제물을 먹는 방
② 제물로 바친 음식 및 제물을 두는 방
③ 제사장들이 예복을 갈아입는 방

※거룩한 제물 : 소제물 중 남은 곡식과 진설병, 속죄제와 속건제의 고기.

성전의 외벽

이번엔 성전 바깥 동쪽 문으로 나와서 사면의 담을 측량했어.
이 담은 거룩한 곳과 속된 곳을 가르게 될 거야.
오오

43장 성전에 임한 하나님의 영광

청동같이 빛나는 사람과 에스겔이 성전 동쪽 문으로 갔는데, 놀랍게도 동쪽에서부터 여호와의 영광이 다가왔지.
헉! 19년 전에 성전을 떠나셨던 Link 6권 165p 하나님께서 돌아오셨구나!!
쿠오오오!

※여호와의 영광 : 보좌에 앉으신 하나님이 천사들과 함께 나타난 모습을 가리킨다. Link 6권 158p

에스겔이 엎드리자, 여호와가 영광에 싸여 동쪽 문을 지나 성전 안으로 들어가셨어.
쿠오오오!

※하나님이 새 성전으로 들어가시는 것은 이스라엘과 하나님의 관계가 회복된다는 상징이다.

그때 여호와의 영이 에스겔을 안뜰로 데리고 갔지.
하나님의 영광이 성전에 가득하구나!

이곳은 내가 이스라엘 자손과 영원히 살 곳이다!
이제 이스라엘 자손이 음란을 행하거나 죽은 왕들의 시체를 근처에 묻어서, 내 거룩한 이름을 더럽히는 일은 없을 것이다!
으윽, 눈부셔!

※죽은 왕들의 시체 : 분명하진 않으나, 유다 말기 악한 왕들의 시체로 추정되며, 성전에서 행한 우상숭배와 관련된 것 같다.

에스겔

내가 그들을 멸망시킨 것은 그들이 왕궁의 문지방과 문설주를 내 성전의 문지방과 문설주와 나란히 세우는 역겨운 짓을 저질렀기 때문이다!
그러나 이제 내 앞에서 시체를 치우고 음란한 행실을 멀리하면 내가 그들과 함께 영원히 살겠다!
우상을 다 때려 부숴라! 티끌 하나도 남기지 마라!
크르르르
콰과광!

tip 문지방과 문설주

여기에서 문지방과 문설주는 성전, 혹은 신전을 상징한다. '왕궁의 문지방과 문설주'는 유다의 악한 왕들이 세운 우상 신전을 뜻하며, '내 성전의 문지방과 문설주'는 하나님의 성전을 의미한다. 이스라엘의 악한 왕들은 우상 신전을 하나님의 성전 바로 옆에 세웠다.

이스라엘 족속에게 이 성전을 설명하고 자신의 죄를 부끄러워하거든, 이 설계를 알려주어라!
성전의 배치도, 출입구, 건축 양식 등 모든 걸 알려줘!
아 참! 새 번제단도!
아 네!
끙끙

성전 주변은 가장 거룩한 곳이다!
이 말씀은 곧 성전의 법이다!
주께서 정하신 영원한 법이군요.

그리고 번제단을 만들 때 지킬 규례를 말씀하셨어.
규례에 관해선 팁을 봐! 규례대로 드리는 제사는 내가 기쁘게 받겠다!
어이구! 정신없네요.

tip 새로운 번제단을 만들 때 지켜야 할 규례

① 사독 자손인 제사장에게 어린 수송아지를 주어 속죄제물로 할 것.
② 속죄물의 피를 제단 4개의 뿔과 아래층 4곳의 귀퉁이, 사방의 가장자리에 발라 제단을 정결하게 할 것.
③ 속죄물로 바친 수송아지를 성전의 지정된 곳에서 태울 것.
④ 다음 날 흠 없는 숫염소 한 마리를 속죄제물로 바쳐, 그 피로 제단을 정결하게 할 것. 흠 없는 수송아지 한 마리와 숫양 한 마리를 제사장들이 소금을 뿌려 번제물로 바칠 것.
⑤ 7일 동안 매일 염소, 어린 수송아지, 숫양 각각 한 마리를 속죄제물로 마련한 뒤 제단을 정결하게 하는 속죄제를 드리고 봉헌할 것. 8일 이후부터 제사장들이 번제와 감사제를 드릴 것.

44장 성전 동쪽 바깥 문

청동같이 빛나는 사람이 에스겔을 동쪽 성전 바깥문으로 다시 데려갔어.
나 여호와가 그 문으로 들어왔으니 잠가둬라! 누구도 그 문으로 들어가서는 안 된다!
앞 쪽에서 하나님이 이곳을 통해 성전으로 들어가셨지.
아! 기억납니다.

tip 동쪽 문을 잠글 것

새로운 성전에서 동쪽 바깥 문 출입을 금지한 것은, 여호와의 영광이 들어온 문이기 때문으로, 그 의미를 다음처럼 생각해볼 수 있다.
① 새 성전이 더럽혀지지 않고 영원할 것임.
② 새 성전에 들어오신 하나님이 다시는 떠나지 않고 영원히 계실 것임.

이방인 출입 금지 명령

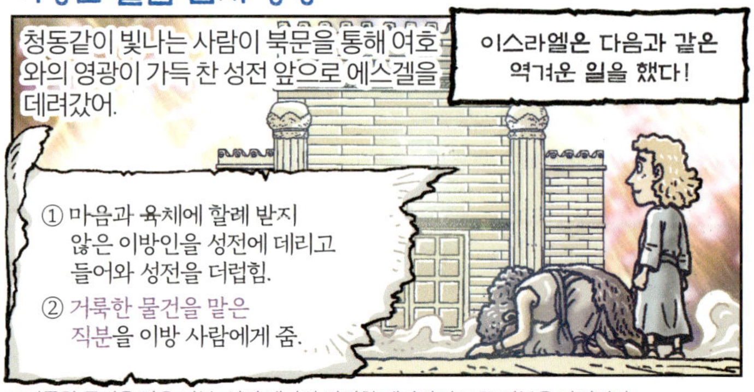
청동같이 빛나는 사람이 북문을 통해 여호와의 영광이 가득 찬 성전 앞으로 에스겔을 데려갔어.
이스라엘은 다음과 같은 역겨운 일을 했다!
① 마음과 육체에 할례 받지 않은 이방인을 성전에 데리고 들어와 성전을 더럽힘.
② 거룩한 물건을 맡은 직분을 이방 사람에게 줌.

※거룩한 물건을 맡은 직분 : 성전 제사와 관련한 제사장의 모든 직분을 가리킨다.

tip 할례 받지 않은 이방인

유월절 등 각종 종교 의식에 참여하거나 성소에서 하나님께 제사드릴 수 없었던 자를 가리킨다. Link 2권 52p 다른 의미에서, 제사장으로서의 신실함과 권위를 갖추지 못한 악한 자를 가리키기도 한다. 두 경우 모두 타당성이 있다.

레위인과 제사장의 지침

이스라엘 백성이 우상을 섬길 때, 나를 떠나 백성에게 죄를 부추긴 레위 제사장들도 벌을 받아야 한다!
헉!
왜?

※레위 지파 중 아론의 자손들만 제사장이 될 수 있었다. Link 2권 92p

그들은 이제 제사장을 맡지 못한다! 그들은 성전 문지기가 되고 성전에서 시중드는 일을 할 것이다!
애걔! 고작 인사이동이라니!
와아!
살았다!

※성전에서 시중드는 일은 일반 레위 사람에게 주어진 직분이었다.

그러나 레위 지파 중에 사독의 자손들은 성소에서 맡은 일을 다했으니 계속해서 나를 섬길 것이다!
평소에 잘 해야지!
흑, 좋겠다

※사독: 다윗과 솔로몬의 통치기에 활약했던 대제사장. Link 4권 151p

다음은 제사장들이 새 성전에서 지켜야 할 규정이야.

지켜야 할 규정	금지 규정
1. 사독의 자손들만 제사장을 맡을 것. 2. 제사 때 모시로 만든 옷, 관, 바지를 입을 것. 3. 머리를 단정하게 깎을 것. 4. 이스라엘의 처녀나 제사장의 과부하고만 결혼할 수 있음. 5. 백성에게 거룩한 것과 속된 것을 가르칠 것. 6. 하나님이 정하신 법대로 재판할 것. 7. 하나님의 법도와 규례를 지킬 것. 8. 안식일을 거룩히 지킬 것. 9. 시체로 더럽혀지면 스스로 정결하게 하고, 7일을 더 지낼 것. 10. 부정해지면 속죄제를 드리고 성소에 들어갈 것. 11. 하나님만을 유산으로 삼을 것. 12. 백성을 축복할 것.	1. 성전 안에서는 양털 옷을 입지 말 것. 2. 허리에 땀이 나는 것을 매지 말 것. 3. 성전 직무를 수행할 때 입은 옷으로 바깥뜰 백성에게 나가지 말 것. 4. 머리카락을 바싹 밀거나 길게 자라게 하지 말 것. 5. 포도주를 마시고 안뜰에 들어가지 말 것. 6. 과부나 이혼한 여자와는 결혼하지 말 것. 7. 가족 이외의 시체에 접근하지 말 것. 8. 산업(땅)을 받지 말 것. 9. 저절로 죽었거나 찢겨서 죽은 짐승을 먹지 말 것.

45장 거룩한 땅

너희가 제비를 뽑아 땅을 나눌 때, 한 구역을 거룩한 땅으로 삼아 내게 예물로 바쳐야 한다!
거룩한 땅
예루살렘
예루살렘 부근인데 자세한 건 Link 6권 183p 를 봐!

내가 이스라엘의 각 지파, 제사장과 레위인 및 왕들을 위한 땅도 정해주겠다!
오! 가나안 땅을 다시 나눈다고?
이번엔 잘 뽑아야지.

지도자들의 통치

너희 이스라엘의 통치자들아! 착취와 폭행, 탄압을 그치고 공평과 정의를 실행해라!
조작된 저울과 추로 사기를 치다니!
어머나
와장창!

tip 지도자들에 대한 명령

하나님은 지도자들에게 공평과 정의를 행하라고 하며, 특히 백성의 생존과 직결되는 경제적인 측면에서 불의를 경고하셨다. 오랫동안 관행으로 이어졌던 불공정한 저울과 저울추 사용을 금하고 참된 정의를 실행하라고 강조했다.

백성이 왕에게 바칠 예물

이스라엘 백성이 왕께 거룩하게 바칠 제물은 다음과 같다!
① 곡식(밀,보리): 1호멜의 수확마다 1/6에바를 바칠 것.
② 기름: 1고르의 수확마다 1/10밧을 바칠 것.
③ 양: 200마리당 1마리씩 바칠 것.
근데 어째 분위기가 참 레위기 스럽네요.

※1호멜: 220ℓ, 1밧(= 1에바): 22ℓ, 1고르: 220ℓ.

왕은 이스라엘 민족의 모든 성회 때마다 제물을 공급할 책임을 진다!
이 제물은 왕이 꿀꺽하는 게 아니라 백성을 위한 제물로 내놓아야 해.
좋다 말았네.
영차

※성회: 절기를 포함한 모든 모임을 가리킨다.
※제물: 번제물, 곡식제물, 속죄제물, 화목제물, 부어 드리는 제물을 가리킨다.

각종 절기와 그에 따른 제물에 대한 규례는,

절기의 종류	절기의 목적	절기에 대한 규례
1월 1일(신년절)	성소를 정결하게 할 것.	제사장이 속죄제물(흠 없는 수송아지 1마리)의 피를 받아서 성전의 문설주와 제단 아래층의 네 모서리, 안뜰 문의 문설주에 바름.
1월 14일(유월절) Link 2권 47p	이집트 탈출을 기념함.	① 7일 동안 누룩 넣지 않은 빵을 먹을 것. ② 왕은 자신과 백성을 위해 수송아지 1마리를 속죄제물로 바칠 것. ③ 왕은 7일 동안 매일 흠 없는 수송아지 7마리, 숫양 7마리를 번제물로, 숫염소 1마리를 속죄제물로 바칠 것. ④ 모든 짐승마다 곡식제물을 함께 바칠 것(수송아지 1마리 + 밀가루 1에바와 기름 1힌, 숫양 1마리 + 밀가루 1에바와 기름 1힌)
7월 15일(장막절) Link 2권 202p	광야에서 인도하신 하나님을 기억하고 감사함.	7일 동안 유월절과 똑같이 속죄제물과 번제물, 곡식제물, 기름을 바칠 것.

※1에바 : 22ℓ. 1힌 : 3.66ℓ.

46장 새 성전 예배의 규례

안식일과 월삭 규정은 다음과 같아.

① 안식일과 매달 첫날에 안뜰의 동쪽 중문을 열고 저녁까지 닫지 말 것.
② 왕은 바깥마당에서 현관으로 들어와 문설주에 서있을 것.
③ 왕은 제사장이 제사(번제, 화목제)를 드리는 동안, 대문의 문지방 앞(안뜰 동문)에서 엎드려 경배한 뒤 밖으로 나갈 것.
④ 백성도 안뜰 동문 어귀에서 엎드려 경배할 것.
⑤ 안식일과 월삭에 바쳐야 할 제물은 다음과 같다.

	번제물	곡식제물
안식일	흠 없는 어린 양 6마리, 흠 없는 숫양 1마리	① 숫양 1마리에 밀가루 1에바를 곁들여 바침. ② 어린 숫양에는 밀가루를 곁들여 바침. ③ 밀가루 1에바에는 기름 1힌을 곁들여 바침.
월삭	흠 없는 수송아지 1마리, 어린 양 6마리, 숫양 1마리	① 수송아지와 숫양 1마리에 밀가루 1에바를 곁들여 바침. ② 어린 양에는 밀가루를 곁들여 바침.

⑥ 왕은 성전 중문의 현관으로 들어가며, 그 길로 나가야 함

※월삭 : 매달 첫날 드리는 제사 Link 2권 201p
※중문의 현관 : 안뜰 동문을 말함.

왕과 백성이 성회에서 하나님 앞에 나올 때 지켜야 할 규례야.

① 북쪽 문에서 들어와 경배한 사람은 남쪽 문으로, 남쪽 문에서 들어와 경배한 사람은 북쪽 문으로 나갈 것.
② 들어온 문으로 나가면 안 됨.
③ 백성이 들어올 때 왕도 함께 들어와 함께 나가야 함.

혼란을
방지하려는 거지.

제사를 드릴 때 지켜야 할 규례는 다음과 같아.

1. 모든 절기와 성회 때 바칠 곡식제물 규례	① 수송아지와 숫양 1 마리에 밀가루 1에바를 곁들여 바침. ② 어린 양에는 밀가루를 원하는 만큼 곁들여 바침. ③ 밀가루 1에바에는 기름 1힌을 곁들여 바침.
2. 왕이 자원해 번제물과 화목제물을 바칠 때의 규례	① 동쪽으로 난 대문(안뜰 동문)을 열어주어야 함. ② 왕은 안식일에 바친 것처럼 번제물과 화목제물을 바침. ③ 밖으로 나간 다음에 문을 닫아야 함.
3. 매일 드리는 제사(상번제)에 대한 규례	① 제사장들이 매일 아침마다 어린 양 1마리와 곡식제물과 기름을 번제로 드려야 함. ② 곡식제물 : 번제물에 밀가루 1/6에바, 기름 1/3힌을 곁들여 바침.

※다양한 제사 규례와 성전에서 지켜야 할 종교 의식을 말하는 것은 하나님과 단절되었던 관계가 회복된다는 의미다.

왕의 유산에 대한 규례는 다음과 같아.

① 왕이 한 아들에게 유산을 줄 경우 : 아들의 재산이 됨.
② 왕이 신하에게 유산을 줄 경우 : 희년까지만 신하의 소유가 되고 그 후 왕에게 돌아가 왕의 아들의 유산이 됨.
③ 왕은 폭력으로 백성의 유산을 차지하면 안 됨(백성이 재산을 잃고 흩어지는 것을 막기 위함).

한번 주면 땡이지!

47장 생명의 물 환상

청동같이 빛나는 사람이 에스겔에게 성전 문지방에서 물이 흘러 강을 이루고, 강의 양쪽 언덕에 나무가 많이 있는 환상을 보여줬어.
그 물은 생명의 물이다. 그 물이 동쪽으로 흘러 아라바로 가서 사해로 들어가면 죽은 물이 살아날 것이다.
콸콸콸

※생명의 물 : 척박한 땅과 죽음의 강에 생명을 주는 물로 예수 그리스도를 상징한다.
※아라바 : 요단 강 동편 지역의 저지대.
※사해 : 이스라엘과 요르단에 걸친 소금의 바다. 물이 빠져나가지 않기 때문에 생명이 살 수 없다.

tip 생명의 물

생명의 물은 새 성전의 문지방에서 솟아나와 성전을 두루 적시다가, 하나님의 영광이 출입하는 동문으로 흘러나와, 죽음의 바다인 사해로 흘러간다. 그 물은 척박한 황무지를 옥토로 변화시키고 강변에 수많은 초목과 풍성한 과일 및 약초를 생산하며, 물에 온갖 물고기를 살게 한다. 심지어 죽어있는 사해를 생명의 바다가 되게도 한다. 47장에 소개된 이 환상은 회복될 이스라엘에 대한 소망을 일깨워준다.

회복될 이스라엘 영토의 경계

이스라엘의 12지파가 나눠 가질 땅의 경계선은 다음과 같아.

북쪽 경계선	지중해에서 헤들론을 거쳐 르모하맛, 스닷, 브로다, 시브라임, 하셀핫디곤까지
동쪽 경계선	하우란과 다마스쿠스 및 길르앗과 이스라엘 땅 사이에 있는 요단 강을 따라 다말까지
남쪽 경계선	다말에서부터 므리봇 가데스의 샘을 지나 이집트 시내를 거쳐 지중해까지
서쪽 경계선	지중해를 경계선으로 르보하맛까지

아래 지도를 참고해!

※헤들론, 르모하맛, 스닷, 브로다, 시브라임, 하셀핫디곤, 하우란, 다말 : 정확한 위치를 알 수 없다.
※므리봇 가데스 : 가데스 바네아로 추정된다.

내가 그 땅을 너희 조상에게 주기로 했으니 나눠 가지되 요셉은 두 몫이다! 함께 사는 외국인도 너희와 똑같이 제비를 뽑게 하여 유산을 떼어주어라!
앗싸! 우리도 땅을 받는다!
공평한 하나님이셔!
오오 점프력!
와우

48장 새 땅의 경계

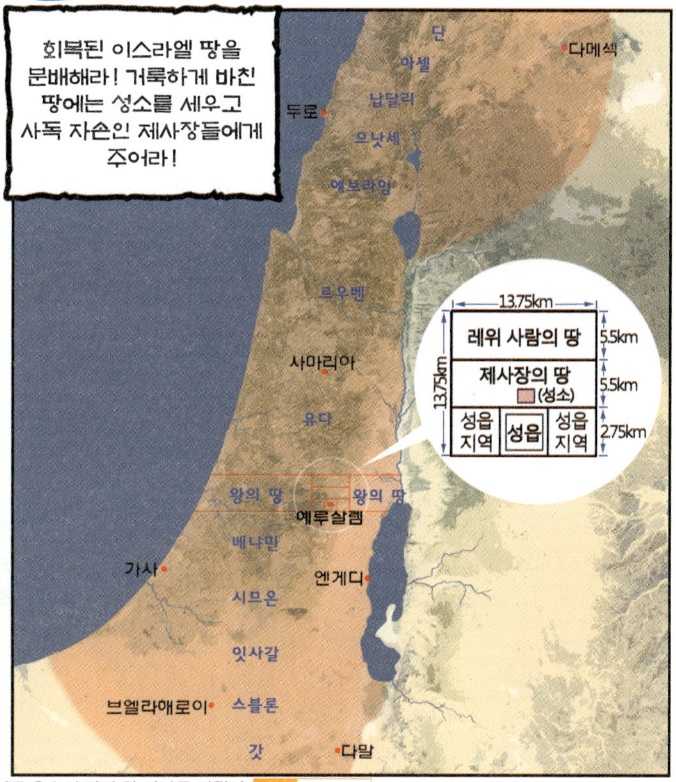

회복된 이스라엘 땅을 분배해라! 거룩하게 바친 땅에는 성소를 세우고 사독 자손인 제사장들에게 주어라!
단
다메섹
아셀
납달리
두로
므낫세
에브라임
르우벤
사마리아
유다
왕의 땅
예루살렘
왕의 땅
베냐민
가사
엔게디
시므온
잇사갈
브엘라해로이
스불론
갓
다말
13.75km
레위 사람의 땅
5.5km
제사장의 땅
(성소)
5.5km
13.75km
성읍 지역
성읍
성읍 지역
2.75km

※요셉은 두 몫 : 요셉의 두 아들 에브라임과 므낫세가 야곱의 양자가 되면서 이들 후손이 각각 한 지파를 이뤘다. Link 1권 167p
※함께 사는 외국인 : 이방 신을 버리고 여호와 신앙으로 개종해 자손 대대로 이스라엘 백성과 함께할 자들을 가리킨다.

그 거룩한 땅에 세워질 성읍을 여호와삼마라고 부를 것이다!
여호와께서 계시는 성이다!
이것으로 내 임무는 끝!
와아아!

tip 여호와삼마

여호와삼마란 여호와가 거기에 계시다는 뜻이다. 다시 말해, 하나님이 이스라엘 백성 가운데 거하셔서 영원히 떠나지 않으신다는 의미다. 또한 자기 백성을 영원히 버리지 않을 거라는 하나님의 약속이기도 하다. 국가의 형태를 잃어버린 비운의 시기에 활약한 에스겔은 이스라엘이 곧 회복되어 옛 영광을 재현한다는 소망을 백성에게 전했다. 이후 에스겔에 대해서는 알려진 정보가 없다.

2. 다니엘

※다니엘 : '하나님은 나의 심판자다'라는 뜻. 소년 시절 바벨론에 포로로 잡혀갔으며, 신앙 생활을 한다는 이유로 많은 박해를 받았다. 그러나 느부갓네살 왕의 꿈을 해몽해 준 일로 바벨론 총리가 된다.

1장 바벨론의 포로로 끌려간 다니엘

유다 왕 여호야김 3년, 바벨론 왕 느부갓네살이 예루살렘을 포위했어.
여호와가 여호야김을 느부갓네살 왕에게 넘겨주셨지.
여호야김

※여호야김 : 유다 18대 왕 Link 5권 228p

※바벨론 왕 : 바벨론이 유다를 1차로 침략한 때(B.C.605)로, 느부갓네살이 아버지인 나보폴라사르를 대신해서 실질적인 왕권을 행사했지만 정식 즉위식은 하지 않은 상태였다.

이때, 바벨론 왕은 성전의 기물 일부를 가져가 자기 신전의 보물창고에 두었어.
많이 털었네.
흐흐
느부갓네살 왕이 환관장 아스부나스에게 명령했지.
포로로 잡혀온 이스라엘 왕족과 귀족의 자손 중에 몇 놈을 뽑아서 데려와라!
어떤 아이들로 준비할까요?
아스부나스
나를 제대로 섬기려면 용모가 출중하고, 흠이 없는 똘똘한 놈이어야겠지.
네! 알겠습니다.

※환관장 : 내시의 우두머리.

※이스라엘 : 남유다와 북이스라엘을 모두 가리킨다.

아스부나스는 몇몇 소년을 뽑아 3년 동안 바벨론의 언어와 문학을 가르친 뒤, 왕을 모시게 했어.
자, 모두 알겠지?
저게 언어와 문학이야?
왕은 그들에게 매일 일정한 양의 음식과 포도주를 주었는데, 그중엔 유다 사람인 다니엘, 하나냐, 미사엘, 아사랴도 있었지.
어때? 바벨론식의 이름이 맘에 드느냐?
하나냐→사드락
아사랴→아벳느고
미사엘→메삭
다니엘→벨드사살
네에!

여호와는 다니엘이 아스부나스의 동정과 호의를 받게 하셨어.
너는 왜 음식을 먹지 않느냐?
저, 부탁이 있습니다.
왕의 음식과 포도주로 저를 더럽히지 말아주세요.
너희 음식은 왕이 주신다. 너희가 음식을 먹지 않아서, 다른 젊은이들에 비해 얼굴이 상한 걸 왕이 보시면 내 목숨이 위태롭다.

tip 왕의 음식을 거절한 이유

① 고기에 피가 가시지 않아서
Link 1권 38p

② 부정한 동물의 고기가 있어서
Link 2권 118p

③ 우상에게 바쳤던 음식이어서
Link 고린도전서 10장 28절

이상과 같은 이유가 복합되어 다니엘이 왕의 음식을 거절한 것으로 추정된다.

다니엘은 감독관에게 부탁했어.
우리는 채소와 물만 먹겠으니, 열흘만 시험해보세요. 그런 다음, 다른 사람들의 얼굴과 비교해보시고 제 요청을 결정해주세요.
으쓱
OK!!
10일 후, 그들의 얼굴은 왕의 음식을 먹은 젊은이들보다 더 좋아 보였지.
뭐야? 더 건강해 보이네?
반짝
반짝
피부 마사지 받았어?
그때부터 감독관은 그들에게 왕이 내린 음식 대신 채소를 주었어.
근데 3년 내내 채소만 먹을 거야?
아삭!
부정한 음식을 먹을 순 없잖아.
여호와는 그들에게 지식을 주셔서 학문과 문학에 능통하게 하셨고,
1등-다니엘, 2등-하나냐, 3등-미사엘
4등-아사랴, 5등-아인슈타인,
6등-노벨, 7등-다빈치……등등
쩝! 다니엘 일당이 또 싹 쓸었네.
나도 채소만 먹을까?
다니엘에게는 환상과 꿈을 해석하는 능력까지 주셨지.
내 꿈이 어때?
응, 개꿈이야!
반짝
반짝
왕이 정한 3년의 기간이 끝나자, 환관장은 젊은이들을 왕에게 데려갔어.
지옥 훈련을 마쳤습니다.
내가 시험해 보도록 하겠다.
왕이 보니 다니엘, 하나냐, 미사엘, 아사랴만큼 뛰어난 사람은 없었지.
다니엘 : 100점
하나냐 : 99점
미사엘 : 98점
아사랴 : 97점
아인슈타인 : 55점
이럴 수가!
결국 다니엘과 그의 친구들이 왕을 모시게 되었어.
점수가 비슷한 상위 4명만 합격!
와아!
크흐흑!
미워!
점수만 중요한 더러운 세상!
왕은 그들에게 온갖 지혜와 지식에 대해 물어보았고,
이건 여기죠.
후후
처… 천재다!
헉!

다니엘

전국의 어떤 마술사나 주술가보다 그들이 열 배는 더 낫다는 걸 알았지.
겟 아웃!!
이 나이에 실직이라니.
다니엘 때문이야.
흑흑
다니엘은 느부갓네살 왕이 죽고, 고레스가 왕이 된 해까지 왕궁에 머물렀어.
약 70년간 바벨론 왕궁에서 살았는데, 왕이 세 번이나 바뀌었어.

※고레스 : 페르시아의 왕. 메대와 페르시아를 통합하여, 바벨론을 멸망시키고 페르시아 제국의 기초를 세웠다.

2장 느부갓네살의 꿈

바벨론 왕 느부갓네살 2년, 그는 꿈을 꾸고 답답해서 잠을 이루지 못했어.
꿈 때문에 잠을 설쳤어.
저, 해몽할 사람들을 부를까요?
ㅇㅇ
무슨 꿈이기에?
왕은 마술사, 주술가, 점쟁이, 점성가들을 불렀지.
내가 꿈 때문에 마음이 답답하구나.
어떤 꿈인지 말씀만 해주세요.
즉석 해몽 전문입니다.
왕의 만수무강을.
너희가 내 꿈의 내용을 말해봐라! 물론 해몽도 말해야 한다!
두둥!
네?
뭐래?

※바벨론 왕 : B.C.604 아버지인 나보폴라사르가 죽자 느부갓네살이 왕위에 올랐다.

말하지 못하면 너희 몸이 토막 나고, 너희 집은 쓰레기더미가 될 것이다! 하지만 너희가 꿈과 해몽을 말한다면 큰 선물과 상과 명예를 주겠다.
자기 꿈을 우리가 어떻게 알아?
뜨악!
이기 돌았나?
말이여? 똥이여?
아니, 그러니까 꿈을 말해달라고요.
내 명령은 확고하다! 지금 시간을 끌려고 하느냐?
말을 해야 알지. 이 사람아!

꿈이 뭔지 말하지 못하면 모두 같은 벌을 받을 것이다!
시간을 끌어 사태가 바뀌면 터무니없는 거짓말을 하려는 줄 내가 모를 것 같냐?
내 꿈을 말해라! 그래야 해몽도 할 수 있을 것이다!
버럭!
왕의 꿈을 세상의 다른 누가 어찌 알겠소? 아무리 위대한 통치자라 해도 그런 무리한 것을 물은 적은 없습니다.
인간 세계에 살지 않는 신들이라면 몰라도, 누구도 그것을 알 수 없습니다.
뭐?!
빠직!

※인간 세계에 살지 않는 신 : 무속인들은 바벨론에 없는 좀 더 위대한 신들을 이렇게 표현했다.

이 사기꾼 놈들과 바벨론의 모든 지혜자를 죽여라! 모두 한통속 같으니라고!
네!
맙소사!!
허걱!
안 돼!
꺄아악!
왕의 명령에 지혜자가 다 죽게 되자, 다니엘과 그의 친구들도 쫓기는 신세가 됐어.
허! 이런 날벼락이 있나!
자기가 왕이면 다야?
계급이 깡패라잖아.

※지혜자 : 마술사, 점성가, 점쟁이, 주술사를 가리킨다.

다니엘은 지혜자들을 죽이려고 나온 왕의 호위대장 아리옥에게 조심스럽게 물었지.
왕이 왜 이런 끔찍한 명령을 내린 거죠?
아리옥
아, 그건 말이야.
다니엘은 바로 왕에게 갔어.
제게 시간을 좀 더 주십시오.
그래? 기대하마. 못 풀면 토막 나는 거 알지?
다니엘은 돌아와 친구들에게 그 사실을 말했지.
바벨론의 다른 지혜자들처럼 죽지 않도록 하나님께 기도하자.
그날 밤 다니엘은 환상을 보았고, 꿈의 비밀을 알게 되었어.
비밀이 풀렸다!
깜짝이야!
헉!
다니엘은 여호와를 찬양했지.
지혜와 권능이 하나님의 것이니~ 영원히 하나님의
이름을 찬송하여라. 나의 조상을 돌보신 하나님께서~
지혜와 힘을 주시고, 왕이 명령한 것을 알게 해주셨으니~
웬 놈들이냐?!
띵가
잠 좀 자자!
룰루랄라
띵가
그런 후, 다니엘은 아리옥에게 갔어.
저를 왕께 데려다 주세요. 왕의 꿈을 해몽해드리겠습니다.
뭐? 참말이여?
아리옥은 급히 다니엘을 왕에게 데려갔지.
유다 포로 중에 왕의 꿈을 해몽할 사람을 찾았습니다.
그래?
내가 꾼 꿈을 말하고 해몽도 할 수 있느냐?
왕의 비밀은 아무도 알 수 없고, 오직 하늘에 계시는 하나님만이 알 수 있습니다.
하나님께서 왕께 일어날 일을 알려주셨습니다.

다니엘

그건 제 지혜가 많아서가 아니라, 왕의 마음속 생각을 왕께서 아시도록 하신 하나님의 뜻입니다.
됐고! 빨리 내 꿈을 말해라!
왕께서는 꿈속에서 커다랗고 번쩍거리며 무시무시한 신상을 보셨습니다.
머리는 순금, 가슴과 팔은 은, 배와 넓적다리는 놋쇠, 무릎 아래는 쇠, 발은 쇠와 진흙이었습니다.
헉!
오오
그때, 난데없이 돌 하나가 날아와, 쇠와 진흙으로 된 신상의 발을 부쉈습니다.
까악!
콰앙!
헉!
동시에 쇠, 진흙, 놋쇠, 은, 금이 다 부서졌고….
콰콰쾅!
살려줘!
으아악!
바람에 날려 흔적도 없이 사라졌습니다.
그 큰 신상이…?!
저 바위가…?!
그런데 신상을 친 돌이 큰 산이 되어 온 땅을 덮었습니다.
쿠르르르
맙소사!
오 마이 갓!
그게 바로 내가 꾼 꿈이다! 근데 무슨 뜻이냐?
그럼 지금부터 꿈 풀이를 해드리지요.
왕께서는 가장 위대한 왕입니다. 하나님께서 나라, 능력, 권력, 영광을 주시어 모두를 다스리는 통치자로 세우셨습니다. 왕께서는 신상의 금으로 된 머리십니다.
은은 왕의 뒤를 이어 일어날 두 번째 나라를 뜻합니다만 왕의 나라보다는 못합니다.
놋쇠는 세 번째 나라가 일어나 온 땅을 다스릴 것을 말합니다.
철은 쇠처럼 강한 네 번째 나라를 말합니다. 그 나라는 쇠처럼 다른 나라들을 으깨고 부술 겁니다.
쇠와 진흙인 발은 그 나라가 나뉜다는 뜻입니다. 쇠는 강하고 진흙은 약하듯 그 나라의 일부는 강하고 일부는 약할 겁니다. 또 그들은 다른 민족과 함께 살면서 서로 연합되지 못할 겁니다.

다니엘

그럼 신상을 부수고 산이 된 돌은 뭐냐?
그것은 다섯 번째 나라 이후에 하나님께서 세울 한 나라를 뜻합니다.
그 나라는 다른 모든 나라를 멸망시키고 영원히 설 것입니다.

이 꿈은 위대하신 하나님께서 앞으로 일어날 일을 왕께 알려주신 겁니다. 이 꿈은 그대로 이루어질 것이며, 이 해몽 또한 틀림없습니다!
와아아아!
짝짝짝!
팡!
펑!
역사에 남을 명 해몽이야!
꺅, 오빠!

tip 다니엘의 해몽

신상의 부위	재료	다니엘의 해석	실제 역사
머리	정금	느부갓네살의 바벨론 왕국	신바벨론 제국
가슴과 팔	은	바벨론 왕국보다 못한 다른 나라	메대-페르시아 제국
배와 넓적다리	놋	온 세계를 다스릴 나라	그리스 제국
다리	철	철의 힘으로 모든 나라를 정복할 나라	로마 제국
발과 발가락	철과 진흙	철의 제국이 분열한 여러 나라	로마 제국 이후의 모든 나라
산이 된 바위	바위	모든 나라를 멸하고 영원히 세워질 나라	그리스도의 왕국 (하나님 나라)

왕은 다니엘에게 엎드려 절했어.
아니?

다니엘에게 예물과 향품을 주어라!
네?

tip 절한 느부갓네살

여기서 엎드려 절했다는 것은 신에게 드리는 경배의 표현이며, 향품 역시 신에게 바치는 제물의 일종이다. 즉 느부갓네살 왕은 다니엘을 신이나 혹은 신의 사자로 보았다고 말할 수 있다.

그대들의 하나님은 진정 모든 신 중의 으뜸가는 신이며, 모든 왕 중의 왕이시네. 내 비밀을 풀다니, 과연 비밀을 드러내는 분이로다!
이제 우리 하나님을 아셨군요!

※그대들 : 다니엘과 그의 친구들.

왕은 다니엘을 높은 지위에 앉히고 바벨론을 다스리게 했으며, 모든 지혜자의 어른으로 삼았지.
축 총리 임명식
포로가 총리라니?
말세야. 말세.

또, 다니엘의 요구에 따라 사드락, 메삭, 아벳느고에게 바벨론 지방을 다스리게 했고, 다니엘은 왕궁에 머물렀어.
미사엘->메삭
월급 좀 올려줘!
하나냐->사드락
아사랴->아벳느고
다들 잘 지내지?

※사드락, 메삭, 아벳느고 : 다니엘의 세 친구의 바벨론식 이름.

3장 황금 우상

느부갓네살 왕은 금으로 신상을 만들어 바벨론 지방의 두라 평지에 세웠지.
캬! 멋있지?
네, 최고요!
멋져요!!

※두라 : 바벨론 내의 티그리스 강 건너편에 위치했다.

다니엘

tip 금 신상

이 신상을 만든 시기는 바벨론이 예루살렘을 정복한(B.C.586) 직후로 추정된다. 아마도 예루살렘 정복을 기념하기 위해 만들었을 것이다. 느부갓네살 왕이 다니엘을 통해 여호와를 알았음에도 불구하고 우상을 만든 것은 여호와를 모든 신 중에 뛰어난 분으로 여겼을 뿐, 유일한 창조주이자 주권자로 인정한 것은 아니었음을 보여준다. 그는 꿈속에서 본 신상의 머리가 자신을 가리킨다는 다니엘의 말을 기억하고 신상을 만든 것으로 보인다. 그것은 높이가 약 27m, 넓이가 약 2.7m가량이었다.

왕은 전령을 보내 바벨론의 모든 관리를 이 신상의 제막식에 참석하게 했어.
우와! 저게 왕이 만드신 신상이야?
디자인도 직접 하셨다던데?
꿈에 봤다는 그 신상인가?
와아아!
와아!

※제막식(낙성식) : 건축물의 완공을 축하하는 의식.

왕이 신상 앞에 서자, 전령이 큰 소리로 외쳤지.
민족과 언어가 다른 모든 백성은 들으시오!
악기 소리가 나면, 신상 앞에 엎드려 절하시오!
절하지 않는 사람은 누구든지 불타는 화로에 던져질 것이오!
빠바바밤!

갖가지 악기 소리가 울리자, 민족과 언어가 다른 모든 백성이 신상 앞에 엎드려 절했어.
빠바바바밤!

그런데 이 일과 관련해서, 바벨론의 점성가들이 왕에게 유다 사람들을 고발했지.
왕께 경의를 표하지 않는 자들이 있습니다. 왕의 신들을 섬기지도, 신상에 절하지도 않아요.
그들은 왕께서 지방 관리로 임명한 유다 사람 사드락, 메삭, 아벳느고입니다.
그놈들을 당장 데려와라!!

사드락, 메삭, 아벳느고가 왕 앞에 붙들려 왔어.
너희들은 내 신을 섬기지 않고, 내가 세운 금 신상에 절도 안 했느냐?
그렇습니다.

지금이라도 신상에 절한다면 괜찮다. 하지만 계속 거부하면 화로 속으로 직행이다! 그럼 어떤 신이 너희를 구할 수 있겠느냐?
부디, 살펴주십시오! 저희는 이 일로 왕의 대답을 들을 필요가 없습니다.
불속에 던져져도 우리 하나님께서 우리를 구해주실 겁니다.
만약 그렇지 않더라도, 우리는 왕의 신들이나 금 신상에 절하지 않을 겁니다.

뭐? 내가 친히 기회를 주었건만!
여봐라! 화덕을 평소보다 7배 더 뜨겁게 해서 저놈들을 처넣어라!
넵!

다니엘

힘센 병사 몇 사람이 그들을 불타는 화로 속에 던져 넣었어.
화르르
잘 가라!
크, 뜨거!
화로가 너무 뜨거워 그 병사들까지 불길에 타 죽었지.
화아악!
크악!
살려줘!!
으아악!
그때, 왕이 보좌관들에게 물었어.
화… 화… 화로에 집어 넣은 사람이 3명 아냐?
당연하죠.
봐라! 4명이다! 모두 줄에서 풀려나 화로 안에서 상처 하나 없이 돌아다니고 있잖냐!?
그럴 리가?!
네!?
덜덜덜
화르르르르
아아…
네!?
오 마이 갓!!
허억!
게다가 4번째 사람은 신의 아들 같다!
마… 맙소사!!
세상에
느부갓네살 왕이 활활 타는 화덕에 다가가 외쳤어.
화르르르
가장 높으신 하나님의 종 사드락, 메삭, 아벳느고야, 이리로 나오너라!!
그러자 사드락, 메삭, 아벳느고가 화로에서 나왔는데 불에 탄 흔적은 전혀 없었지.
다친 데가 없어.
그슬린 데도 없고.
불에 탄 냄새조차 없어.
뜨악!

다니엘

이들을 돌보신 하나님을 찬양해라! 그분은 천사를 보내 자기 종들을 구하셨다!
이들은 하나님을 믿고, 내 명령을 거역하면서까지 다른 신을 섬기지 않았다!
그러므로 내가 조서를 내리겠다! 이들의 하나님에 대해 경솔히 말하는 백성은 모두 몸이 조각날 것이며, 집은 쓰레기장이 될 것이다!
이처럼 자기를 믿는 사람을 구원할 신은 다시는 없을 것이다!

그 후, 왕은 사드락, 메삭, 아벳느고를 바벨론에서 더욱 높여주었지.
2계급 특진 시켜줄게. 바벨론을 위해 더 애써줘!

4장 느부갓네살 왕의 두 번째 꿈

느부갓네살 왕이 전국의 모든 백성에게 조서를 내렸어.
왕의 긴급 성명이요!

tip 느부갓네살의 조서

4장은 전체가 느부갓네살 왕의 조서에 해당한다. 왕은 '큰 나무의 꿈' 사건을 체험한 뒤, 자신이 경험한 하나님의 위대함을 조서를 통해 발표했고, 다니엘은 이 조서를 자신의 말이 아닌 조서 그대로 옮겨놓았다. 왕의 경험을 실감 나게 전하려 한 뜻일 수 있고, 또한 당시 세계를 호령하던 바벨론 황제가 친히 절대 주권자인 하나님을 시인했다는 사실을 증언하려는 뜻일 수도 있다.

백성들이여,
평안하길 바란다.
나는 가장 높으신
하나님께서 내게 보여주신
크고 놀라운 표적과 기적을
기꺼이 알리고자 한다.
그분의 나라와 다스림은
영원히 계속될 것이다.
내가 궁전에서 평화롭게 누웠는데, 두려운 꿈을 꾸었다.
아아! 무… 슨 꿈이…??
부들부들
그 꿈이 날 괴롭게 했고, 바벨론의 지혜자들은 아무도 그 꿈을 풀지 못했다.
꺼져! 이 엉터리 사기꾼들아!
퍽!
퍽!
아이고!

오직 다니엘만이 그 꿈을 풀었다. 그는 내 신의 이름을 따서 벨드사살이라 개명한 자인데, 거룩한 신들의 영을 지닌 사람이었다.
무슨 일인데…??
오! 마술사의 우두머리 벨드사살아! 네겐 거룩한 신들의 영이 있으니, 어떤 비밀도 어렵지 않을 것이다. 내 꿈을 해몽해봐라!
수군수군
쳇, 다니엘이다!
이번엔 어떤가 한번 보자.

tip 마술사의 우두머리

마술사의 우두머리라지만, 다니엘이 주술사들처럼 미신 행위를 한 건 아니다. 다만, 바벨론 왕실의 종교 부문에서 최고 우두머리임을 나타내는 표현일 뿐이다. 당시는 제정이 완전히 분리되지 않은 때이므로 신의 뜻을 파악하고 신탁을 전달하는 제관 및 주술사의 지위는 정치적으로도 최고의 권력을 지녔다.

※벨드사살 : '벨이여, 그의 생명을 보존하소서'라는 뜻으로 '벨'은 바벨론의 신의 이름이다.
※거룩한 신들의 영을 지닌 사람 : 신접한 자를 뜻한다.

꿈속에서, 땅 한가운데 아주 높고 큰 나무 한 그루가 있었다. 그 나무는 튼튼하게 자라 하늘까지 닿아서, 땅 끝에서도 볼 수 있을 정도였다.
나뭇잎이 무성하고 아름다웠고, 열매는 온 세상이 먹고 남을 만큼 풍성했다. 나무 그늘에서는 들짐승들이 쉬었고, 가지에는 새들이 깃들며, 모든 생물이 먹이를 얻었다.
그때 하늘에서 거룩한 감시자가 큰 소리로 외쳤다.
이 나무를 베고 가지를 꺾어라! 잎사귀와 열매를 떨어내라! 짐승과 새들을 쫓아버려라!!
쿠쿠쿠쿵!
헉!
꺅!

※거룩한 감시자 : 천사를 말한다. 천사가 명령을 내렸지만 집행자가 없는 것으로 보아 예언이나 통고로 보인다.

다만, 그루터기는 쇠줄과 놋줄로 묶어서 이슬에 젖게 하고, 들짐승들과 함께 풀 속에 있게 하라!
그것은 사람의 마음이 아닌, 짐승의 마음을 가지고 일곱 때를 지낼 것이다!
이 일은 거룩한 감시자들의 명령이다! 가장 높으신 분이 인간의 나라를 다스리고, 그분이 원하는 사람에게 나라를 주며, 가장 낮은 사람을 위에 세우신다는 것을 알리려는 것이다!
무슨 말씀인지 통 모르겠네요.
이것이 나 느부갓네살 왕이 꾼 꿈이었다.
네 안에는 거룩한 신들의 영이 있으니 해몽해다오!
음!
벨드사살이라고도 하는 다니엘은 한동안 놀라고 몹시 당황해했다.
그 꿈이 왕의 원수들의 것이었다면 좋았을 텐데….
왜 그러느냐? 해몽이 어떻든 고민하지 말고 말해라!
괜찮아 괜찮아.

그 나무는 왕입니다. 왕은 그 나무처럼 강대해져서, 그 강대함이 하늘에 닿고, 왕의 통치가 땅 끝까지 닿습니다.
거룩한 감시자의 외침은, 왕께서 가장 높으신 분의 명령으로 쫓겨나 들짐승들과 살며, 소처럼 풀을 뜯고 이슬에 젖으리라는 겁니다.

그렇게 일곱 때가 지난 후, 왕께서는 가장 높으신 분이 인간의 나라를 다스리고, 그분이 원하는 사람에게 나라를 주신다는 걸 알게 됩니다.
또 남겨진 그루터기는, 왕께서 그 모든 걸 알게 된 뒤에야 왕의 나라가 굳건히 선다는 뜻입니다.
그러니 왕께서는 옳은 일을 하시고 자비를 베풀어 왕의 죄에서 벗어나십시오. 그러면 왕의 영화가 지속될지도 모릅니다.
킁!
고작 그런 뜻이었구만!

※일곱 때 : 왕이 미쳐서 왕위에서 쫓겨나 모든 걸 잃게 될 기간으로 7년인지, 7계절인지, 7개월인지는 정확히 알 수 없다. ※가장 높으신 분 : 하나님을 뜻한다.

※꿈 해석을 들은 느부갓네살은 다니엘의 권유를 무시한 채 이전의 악행을 그대로 이어나갔다.

그렇게 열두 달이 지난 뒤, 그 모든 일이 그대로 일어났다. 내가 바벨론 왕궁의 옥상을 걷고 있을 때였다.
내가 세운 위대한 바벨론을 봐라! 내 권세와 능력, 영화와 위엄이 그대로 나타나는구나!
그 말을 마치기도 전에 한 목소리가 하늘에서 들렸다.
느부갓네살아, 내가 선언한다! 왕권이 네게서 떠났다!
엉?!

※바벨론 왕궁의 옥상 : 세계 7대 불가사의 중 하나로 꼽히는 '공중정원'을 가리킨다.

앞서 네 꿈에서 본 대로 이루어질 것이다!
아! 1년 전 그 꿈?
근데 뭐였더라?
그때 그 말은 내게 그대로 이루어졌고,
크아아아!
아니?
저게 돌았나?
그렇게 나는 세상에서 쫓겨났다.
크르르르!

다니엘

정해진 기간이 지나자, 나는 하늘을 우러러 정신을 되찾았고 하나님을 찬양했다.
가장 높으신 분, 영원하신 분을 찬양합니다. 그분의 통치와 그분의 나라는 영원하고, 아무도 그분의 일을 막을 수 없습니다.
그러자 신하들이 다시 나를 찾아왔고, 나는 전보다 더 큰 영예와 왕권을 회복했다.
와아아아아!
이제 나 느부갓네살은 하늘의 왕 하나님께 찬양하며 영광을 돌린다.
그분의 일은 모두 참되며, 모든 길은 의롭다. 그분은 교만한 사람을 낮추신다.
5장 벽에 적힌 글씨
벨사살 왕이 귀한 손님 천 명을 불러 큰 잔치를 베풀었어.
벨사살
마셔 마셔!
하하하
벨사살 왕은 명령을 내렸지.
아버지 느부갓네살 왕이 예루살렘 성전에서 가져온 금은 그릇을 가져와! 그 그릇으로 술을 마시자!
네!!
결국 그들은 예루살렘 성전에서 가져온 Link 5권 234p 금은 그릇으로 술을 마셨어.
하하하
히브리 노예들이 신당에서 쓰던 귀한 잔이오.
그리고 금, 은, 청동, 철, 나무, 돌로 만든 신들을 찬양했지.
벨신 만세!!
나는 월신님이 좋아.
헤헤
깔깔
그때, 사람의 손이 나타나 촛대 앞에 있는 석고 벽에 글을 쓰기 시작했어.
어? 저… 저?
מנא מנא תקל
ופרסין
스으으윽
왕은 공포에 사로잡혀 얼굴이 창백해지고 다리에 힘이 풀려 무릎을 떨었지.
저… 저게…?
허억!
딱딱딱딱
덜덜덜

※벨사살 : 바벨론의 마지막 왕. 느부갓네살 왕이 죽은 지 많은 세월이 흐른 때였다.

※아버지 느부갓네살 : 벨사살과 느부갓네살 사이에는 4명의 왕이 더 있었기 때문에, 여기서는 조상으로 봐야 한다.

※히브리 노예 : 유다 사람을 가리킨다.
※신당 : 하나님의 성전을 말한다.

왕은 점성가들과 주술사들, 점쟁이들을 불러서 말했어.
מנא מנא תקל ופרסין
이 글자의 뜻을 아는 사람에게는 자주색 옷과 금목걸이를 주겠다. 그리고 이 나라의 셋째 가는 통치자로 삼겠다!!
하지만 아무도 그 글자를 풀지 못하자 왕은 크게 낙심하여 얼굴빛이 변했고, 손님들도 당황했지.
이 밥값도 못하는 놈들아! 월급이 아깝다! 다 사표 써!
아! 큰일 났네.
여기서 잘리면 집에서 쫓겨날 거야.
에휴

※자주색 옷과 금목걸이 : 왕이나 고귀한 자만이 착용할 수 있는 옷과 장식품으로 바벨론의 최고 권세를 상징한다.
※셋째 가는 통치자 : 벨사살 왕의 아버지 나보니더스가 살아있을 때이므로, 아버지와 자신 다음의 통치자로 세운다는 뜻.

그 소란을 들은 왕의 어머니가 연회장에 들어왔어.
왕이시여! 근심을 거두세요. 왕의 나라에 거룩한 신들의 영을 받은 사람이 있습니다.
아, 누가…?
그는 신들의 지혜를 지닌 사람이에요. 느부갓네살 왕께서는 그를 지혜자들의 우두머리로 세우셨죠.
아, 그래요? 인물 검색을….
타다닥
그는 다니엘입니다. 느부갓네살 왕께서는 그를 벨드사살이라 불렀죠.
오! 다니엘?! 들었지? 빨리 불러와!
넵!
다니엘이 왕 앞에 나왔어.
당신에 대한 소문은 들었소. 신들의 영이 있고, 지혜가 탁월하다던데?
뭐, 그렇다고 하더군요.
이 벽의 글자를 읽고 풀어보시오. 풀기만 한다면 큰 상을 줄 것이오.
מנא מנא תקל ופרסין
상은 됐고! 왕을 위해 공짜로 읽고 풀어드리지요.
높으신 하나님께서는 느부갓네살 왕을 위대하고 강한 왕으로 만들어 큰 권세를 주셨소.
근데 뭐?
하지만 그분은 교만해져서 왕의 자리에서 쫓겨나기도 했죠.
그래서 들짐승처럼 살던 그분이 비로소 하나님을 알게 되었죠. 그것은 왕께서도 아실 겁니다.
조서도 내리셨으니까 잘 알지. 근데 그게 벽의 글씨랑 무슨 상관이오?
왕께서는 그 모든 일을 알면서도, 겸손하지 않고 오히려 하늘의 왕이신 하나님을 거슬렀소.
엥? 무슨 소리요? 내가 언제? 뭘?

왕은 하나님의 성전에서 가져온 그릇으로 사람들과 함께 술을 마셨죠?
히브리 노예들이 신당에서 쓰던 귀한 잔이오.
하하하
또한 듣도 보도 못한 우상들을 찬양하면서, 왕의 생명과 길을 이끄시는 하나님께는 영광을 돌리지 않으셨소.
나는 월신님이 좋아!
벨신 만세!!
호호
헤헤
그래서 하나님께서 손을 보내셔서 이 글자를 쓰게 하신 겁니다.
보나마나 재앙일 거야.
크윽!
이 글자는 '메네 메네 데겔 우바르신'입니다.
오! 지금 읽은 거 맞지?
מנא מנא תקל ופרסין
우와!
무슨 뜻이오?
'메네'는 하나님께서 왕의 나라를 계산하셔서 끝낸다는 겁니다.
뭐? 이 나라가 끝나?!
헉!
말도 안 돼!!
'데겔'은 왕을 저울에 달았는데 무게가 부족하다는 겁니다. 즉, 왕은 하나님의 정의에 못 미친다는 거죠.
무슨 소리야? 내 몸무게가 얼만데? 엉?
아니, 그 뜻이 아니잖아요!
인간이 꼭 무식한 티를 내요.
'바르신'은 바벨론이 둘로 나뉘어 메대와 페르시아에 넘어간다는 뜻입니다.
크흐흑!
그… 그렇구나. 바벨론은 쫄딱 망하는구나!
너 이놈!
털썩
어따 대고 그런 막말을!?

벨사살 왕은 다니엘에게 자주색 옷과 금목걸이를 주고, 바벨론의 셋째 가는 통치자로 삼았어.
진실을 말해주어 고맙소.
곧 망할 텐데 상은 무슨….
오늘이 최후의 만찬은 아닐까?
흑흑
잉잉

tip 메네 메네 데겔 우바르신

'메네'는 '세어본다'라는 뜻. 하나님이 세어보니 정한 기간이 찼으므로, 바벨론 왕국을 멸망시킨다는 의미다. 두 번 반복해 그 의미를 강조하고 있다. '데겔'은 '저울질당하다' 또는 '너무 가볍다'라는 뜻. 하나님이 벨사살의 모든 것을 판단한 다음 하나님의 의에 미치지 못함이 드러나자 그를 심판한다는 의미다. '우'는 '그리고', '바르신'은 '나누다'라는 뜻. '바벨론이 나뉜다'라고 풀이한 것은 바벨론이 분열된다기보다는, 멸망해 흩어져버린다는 뜻에 가깝다.

사실 그때, 바벨론 성은 메대와 페르시아 연합군에게 공격당하고 있었지.
성문이 뚫렸다!!
바벨론을 무너뜨려라!
우와아아!

그날 밤, 바벨론 왕 벨사살은 살해당했어.
챙!
크아악!
바벨론 왕을 죽여라!

그리고 메대 사람 다리우스가 바벨론의 새 왕이 되었지. 그의 나이 62세였어.
외삼촌에게 이곳을 맡길게요.
그래, 너는 전쟁을 마저 치러라!
고레스
다리우스

tip 왕이 된 다리우스

메대 왕 다리우스와 페르시아 왕 고레스가 연합해 바벨론을 함락시켰다. 고레스는 자신이 계속 정복 전쟁을 치르는 동안, 외삼촌 다리우스를 메대-페르시아 제국의 왕으로 세웠다. 그리고 제국의 임시 수도를 바벨론으로 정했다. 2년 후 고레스는 다리우스의 후계자로 권력을 이양받는다. 이로써 바벨론 제국은 역사 속에서 완전히 사라지고, 느부갓네살의 꿈속 신상의 은(가슴과 팔) 부분 Link 6권 188p 인 메대-페르시아 제국이 시작된다.

※메대와 페르시아 : B.C.2000경 카스피해의 동부와 남부에서 유목 생활을 하다가 페르시아만 북부 해안 지방인 이란 산맥 남서부 지역에 정착한 인도 아리안족이다.

6장 사자굴 속에 들어간 다니엘

나라가 너무 넓어서 다스리기가 힘듭니다.
나라를 120개로 나누고 각각 지방장관을 세워서 맡기자.

다리우스 왕은 120명의 지방장관과 3명의 총리를 세웠는데,
보고 체계는 이렇게 하자고.
지방장관 120명→총리 3명→왕
오! 그럼 널널하게 왕 노릇 할 수 있겠네요.

총리 3명 중에 한 사람이 다니엘이었어.
모두 수고해주시오!

왕은 그중 월등히 뛰어난 다니엘을 통치자로 임명하려 했지.
당신이 수석 총리를 맡아주었으면 하는데.
전 너무 늙어서….
뭐? 저자가 수석을 맡아?
수군수군
말도 안 돼. 포로 주제에

그러자 다른 2명의 총리와 지방장관들은 다니엘의 흠집을 찾아내려 했지만 전혀 찾을 수 없었어.
없어. 완벽해!
이렇게 확실히 나랏일을 처리하다니!
사생활도 깨끗해요.

다니엘

무슨 좋은 방법이 없을까?
그가 믿는 하나님의 법에 대해서 트집을 잡지 않고서는….
그래, 그 율법으로 올가미를 만들면 되겠다!
총리들과 지방장관들이 왕에게 말했어.
바벨론의 모든 관리가 의논했습니다.
그게 뭐요?
새 왕의 권위를 세우기 위한 법이 있어야 합니다.
앞으로 30일 동안 왕 외의 다른 신이나 사람에게 기도하는 자는 모조리 사자 굴에 집어넣도록 해주십시오.
흠! 괜찮은데.

여기에 왕의 도장을 찍어서 명령을 고치지 못하게 하십시오.
벌써 다 준비했구만!
요기!
낑!
왕은 법을 세우고, 문서에 도장을 찍었지.
됐소?
꾸욱
앗싸, 성공!
이제 다니엘은 땡이야!

tip 왕의 도장을 찍는 법

메대-페르시아 제국에서는 왕을 살아있는 신처럼 추앙했다. 또한 왕이 잘못된 명령을 내린다 해도 그 명령을 번복하거나 수정할 수 없었다. 왕이 도장을 찍고 발표한 명령은 왕 자신도 번복할 수 없었다.

다니엘은 그 사실을 알았음에도 여느 때처럼 자기 집 다락방에서 하루에 3번씩 하나님께 감사의 기도를 드렸어. 그 방 창문은 예루살렘을 향해 있었지.
주님 감사합니다.
총리들과 지방장관들은 다니엘이 기도하는 모습을 보았어.
거 봐! 딱 걸렸다!
증거 확보, 녹화 떠라!
캬캬캬!
그들은 왕에게 가서 왕의 법령을 상기시킨 후,
앞서 법령을 어기면 사자 굴에 던지기로 한 거 기억하시죠?
그럼. 그 법은 메대와 페르시아의 법에 따라 확정되었으니 고칠 수 없소.
씨익
다니엘을 고발했지.
그런데 유다에서 잡혀온 다니엘이 왕과 법령을 무시하고 기도하더군요.
하루에 자그마치 세 번씩이나! 증거 화면을 보시죠.
헤헤
뭐? 다니엘이?

왕은 그 말을 듣고 괴로워했고,
그를 사자 굴에 넣으시죠.
왕이시여! 죽음을 내리소서!
당했다. 이놈들은 다니엘을 죽이는 게 목적이었구나.
다니엘을 구하려 온갖 노력을 다했어.
법률적인 검토를 해봐라! 법령을 바꾼 전례가 없냐?
메대 법률 사무소
없는데요.
딱 걸렸어요.
탁탁
해가 질 녘, 한 무리가 왕에게 말했지.
왕이 세운 법령은 고칠 수 없다는 걸 기억하세요.
절대로요.
으음!

그래서 왕은 명령을 내려, 다니엘을 사자 굴에 넣게 했어.
자네 하나님께서 구해주시길 바라네.
킥킥!
크르릉!
우주최강 외통수야
하나님의 뜻대로 될 겁니다.
사람들은 큰 바위로 굴 입구를 막고, 왕과 귀족들의 도장을 그 바위 위에 찍어 봉인했지.
자, 이제 나와 귀족들의 허락 없이는 아무도 이 돌을 옮길 수 없다!
감사합니다!
탁월하십니다!

※귀족들 : 재판 및 형 집행의 권한을 지닌 고위 관료를 가리킨다.

오늘 밤은 아무것도 먹지 마라. 춤도 추지 말고 음악도 연주하지 마라!
아, 넹! 그쯤이야 뭐.
잔치는 내일 해도 되니까.
으헤헤!
그날 밤을 뜬눈으로 지새운 왕은 동이 트자마자 급히 사자 굴로 갔어.
바위를 치워라!
사… 살아계신 하나님의 종 다니엘아! 자네가 늘 섬기는 하나님이 구해주셨느냐?
뜨아악!
나의 하나님께서 보내신 천사가 사자들의 입을 막았습니다. 이는 제가 하나님 앞에 죄가 없다는 뜻이지요.
또한 왕께도 죄를 짓지 않았다는 겁니다.

다니엘

뭐하니? 후딱
다니엘을 꺼내잖고!
이 줄을 잡으십시오!
탁!
하나님을 신뢰한 다니엘에겐 상처 하나 찾을 수 없었지.
오! 정말 다행이오.
탁탁
이럴 수가?!
굶주린 사자인데…?
다니엘을 고발한 놈들과 그들의 아내와 자식들까지 사자 굴에 처넣어라!
네!!
아이고, 저희를 왜?!
허억!
병사들이 그들을 굴에 넣으니, 바닥에 닿기도 전에 사자들이 덮쳐서 뼈까지 부숴 버렸어.
사… 살려주세요!
엉엉!
으아악!
크아아앙!
크아악!
왕이 전국에 조서를 내려, 다니엘은 메대 왕 다리우스와 페르시아 왕 고레스가 다스리는 동안 평안히 살았지.
내 백성의 평화를 바라면서
다음과 같이 법령을 공포한다.
나의 통치를 받는 모든 백성은
반드시 다니엘의 하나님을
경외해야 한다.
살아계신 하나님의 나라는
멸망하지 않으며,
그분의 다스림은 영원하다.
그분은 사람을 구원하시고, 하늘과
땅에서 기적과 표적을 일으키신다.
그분은 사자의 입에서
다니엘을 구해주셨다.
-다리우스-
하나님을 섬기라고?
다니엘님은 사자 굴에서도 살았대!
나도 하나님을 섬겨야겠어.
7장 네 마리 짐승의 환상
바벨론 왕 벨사살 1년, 다니엘은 꿈을 꾸었어.
허억!
※벨사살 : 바벨론의 마지막 왕. Link 6권 195p
이 사건은 다니엘이 사자 굴에 들어가기 전의 일이다.
그는 꿈에서 본 환상을 기록했지.
잊기 전에 써놓자.
슥슥
내가 밤에 환상을 보았는데, 하늘로부터 사방에서 바람이 불어 큰 바다를 휘감았다. 그때 큰 짐승 4마리가 바다에서 올라왔다.
쿠오오오오오!
첫 번째 짐승은 사자 같았으나 독수리의 날개를 가지고 있었다.
크아아아!

다니엘

내가 보는 동안 그 짐승의 날개가 뽑혔고,
크으으으

몸을 세워 사람처럼 두 발로 섰는데 사람의 마음을 가지고 있었다.
휘이잉

tip 첫 번째 짐승

독수리 날개가 달린 사자는 느부갓네살이 꿈에서 본 신상의 머리 Link 6권 188p에 해당하며 바벨론 제국을 가리킨다. 느부갓네살은 실제로 새의 왕 독수리, 동물의 왕 사자에 비유될 만큼 용맹스러웠다. 그런데 그 짐승의 날개가 뽑혔다는 것은 바벨론의 국력이 급격히 쇠퇴한다는 뜻이며, 두 발로 서서 사람의 마음을 받았다는 것은 나라가 멸망한 뒤에 여느 나라처럼 평범해진다는 뜻이다.

두 번째 짐승은 곰처럼 생겨서, 갈비뼈 세 대를 물고 뒷발로 서있었다.
쿠우우우

그때, 누군가 그 짐승에게 말을 건넸다.
일어나 고기를 많이 먹어라!

※누군가 : 하나님 또는 천사로 추정된다.

tip 두 번째 짐승

곰으로 상징되는 나라는 메대-페르시아 제국에 해당한다. 느부갓네살의 꿈에 나타난 신상의 가슴, 팔 부위와 같다. 이 짐승이 뒷발로 선 것은 두 나라의 균형이 깨져 한쪽이 더 강해지는 것을 의미하며, 그 짐승이 물고 있는 갈비뼈는 탐욕스러운 정복욕을 상징한다. 마지막으로 고기를 많이 먹으라는 것은 메대-페르시아 제국이 수많은 나라를 무자비하게 정복하고 착취하도록 하나님이 허락하셨다는 의미다.

세 번째 짐승은 표범처럼 생겼는데, 네 개의 머리와 네 개의 날개가 있었다.
크르르르

이 짐승은 매우 권위가 있어 보였다.
크아앙!

tip 세 번째 짐승

메대-페르시아 제국에 이어 등장한 알렉산더의 헬라 제국을 상징한다. 표범은 사자처럼 왕 같지도 않고, 곰처럼 강하지도 않으나, 그 잔인함이 두 짐승에 버금가고, 민첩성은 둘을 능가한다. 실제로 알렉산더는 13년 동안 놀라운 속도로 세계 제국을 일군다. 하지만 독수리에 비해 평범한 날개를 가졌다는 것은 그 제국이 위엄과 권위는 비교적 떨어진다는 뜻이다. 이때, 4라는 숫자는 알렉산더의 죽음 후, 4명의 권력자가 나라를 분할한다는 의미다.

네 번째 짐승은 무섭고 사나우며 힘이 매우 세다. 열 개의 뿔을 달고, 쇠로 된 큰 이빨로 먹이를 으스러뜨리고, 남은 먹이를 짓밟아버렸다.
크아아아아아!

tip 네 번째 짐승

이 짐승은 다른 동물에 비할 수 없을 만큼 엄청난 파괴력을 지녔음을 암시하는데 역사상 가장 강했던 로마 제국을 상징한다. '뿔'은 '권세'를, '10'은 '많다, 충만하다'는 의미를 지니므로, 이 짐승이 10개의 뿔을 지녔다는 것은 로마가 전무후무하게 큰 권세를 누린다는 것을 의미한다. 10개의 뿔은 또한, 로마 멸망 이후 적그리스도가 출현하기까지 나타났다가 멸망할 모든 나라와 세력을 지칭하기도 한다.

그런데 작은 뿔 하나가 새로 나면서 먼저 있던 세 개의 뿔이 뿌리째 뽑혔다.
쑤욱
크르르르
작은 뿔에는 사람의 눈과 입이 달려서 거만하게 떠들었다.
내 자리야. 건방지게 어딜?
그때, 오래전부터 항상 살아계신 분이 옥좌 가운데 앉으셨다.
두 둥
눈처럼 흰 옷을 입고, 양 털같이 머리카락이 흰 저분은…?
그 옥좌와 바퀴에 불길이 치솟았으며, 수천, 수만의 사람이 그를 모셨다. 심판이 시작되자, 책들이 펼쳐졌다.
쿠우우우

※책 : 심판의 책으로 보이며, 이 책에는 인간의 행실이 기록되었다.

작은 뿔은 계속 떠들었고, 네 번째 짐승은 살해되어 찢겨 불에 던져졌다.
찔찔!
화르르르
$%&#@$&@#$%!!
나머지 세 짐승은 힘을 빼앗겼지만 얼마 동안 생명이 이어졌다.
으아앙!
흑흑
이러지 마시어요.
무서워.
그때, 인자 같은 분이 구름을 타고, 오래전부터 항상 살아계신 분 앞에 섰다.
쿠 궁!
그러자 그분이 인자에게 권세와 영광과 나라를 주셔서 민족과 언어가 다른 백성들 모두가 그를 경배하게 했다.
나의 권세는 영원히 사라지지 않고, 나의 나라는 결코 멸망하지 않을 것이다.
와아아아

※인자 : 메시아, 곧 예수 그리스도를 지칭하는 표현.

나는 괴롭고 두려워서 거기 있는 한 천사에게 이 모든 일의 뜻을 물었다.
아, 그거? 앞 장의 팁을 봐.
서비스가 형편없구만.
귀찮게.
쳇!

하지만 나는 시끄럽게 떠들던 뿔에 대해서 더 알고 싶었다.
작은 뿔이 하나님의 백성들에게 전쟁을 일으켜 이겼지만 그분께서 백성들의 권리를 찾아주셨다는데 그게 다 뭔 뜻이래요?
10개의 뿔은 네 번째 나라에서 세워질 10명의 왕이니까 작은 뿔은 11번째 왕이겠지?

※작은 뿔이 하나님의 백성들에게 전쟁을 일으켜 이겼다 : 작은 뿔이 계속 떠들던 이야기인 것 같다.

11번째 왕은 다른 왕 3명을 굴복시키고, 가장 높으신 분께 대항해, 하나님의 백성들을 괴롭히며, 정해진 때와 법을 바꾸려 할 거다.
이 천한 것들아! 이제부터 내가 곧 하늘이요, 법이다!
크하하!
크으으
흑흑흑
으악!

그 왕은 3년 반 동안 하나님의 백성들을 짓밟겠지만, 이후 심판받아 완전히 멸망할 것이다.
화르르르
크아악!

※정해진 때란 하나님의 섭리로 진행되는 역사와 계절을, 법이란 하나님이 인간의 마음에 심어두신 양심의 법을 가리킨다.

tip 작은 뿔

작은 뿔은 말세에 하나님께 대적하고 사람들을 협박해 우상을 숭배하게 하며, 하나님의 백성을 핍박할 적그리스도를 가리킨다. 작은 뿔에 사람의 눈과 입이 있다는 것은 적그리스도가 인격을 소유하고 사탄에게서 큰 권세와 능력을 받는다는 의미이다. 특히 큰 소리로 떠든다는 것은 매우 교만하여 하나님을 말로써 대적할 것을 암시한다.

그 후, 하나님의 나라와 권세가 온 세상을 다스리고, 그 나라는 영원하며, 세상의 모든 권력자가 복종할 것이다.
잘 가슈.
그렇군. 잊어먹기 전에 적어둬야지.

나는 이 일로 고민이 많았으나, 그 내용을 마음속에 간직했다.
이제 다 됐군.
휴!

8장 숫양, 숫염소 환상

바벨론 왕 벨사살 3년, 다니엘은 두 번째 환상을 보았어.
으으음!

이것은 나 다니엘이 본 환상이다. 나는 엘람의 수도 수산 성, 올래 강가에 있었다.
내가 보니 2개의 긴 뿔을 가진 숫양 한 마리가 강가에 있었다.
?!
푸르릉!

※엘람 : 바벨론 제국의 동쪽에 위치한 나라.
※올래 강 : 수산 성 옆을 지나는 강.

숫양의 뿔 2개는 길이가 달랐는데, 긴 뿔이 나중에 나온 것이었다.
푸르릉!
숫양은 서쪽, 북쪽, 남쪽을 향해 들이받았는데 어떤 짐승도 그 앞을 막지 못했다.
쿠아아아!
퍽!
쿠에엑!
후다닥
숫양은 자기 마음대로 하면서 점점 더 강해졌다.
저게 양이야? 용이야?
크르르
흑, 무서워!
그때 서쪽에서 온 숫염소 한 마리가 몹시 빨리 달리며 돌아다녔다.
와! 발이 보이지도 않네.
파파파팍!
숫염소는 두 눈 사이에 커다란 뿔 하나가 있었는데 화가 나서 숫양에게 달려들었다.
파파파팍!
?!
숫양의 두 뿔이 부서졌고, 숫양은 맞서 싸울 힘을 잃었다.
빠각!
숫염소는 숫양을 땅에 던지고 짓밟았으나, 아무도 숫양을 구하지 못했다.
퍼퍼퍽!
쿠에에엑!
숫염소가 매우 강해졌을 때, 큰 뿔이 부러지더니 그 자리에 뿔 넷이 사방으로 솟아났다.
쑤욱!
?!
그중 하나에서 작은 뿔 하나가 자라나더니, 남쪽, 동쪽, 영광스러운 땅을 향해 뻗었다.
쑤우욱!

※영광스러운 땅: 유다를 말한다.

그리고 이내 하늘 군대에 닿을 만큼 자라더니,
엇, 뭐야?!
헉!
으아아아
하늘 군대와 별 중에 몇몇을 떨어뜨리고 짓밟았다.
으으으악!
그 뿔은 마치 하늘 군대를 주관하는 분만큼 강해진 듯하더니,
쿠우우우우

※하늘 군대를 주관하는 분: 하나님을 가리킨다.

다니엘

그분께 매일 드리는 제사를 없애고, 그분의 성전을 부숴버렸다.
크르르릉!
허억! 저저…!!
뿔에 복종해야 해!
맙소사, 살 떨린다야.
그 뿔 때문에 백성들은 죄를 짓고, 그 뿔에 날마다 제사를 지냈다. 그 뿔은 하는 일마다 잘됐고, 진리는 땅에 떨어졌다.
뿔이시여!!
찬양과 경배를 받으소서!
크르르르릉!

나는 거룩한 천사 둘이 하는 말을 들었다.
매일 드리는 제사를 못 드리고, 멸망의 죄를 짓고, 성전과 백성들이 짓밟히는 이 일이 언제까지 계속되겠소?
앞으로 2,300일이 지나야 성전이 깨끗해질 거요!
헉! 2,300일이면 6년이 넘잖아?
내가 환상의 뜻을 이해하려고 애쓸 때, 사람의 모습과도 같은 이가 서있었다.
거 누구요?
두둥!

그때, 을래 강의 두 언덕 사이에서 사람의 목소리가 들려왔다.
가브리엘아, 저 사람에게 환상을 설명해라!
가… 가… 가브리엘?!
넵!!
가브리엘이 가까이 다가오자 나는 너무 두려워 엎드렸다.
네가 본 환상은 세상의 끝에 관한 것이다.
후덜덜
아이고!
그가 말하자 나는 기절했고, 그가 쓰러진 나를 어루만지며 일으켜 세웠다.
아저씨, 여기서 이러시면 안 돼요! 일어나요!
으으음!

※사람의 목소리: 가브리엘과 같은 고위급 천사에게 명령하실 분은 그리스도밖에 없다.
※가브리엘: 하나님의 뜻을 전달하는 고위급 천사.
※다니엘이 정신을 잃은 것은 가브리엘에 대한 경외심 때문이다.

이 환상은 끝 날에 관한 것이다. 마지막 때 하나님의 분노로 어떤 일이 일어날지 봐라!
환상 | 해석
숫양의 두 뿔 | 메대-페르시아 왕들
숫염소 | 그리스 왕(알렉산더)
숫염소의 뿔 | 그리스 초대 왕(알렉산더)
4개의 뿔 | 그리스가 분열해 생긴 4개의 나라
거대한 뿔 | 잔인한 왕
저 잔인한 왕은 뭐죠?
여기 분열된 4개의 나라는 첫 번째 나라처럼 강하진 않을 거야.
4개 나라의 마지막에 나타날 뻔뻔하고 음흉한 왕이다. 그는 세상을 파괴하고, 많은 사람을 파멸시키며, 만왕의 왕에게 대적할 거다.
크아아아!
으악!
쾅!

※만왕의 왕: 하나님을 가리킨다.

다니엘

하지만 그의 힘은 자기 것이 아니니,
사람들이 그냥 둬도 결국 망할 것이다.
크아아악!
우르르르

네가 본 환상은 반드시 이루어질
것이지만 아직 때가 멀었으니,
비밀을 잘 간직해라!
알겠습니다.
살펴 가시고!

tip 잔인한 왕

잔인한 왕이란 헬라 제국의 분열로 이루어진 네 왕국 중 하나인 셀레우코스 왕조의 8대 왕 안티오쿠스 에피파네스를 지칭한다. 그는 성품은 천박했으나 군사적인 재능이 뛰어나 유다와 이집트, 그리고 옛 바벨론의 땅을 정복해 강대한 나라를 세웠다. 하지만 끝내 내장이 썩는 병으로 죽었다고 한다.

※그의 힘은 자기 것이 아니다 : 잔인한 왕의 힘은 하나님에게서 나온다는 뜻. 혹은 능력과 자격이 없음에도 주위의 도움으로 힘을 얻게 된다는 뜻으로 볼 수도 있다.

환상을 보고 놀란 다니엘은 여러 날 동안 앓아누웠어.
아이고, 나 죽네!
끙끙

얼마 후 기력을 찾은 다니엘은 왕이 맡긴 일을 계속했지.
어이쿠!
밀린 일이
산더미네.

사람들이 다니엘의 기록을 보았지만 아무도 그 환상의 뜻을 알지 못했어.
도대체 이게
무슨 뜻이냐?
몰라. 판타지
소설 같은데?

9장 다니엘의 기도

다리우스(메대, 아하수에로의 아들)가 바벨론 땅을 다스린 첫 해, 다니엘은 거룩한 책을 읽다가 주께서 예레미야에게 하신 말씀을 보았어.
아니 이럴 수가!
이런 비밀이?!

※거룩한 책 : 예레미야서를 가리킨다.

다니엘은 금식하며 베옷을 걸치고 재를 깔고 앉은 다음, 주 하나님께 매달렸지.
주께서 예레미야에게
예루살렘이 70년 동안
황무지가 될 거라고
말씀하셨군요.

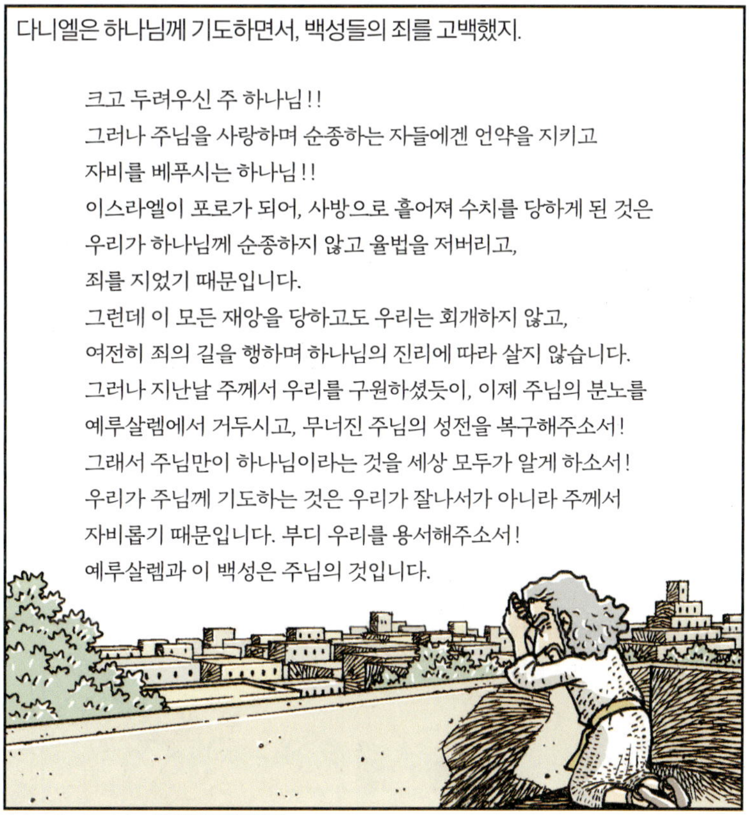
다니엘은 하나님께 기도하면서, 백성들의 죄를 고백했지.
크고 두려우신 주 하나님!!
그러나 주님을 사랑하며 순종하는 자들에겐 언약을 지키고
자비를 베푸시는 하나님!!
이스라엘이 포로가 되어, 사방으로 흩어져 수치를 당하게 된 것은
우리가 하나님께 순종하지 않고 율법을 저버리고,
죄를 지었기 때문입니다.
그런데 이 모든 재앙을 당하고도 우리는 회개하지 않고,
여전히 죄의 길을 행하며 하나님의 진리에 따라 살지 않습니다.
그러나 지난날 주께서 우리를 구원하셨듯이, 이제 주님의 분노를
예루살렘에서 거두시고, 무너진 주님의 성전을 복구해주소서!
그래서 주님만이 하나님이라는 것을 세상 모두가 알게 하소서!
우리가 주님께 기도하는 것은 우리가 잘나서가 아니라 주께서
자비롭기 때문입니다. 부디 우리를 용서해주소서!
예루살렘과 이 백성은 주님의 것입니다.

※70년 동안 황무지 : 예레미야서에서는 70년 동안 포로 생활을 한다고만 기록되었다. Link 6권 103p

70주의 예언

다니엘이 기도하고 있을 때, 가브리엘이 급히 날아왔어.
다니엘아! 너한테 지혜와 통찰력을 주겠다.
다… 당신은 환상 속에 보았던 가브리엘님??
마침 저녁 제사를 드릴 때였지.
하나님께서 네 기도에 응답하신 걸 알려주려고 내가 왔다.
너는 앞으로 보여줄 환상의 뜻을 잘 깨달아라.
네! 알겠습니다.

하나님께서 네 백성과 거룩한 성을 위해 70주로 기간을 정하셨다.
70주요? 그럼 490일이네요?
톡톡
그 기간이 지나야 죄악이 그치고 속죄가 이루어진다.
그러면 하나님께서 영원한 의를 세우고 환상과 예언을 이루시고, 거룩한 자가 기름부음을 받을 것이다.

※거룩한 자가 기름부음 받다 : 예수 그리스도가 하나님 나라의 왕으로 세워지기 위해 기름부음을 받는다는 뜻이다.

너는 깨달거라! 예루살렘을 재건하라는 말씀이 있고 7주와 62주가 지나면 기름 부어 세운 왕이 올 것이다.
62주 동안, 어려움 속에 예루살렘의 거리와 성곽이 완성될 것이다.
힘을 내라!
얼마 안 남았다!
곧 기름 부은 거룩한 왕이 오실 것이다!
부르릉

tip 7주와 62주

7주와 62주를 합하면 69주가 되는 이 기간은 예루살렘을 재건하라는 명령이 있은 때(B.C.538)로부터 그리스도의 초림(B.C.4)까지의 기간을 가리킨다. 7주란 성전을 재건하기 시작한 고레스 원년(B.C.538)부터 예루살렘 성벽과 성전을 재건한 때(B.C.444)까지를 말하며, 62주란 예루살렘 성벽과 성전을 재건한 때부터 그리스도의 초림(B.C.4)까지를 가리킨다.

※초림 : 예수 그리스도가 인간으로 세상에 태어난 것을 가리킨다.

62주가 지난 뒤, 기름 부어 세운 왕이 부당한 죽임을 당하는데, 아무도 그를 대신하지 못할 것이다.
그 후, 한 통치자의 군대가 예루살렘과 성전을 파괴할 것이다. 홍수에 침몰되듯 성읍이 종말을 맞이하며, 전쟁이 계속돼 황폐해질 것이다.
다 죽여라! 모두 없애라!
으악!
아아악!

※한 통치자 : 일차적으로는 신약시대의 성도를 박해할 로마 황제를 지칭하며 궁극적으로는 종말의 때에 나타날 적그리스도를 지칭한다.

그 통치자는 백성들과 1주 동안 굳은 언약을 맺고, 그 1주의 반이 지날 때, 예물과 희생 제사를 금할 것이다.
예물, 희생 제사 금지
반항하면 총살
독재자 같으니라구.
흑!

※1주 : 70주의 마지막 1주.
※굳은 언약 : 강제로 언약을 맺는 것을 말한다.

tip 70주의 대 예언(7주+62주+1주)

'70'은 예루살렘 성전이 멸망한 해(B.C.586)부터 예루살렘 성전이 재건된 해(B.C.516)까지의 70년에서 따온 것이다. 1주일은 천지창조가 이루어진 기간으로 성경에서 7은 완전을 상징하는 수로 쓰이며, 여기서도 하나님의 구원 역사가 완전히 이루어지는 기간 또는 그 기본 단위의 뜻으로 쓰였다. 이리 볼 때 70주란 70주간을 가리키며 7×70=490일의 각 1일을 1년으로 환산하여 490년으로 볼 수 있고, 다니엘의 때로부터 종말까지의 기간으로 볼 수 있다. 490년 안에 있을 일을 정리하면, 예루살렘 성전의 함락에서 준공까지 7주(49년), 성전 재건에서 예수가 오실 때까지 62주(434년), 그리고 중간에 알 수 없는 중간기(초림한 예수가 하늘로 올라간 뒤 재림하기 전까지의 대환난), 마침내 적그리스도가 등장해 대환난을 주도하다 대종말이 도래할 때까지를 마지막 1주(7년)로 나눠볼 수 있다. 이 마지막 1주는 요한계시록 1장 11~13절, 12장 6절 등 대종말 직전의 대환난 관련 예언들과 연속성을 갖는다.

※재림 : 그리스도가 죽은 지 3일 만에 하늘에 오른 후, 종말의 때에 다시 오는 것을 가리킨다.

그리고 성전의 거룩한 곳에 흉측한 우상을 세우는데, 그것을 세운 사람이 하나님께서 정하신 날을 맞이할 때까지 우상은 거기에 서있을 것이다.
아이고! 지혜고 뭐고, 팁을 좀 봐야겠네요.

※하나님께서 정하신 날 : 여호와의 날, 심판의 날을 가리킨다.

10장 다니엘이 본 환상

페르시아 왕 고레스 3년, 다니엘이 계시로 말씀을 받았어.
계시의 말씀은 큰 전쟁에 대한 것이었어.
그 환상에 대해 깨달았으니, 당장 기록해야겠군!
타닥타닥

※고레스가 다리우스로부터 왕위를 받아 등극한 B.C.538을 원년으로 하여 3년 째인 B.C.536을 가리킨다.

그 참된 말씀을 받은 다니엘은 3주 동안 슬퍼하고 금식하며 고행했지.
몸에 기름도 안 바르시고?
고기와 포도주도 안 드셔?
크흐흑

※몸에 기름을 바르는 것은 몸을 단장하는 고대 근동인들의 일상 행위였다.

tip 다니엘의 슬픔

고레스가 왕이 된 뒤 포로 귀환 칙령을 선포하면서 제1차 포로 귀환이 성사되었다. 그러나 다니엘의 예상과 달리, 귀환된 사람은 모든 유다인이 아닌, 겨우 5만여 명뿐이었다. 게다가 고국으로 돌아간 유다인들이 성전을 다시 세우려 했지만, 사마리아인들의 반대로 좌절되었다. 다니엘은 이러한 사실 때문에 큰 슬픔에 빠진 것이다.

1월 24일 다니엘은 티그리스 강가에서 모시옷을 입고 우바스의 금 허리띠를 찬 사람을 보았어.
응? 저 사람은 누구지?
이상한 빛 같은 게?
뭐가요?

※모시옷과 우바스의 금 허리띠 : 대제사장과 왕의 위엄을 동시에 상징한다. 우바스가 무엇인지는 알 수 없다.

그의 몸은 황옥 같고 얼굴은 환했으며, 눈이 이글거렸고 목소리는 큰 무리가 외치는 것 같았지.
다니엘, 안녕?
헉!
뭐지?!

함께 있던 사람들은 두려워 숨었고 오직 다니엘만이 이 환상을 보았어.
으아아아!
후다닥!

힘이 빠진 다니엘은 얼굴이 창백해지며 정신을 잃었지.
휘청
으으....
?!

다니엘

tip 강가에 서있던 사람

천사, 혹은 천사장 미가엘이라는 의견이 있으나 묘사만 보아서는 예수 그리스도인 것 같다. 그동안 신실했던 다니엘이지만 근본적으로 죄가 있는 인간으로서 그리스도의 영광과 위엄 앞에서 제 정신으로 버티고 서있을 수 없었을 것이다.

그때 한 손이 다니엘을 어루만지더니, 그의 떠는 손과 무릎을 일으켰어.
하나님의 크신 사랑을 받는 다니엘아! 하나님께서 나를 보내셨으니 일어나라!
으으!
으으

두려워 마라! 네가 깨달으려고 하나님 앞에서 겸손해질 때부터 그분은 네 기도를 들으셨다.
덜덜덜
네, 네…

※한 손의 주인공은 예수 그리스도가 아닌 가브리엘이다.

페르시아의 왕이 21일 동안 나를 막아서 홀로 남았었다.
물러나라!
크아악!
파파팍!

그런데 천사장 미가엘이 도와줘서 내가 이렇게 올 수 있었다.
팡!
오, 미가엘?!

※미가엘 : 다른 많은 천사를 지휘하며 하나님의 백성을 보호하는 역할을 한다.

tip 페르시아 왕의 방해?

페르시아 왕이란 페르시아를 배후 조종하는 악한 영으로 보아야 한다. 이 사건은 사마리아인들이 페르시아의 5대 왕(아하수에로 1세)과 6대 왕(아닥사스다 1세)을 이용해 예루살렘에 귀환한 유다인들의 성전 재건을 방해한 일을 가리키는 것 같다. 예루살렘과 성전이 무사히 재건될 수 있도록 가브리엘이 돕고 있었다는 얘기다.

그가 말하는 동안 다니엘은 머리를 땅에 대고, 한마디도 할 수 없었어.
마지막 날에 네 백성에게 무슨 일이 일어날지 알려주겠다. 이 환상은 먼 훗날 일어날 것이다.
덜덜

그런데 사람처럼 생긴 분이 다니엘의 입술을 만지니 말을 할 수 있었지.
이 종이 환상을 보고 놀라, 숨이 막히고 힘을 잃었는데 어떻게 당신께 말할 수 있겠습니까?
지금 말하는 건 뭐냐?

가브리엘이 다시 다니엘을 어루만지며 힘을 주었어.
하나님의 사람아! 두려워 말고, 평안하고 강해라!
휴! 말씀을 들으니 힘이 나네요. 이제 말씀해주세요.

※사람처럼 생긴 분 : 가브리엘을 말한다.

나는 이제 돌아가서 페르시아의 왕과 싸워야 한다. 내가 간 뒤 그리스의 왕이 올 텐데 천사장 미가엘만이 나를 도와서 그들을 대적할 수 있다.
와아!
좀 쉬어!
그리스 왕
페르시아 왕
헉헉
그래, 수고해!
흥! 이제 내가 상대해주지.

※그리스(헬라)의 왕 : 그리스를 배후에서 조정하는 악한 영. 예루살렘과 성전의 재건을 방해하는 페르시아 왕 다음으로 그리스 왕이 올 것임을 말하고 있다.

이제부터 진리의 책에 기록된 것을 설명해주마.
네! 전 이 책을 참고해서….
진리의 책
성경2.0

※진리의 책 : 어떤 책인지는 정확히 알 수 없지만, 하나님의 섭리와 계획이 담겨있는 책일 것이다.

11장 남쪽과 북쪽 왕국

메대 왕 다리우스 1년, 다리우스가 강해지도록 내가 도와주었어!
후후
어? 그런 일이?

tip 가브리엘의 도움

메대-페르시아 연합국이 앗시리아, 그로수스, 바벨론 제국을 정복할 때 가브리엘 천사가 다리우스의 군대를 도왔다는 뜻이다. 이 세 나라의 멸망은 단순히 약육강식의 원리에 의한 것처럼 보이나, 근본적으로 구원의 역사를 진행하는 하나님의 섭리였음을 말하고 있다.

페르시아에는 고레스 왕 이후에 3명의 왕이 더 일어나는데, 4번째 왕은 다른 왕보다 많은 재물을 모을 것이다.
크세르크세스
크크크
좋겠다!

그는 재물과 권력으로 사람들을 충동질해 그리스를 공격할 것이다.
허접한 그리스를 싹 쓸어버리자!
크크

하지만 그리스에서 강한 왕이 일어나, 큰 권력으로 그리스를 다스리며 자기 마음대로 할 것이다.
두두두두두
페르시아는 나 알렉산더 때문에 망하게 될 것이다!

※알렉산더 : 마케도니아의 왕(재위 B.C.336 ~ B.C.323). 그리스-페르시아-인도에 이르는 대제국을 건설하고, 그리스 문화와 동양 문화를 융합한 헬레니즘 문화를 이룩했다.

하지만 그의 권력이 끝나면, 나라가 4개로 쪼개지고 그의 자손은 나라를 물려받지도, 권력을 누리지도 못할 것이다.
알렉산더의 두 아들을 결코 살려둬선 안 된다!

※나라 : 알렉산더가 다스리던 헬라 제국을 가리킨다.

tip 4개로 분열된 그리스

알렉산더 사후 그리스 제국은 다음 4명의 장군에 의해 4개의 지역으로 나뉜다.

① 셀레우코스 : 시리아와 바벨론.
② 프톨레마이오스 : 이집트와 팔레스타인.
③ 카산드로스 : 마케도니아.
④ 리시마코스 : 트라키아, 비시디아.

그리고 그중에서 남쪽 왕이 강해질 것이나,
프톨레마이오스 1세
내 능력으로 이집트가 부강해진 거야.
후후

※남쪽 왕 : 알렉산더의 4명의 장군 중 이집트를 차지한 프톨레마이오스 1세를 가리킨다.

다른 자가 더 강해져, 큰 권력을 가지고 더 큰 나라를 다스릴 것이다.
흥! 북쪽의 시리아가 더 세다잖아!
셀레우코스 1세

몇 년 뒤, 그들은 동맹을 맺고,
잘 지내봅시다.
흠, 맨입으로?
프톨레마이오스 2세
안티오쿠스 2세

※그들 : 이집트의 프톨레마이오스 1세의 뒤를 이은 프톨레마이오스 2세와 시리아의 셀레우코스 1세의 손자인 안티오쿠스 2세를 가리킨다.

남쪽 왕이 자기 딸을 북쪽 왕과 결혼시켜 평화가 찾아올 것이다.
내 딸이 이쁜데.
오오!

※남쪽은 이집트를, 북쪽은 시리아를 가리킨다. 이들은 지중해와 유다 지역을 확보하려고 서로 대립했다.

※안티오쿠스 2세의 본처 라오디케는 안티오쿠스 2세를 독살하고,
베레니케와 그의 자식들을 모두 죽인 뒤 자기 아들 칼리니쿠스를 왕으로 세웠다.

그러나 그 여인은 권력이 없고, 그 자식도 왕위를 잇지 못할 것이며,
왕비인 날 두고 감히 다른 여자랑 결혼을 해?
라오디케
그녀와 그녀를 돕던 모든 사람이 버림받을 것이다.
다 죽여!
흑흑흑
그 후, 그녀 집안의 한 사람이 남쪽 왕이 되어, 북쪽 왕을 공격할 것이다.
와아아아
내 여동생 베레니케의 복수다!
프톨레마이오스 3세
두두두두

※그 여인 : 북쪽 왕과 정략 결혼한 남쪽 왕의 딸 베레니케.

※그녀 집안의 한 사람 : 베레니케의 오빠인 프톨레마이오스 3세를 말한다.

그는 시리아의 요새로 쳐들어가 승리할 것이며,
잘못했어요.
칼리니쿠스
주인님, 한 번만 봐주세요!
엉엉!
북쪽 왕국의 신과 우상들, 금은으로 만든 그릇들을 모조리 빼앗을 것이다. 그리고 몇 해 동안은 평화가 이어질 것이다.
고마워, 잘 쓸게!
두두두두

그 후, 북쪽 왕이 남쪽 왕을 공격하지만,
와아아아아!
4년 동안 이를 갈았다! 진격이다!
결국 자기 나라로 후퇴할 것이다.
걸음아, 날 살려라!
후다다다닥
이후, 북쪽 왕의 아들들의 군대가 물밀듯이 내려가서 남쪽 왕의 요새를 쳐부술 것이다.
안티오쿠스 3세
아버지의 복수다!
와아아아!

이에 남쪽 왕이 크게 노하여 맞서 싸우러 나가니,
그냥 두지 않겠어!
프톨레마이오스 4세
두두두두
결국 북쪽 왕은 전쟁에서 패하고, 그의 큰 군대는 포로가 될 것이다.
와아아아!
쿵!
별것도 아닌 것들이!
교만해진 남쪽 왕은 수많은 사람을 죽였음에도 승리하지는 못할 것이다.
프톨레마이오스 5세, 7살
흑흑

※교만해진 남쪽 왕 : 프톨레마이오스 4세는 자신을 신격화하고
예루살렘 성전을 더럽힌 죄로 알 수 없는 병에 걸려 죽었다.

몇 해 뒤, 북쪽 왕은 더 많은 군대를 일으켜 남쪽 왕을 치는데, 이때 많은 사람이 함께 공격할 것이다.
우리 마케도니아도 힘을 합치겠소.
소아시아에서도 도움을 드리지요.
흐흐! 이집트는 이제 끝이다.
안티오쿠스 3세

※많은 사람 : 시리아 주변 국가들을 가리킨다.

너희 백성 중에서도 난폭한 사람들이 북쪽 왕과 함께 남쪽 왕을 쳐서 환상을 이루려 하지만 실패할 것이다.
저희 유다도 함께 하겠습니다.
오! 고맙소.

※너희 백성 : 유다 사람을 말한다. ※환상 : 정확히 무엇인지 알 수 없다.
※난폭한 사람들 : 하나님의 힘이 아닌 시리아의 힘에 빌붙어 독립을 꾀하려던 사람들.

tip 유다의 실패

당시 유다(이스라엘)는 지리적으로 시리아와 이집트의 중간 지점에 있었다. 따라서 시리아 왕 안티오쿠스 3세와 이집트 장군 스코파스의 계속된 접전으로 양측에 교대로 여러 차례 점령되었다. 이런 혼란 속에서 유다 백성은 이집트를 지지하는 이집트 파와 시리아를 지지하는 시리아 파로 나뉘었다. 시리아 파는 시리아가 강해지자 시리아 왕 안티오쿠스 3세를 도왔다. 그러나 그들이 원했던 유다의 독립은 얻지 못했고 오히려 이집트의 압제보다 더한 재앙을 겪었다. 즉 안티오쿠스 4세의 살육 및 정치, 종교적 박해에 시달려야 했다.

그때, 북쪽 왕이 흙 언덕을 쌓고, 요새화된 성을 빼앗을 것이며, 남쪽 군대는 북쪽 군대를 당할 수 없을 것이다.
튀… 튀어라!
예루살렘
정예 부대조차 상대가 안 돼!
와아아아!

※요새화된 성 : 유다의 성. 남쪽 군대인 이집트 군대는 북쪽으로 가는 길목인 유다에 주둔했다.

북쪽 군대는 남쪽 사람들을 억압하고, 아름답고 영광스러운 땅, 약속의 땅을 차지할 것이다.
흑! 기껏 도와줬더니.
흥! 꼬시다.

이후, 북쪽 왕은 모든 힘을 다해 남쪽 왕과 싸우려 하지만,
가나안을 장악했으니 본격적으로 이집트를….
불끈

결국 남쪽 왕과 화친할 것이다.
안녕? 그만 싸우고 친하게 지내요!
프톨레마이오스 5세
흠, 그래!

※아름답고 영광스러운 땅, 약속의 땅 : 유다의 땅, 가나안을 말한다.

tip 안티오쿠스 3세의 음모

카르타고와 마케도니아의 전쟁에서 승리한 로마가 점차 시리아로 위협을 가해오자, 안티오쿠스 3세는 팔레스타인 지역을 정복했음에도 이집트로 진군하지 못한다. 이에 그는 이집트와 거짓 화친 조약을 맺고, 자기 딸 클레오파트라를 이집트 왕 프톨레마이오스 5세에게 주는 계략을 짠다.

그러나 북쪽 왕은 자기 딸을 남쪽 왕에게 주어, 그 나라를 멸망시키려 하는데,
클레오파트라야! 프톨레마이오스 5세를 잘 꼬드겨서 이집트를 우리 시리아의 것으로 만들어야 한다.
호호
클레오파트라
제 미모로 정리할게요!

그 계획은 실패할 것이다.
클레오파트라가 왕을 배신하고, 프톨레마이오스 5세가 로마와 동맹을 맺게 했답니다.
켁!

그 뒤, 북쪽 왕은 해변의 땅, 즉 지중해 해안의 여러 성을 점령할 것이다.
쿠쿠쿠쿵!
이것저것 안 되는데 여기나 점령하자!
12
그러나 한 지휘관이 일어나 북쪽 왕을 꺾고, 북쪽 왕에게 수치를 돌려줄 것이다.
와아아아!
루키우스 스키피오
마그네시아

※로마의 장군 루키우스 스키피오는 마그네시아에서 안티오쿠스 3세와 전쟁해 대승을 거둔다. 치명적인 패배를 떠안은 안티오쿠스 3세는 본국으로 퇴각하고, 둘째 아들인 안티오쿠스 4세를 로마에 볼모로 보낸다.

북쪽 왕은 자기 땅으로 돌아가지만, 넘어져서 사라질 것이다.
또 전쟁하려고 병사를 모아?
전쟁 때문에 다들 어렵다고 했잖아!
푹!
크윽!
북쪽의 다음 왕은 많은 세금을 거두어 나라의 영광을 유지하려 하지만,
로마와 전쟁에서 져서 전쟁 배상금을 갚아야 하니 재무장관이 책임져!
로마한테 얻어맞고 왜 나한테?
힝!
셀레우코스 4세
헬리오도루스
몇 년 뒤, 은밀하게 살해될 것이다.
크윽! 네… 네놈이?
세금 때문에 반란이 일어날 정도요. 나도 어쩔 수 없군요.
푹!

※셀레우코스 4세는 안티오쿠스 3세의 첫째 아들이다.

그리고 뒤를 이어 매우 비열한 사람이 왕이 될 것이다.
컴백! 이제 내가 왕이다!!
흥! 셀레우코스 4세의 아들인 데메트리우스가 왕이 돼야 하오!
안티오쿠스 4세
그는 왕이 될 자격이 없지만 음흉한 술책을 써서 왕권을 잡을 것이다.
뭐야? 형을 죽인 원수 놈아!
이게 무슨 음흉한 술책이야?!
켁!
홍수 같은 힘을 가진 군대도, 동맹을 맺은 왕도 그를 이기지 못할 것이다.
누구든 반항하면 다 죽인다!
덜덜덜
캬하하

※비열한 사람 : 안티오쿠스 3세의 둘째 아들인 안티오쿠스 4세. 로마에 볼모로 잡혔다가 복귀했다.

※안티오쿠스 4세는 주변국에게는 음흉한 술책을, 국내 반대파에게는 무력을 사용했다.

※홍수 같은 힘을 가진 군대 : 헬리오도루스를 비롯한 시리아 대신들의 군대.

tip 안티오쿠스 4세

로마에 볼모로 잡혀있던 안티오쿠스 4세는 형인 셀레우코스 4세가 왕위에 오르자 그의 아들(데메트리우스)을 로마에 볼모로 두고 시리아로 복귀한다. 그때 헬리오도루스가 셀레우코스 4세를 암살했다는 소식을 듣고, 그를 죽여 왕위를 차지한다. 그러나 신하들과 주변 국가들이 자기를 인정하지 않자, 온갖 협상으로 주변 국가의 승인을 얻은 다음, 국내의 반대파들을 무력으로 진압한다. 이때, 동맹을 맺은 왕이란 유다의 대제사장이던 오니아스 3세를 가리킨다.

북쪽 왕은 그와 약속하지만 속임수를 쓸 것이며, 비록 적은 백성을 거느리나 세력을 확장해 패권자로 군림하게 될 것이다.

※그와의 약속 : 안티오쿠스 4세가 자기 조카이자 왕위 계승자인 (셀레우코스 4세의 아들인) 데메트리우스에게 왕위를 주겠다고 한 약속. 혹은 잠시 후에 나올 이집트 왕 프톨레마이오스 6세와의 평화 협정을 가리킴.

그는 갑자기 부유한 지방을 침략해 조상들도 못 한 일을 할 것이다. 또한, 전리품을 추종자들에게 나눠주고 음모를 꾸며 성을 차지하지만 오래 다스리지는 못할 것이다.
이번엔 제대로 이집트를 즐겨보자!!
와아아아!
그는 힘을 내 남쪽 왕을 치려고 큰 군대를 일으킬 것이다.
나의 예술적인 야비함을 보여주마!
낄낄

※부유한 지방 : 이집트를 말한다.

※여기서부터는 부유한 지방(이집트)을 침략한 이야기가 자세히 소개된다.

이에 남쪽 왕도 크고 강한 군대로 맞서 싸우지만,
흥! 감히!
프톨레마이오스 6세
북쪽 왕의 계략으로 남쪽 왕과 함께 왕실 음식을 먹던 사람들이 왕을 배신할 것이다.
화끈한 내란을 부탁하오.
내란의 표본을 보여드리죠.
오!
그 결과 남쪽 왕의 군대는 패하고, 많은 병사가 죽을 것이다.
쿠쿠
드디어 이집트 접수!
크흐흑!

※배신 : 이집트의 신하들은 안티오쿠스 4세에게 뇌물을 받고 이집트를 내란에 빠뜨렸다.

그런 후, 남쪽 왕과 북쪽 왕이 한 식탁에 앉지만, 마음이 악하므로 서로 거짓말을 할 것이다.
내 조건대로 평화 협정에 서명하면 물러가겠소.
뭐, 까짓것, 좋소!

tip 평화 협정

이집트를 점령한 시리아 왕 안티오쿠스 4세는 이집트를 두 개의 왕국으로 분할해 그 힘을 약화하려 했다. 이에 프톨레마이오스 6세는 그 조건을 수락해 일단 위기를 모면한 뒤, 분할된 이집트를 통합해 힘을 키우면 된다고 생각하고 평화 협정에 서명한다.

그러나 아직 하나님이 정하신 때가 아니므로 그들 뜻대로 되지는 않을 것이다.
이집트를 시리아의 영원한 속국으로….
기회를 봐서 반드시 밟아버리겠어.
히히

※하나님이 정하신 때 : 안티오쿠스 4세로 하여금 이집트의 프톨레마이오스 6세를 치도록 작정하신 때를 가리킨다. Link 6권 217p

북쪽 왕은 많은 전리품을 가지고 돌아가겠지만,
예루살렘에 잠깐 들르자.
거룩한 언약을 어기고, 마음대로 한 다음에야 자기 땅으로 돌아갈 것이다.
내가 널 제사장으로 임명했으니 세금을 왕창 뜯어야 한다!
염려 마십쇼! 제 별명이 신림동 싹쓰리입니다.
메넬라우스
헤헤

tip 거룩한 언약을 어기다

안티오쿠스 4세는 시리아로 귀환하던 도중 예루살렘에 잠시 머물렀다. 그러는 동안 유다의 대제사장을 자기 마음대로 해임하고 교체하는 악행을 저질렀다. 즉 야손 대제사장을 해임하고, 더 많은 세금과 충성을 맹세한 메넬라우스를 그 자리에 앉힌 것이다. 베냐민 지파에 속한 메넬라우스는 아론의 자손이 아니었으므로 대제사장 자격이 없었다. 이는 아론 이래 천여 년간 이어졌던 신앙의 전통을 뿌리째 흔드는 행위였다.

※서쪽 해안의 배들 : 로마의 마케도니아 함대를 가리킨다. 로마는 시리아에 위협을 느껴 이를 견제했다.

정한 때에 북쪽 왕은 다시 남쪽을 공격하지만, 전처럼 성공하지 못하고,
로마가 이집트를 건들면 재미없답니다.
크흐흐
감히 로마 따위가?!
서쪽 해안의 배들이 오는 게 두려워 퇴각할 것이다.
로마 제7함대가 이동 중이랍니다.
젠장! 일단 튀자!
하지만 그는 퇴각하는 길에 거룩한 언약을 맺은 백성에게 분풀이를 하고,
하나님이 좋아? 내가 좋아? 엉?
왜 괜한 트집을?!
퍽!
퍽!
퍽!
크윽!

※정한 때 : 하나님이 안티오쿠스 4세로 하여금 이집트의 프톨레마이오스 6세를 치도록 작정하신 때를 말한다.
Link 6권 217p
※거룩한 언약을 맺은 백성 : 유다 백성을 말한다.

자기 나라로 돌아간 뒤, 거룩한 언약을 저버린 사람들을 높일 것이다.
왕님, 사랑합니다.
좋아, 맘에 들어.
대를 이어 충성!!
북쪽 왕은 성전 요새를 더럽히고 파괴자의 우상을 세우며 매일 드리는 제사를 없앨 것이다.
왕과 같은 신을 섬기게 해서 유다의 충성을 끌어내려는 거야.
성전에 우상이라니 무슨 짓거리냐!?
이 나쁜 놈들아!
크흐흑!

※거룩한 언약을 저버린 사람들 : 율법을 지키지 않는 유다 사람.
※성전 요새 : 성전 내부는 지성소와 성소로 나뉘는데, 여기서는 성소를 가리킨다.
※파괴자의 우상 : 제우스 신상을 말한다.

그가 속임수를 써서 언약을 어긴 악한 사람들의 지지를 받겠지만, 하나님을 아는 사람들은 굳게 버틸 것이다.
꿈쩍도 안 해!
퍽!
헉헉
뭐 이런 게 다 있어?
한편, 지혜로운 사람들은 사람들을 가르치다가 한동안 칼에 죽고 화형당하고 사로잡히고 약탈당할 것이다.
이것들아! 왕이 정한 신을 버리고 왜 쓸데없는 신을 섬기는 거냐?!
쓸데없는 건 왕의 신이오!
활활활

※언약을 어긴 악한 사람들 : 율법을 지키지 않는 유다 사람.
※지혜로운 사람들 : 안티오쿠스 4세의 회유와 협박에도 굴하지 않고 오직 하나님만을 경외하며 율법을 가르친 지도자들.

그들은 약간의 도움은 받겠지만, 많은 사람이 거짓으로 도울 것이며, 그런 어려움 속에 백성들은 단련되고 깨끗해질 것이다. 이 일은 하나님이 정하신 끝 날까지 계속될 것이다.
지금이라도 손들고 나오면 살려준다!
장난 치냐? 다 묶어놓고?!
크으으
북쪽 왕은 자신을 모든 신보다 높이고, 괴상한 말로 하나님을 대적할 것이다.
내가 곧 신이다! 모든 신이 날 섬겨야 할 것이다!
크하하하!

※하나님이 정하신 끝 날 : 하나님의 진노가 극에 달해 안티오쿠스 4세를 심판하는 날.

※자기를 왕으로 받아들이는 백성 : 안티오쿠스 4세에게 아첨하고 이방 신을 받아들이는 유다의 변절자들을 가리킨다.

그러던 북쪽 왕은 자기 조상들이 알지 못하던 요새의 신을 섬기고,
제우스님아! 이렇게 많은 재물을 바치니까 잘 봐줘야 해. 알았지?
그 이방 신의 도움으로 견고한 요새를 점령할 것이다.
제우스가 세긴 세군.
크크
그는 자기를 왕으로 받아들이는 백성에게 높은 관직과 땅을 줄 것이다.
여기는 너 가져!
통도 크셔라.
헤헤
헤헤
저도….

※요새의 신 : 제우스를 말한다.

※이방 신의 도움 : 유다 사람들에게 제우스를 섬기게 하여 그들의 굳건한 신앙까지 점령한다는 뜻이다.

북쪽 왕의 마지막 때가 올 무렵, 남쪽 왕이 그를 공격할 것이다.
프톨레마이오스 6세
들었지? 마지막 때란다. 시리아를 완전히 밟아버리자!
와아아아!
하지만 북쪽 왕의 전차, 기마병, 수많은 해군이 홍수처럼 남쪽 왕을 휩쓸고, 남쪽의 여러 지역을 칠 것이다.
자… 잘못 건든 것 같지?
네, 무조건 튀죠.
네 이노옴! 그냥 두지 않겠다!!
두두두두두

북쪽 왕은 영광스러운 땅까지 쳐들어가 수많은 사람을 죽이지만,
유다 놈들도 다 죽여버려!
왜 우리한테 행패냐?!
퍽!
에돔, 모압, 암몬의 지도자들은 북쪽 왕의 손아귀에서 벗어날 것이다.
휴! 살벌하군.
미친 개는 피해야 해!
덜덜덜
그렇게 북쪽 왕이 여러 나라를 치면 이집트도 피하지 못할 것이다.
당연하잖아! 이놈들이 먼저 시작했으니까!
덜덜
씩씩!

※영광스러운 땅 : 유다의 가나안 땅을 가리킨다.

그는 이집트의 재물을 탈취하고, 에티오피아와 리비아도 정복할 것이다.
크하하하!! 다 죽여라!!
와아아아!
그러나 그때, 북쪽과 동쪽에서 들려온 소식에 그는 당황할 것이다.
본토에서 반란이 일어났습니다!
유다도 독립을 요구하며 반란을…!
뭐야? 이것들이?!
반란을 제압하러 일부 병력은 본토로 돌아가야 합니다!

※에티오피아 : 이집트 남쪽에 있는 이집트의 동맹국. 이집트가 점령되자 안티오쿠스 4세에게 항복했다.
※리비아 : 이집트의 서북쪽에 있으며 오늘날도 리비아로 불린다.

그리하여 분노에 찬 그가 많은 사람을 죽이고 멸망시킬 것이다.
망할! 이집트 정복이 코앞인데!!
우당탕!
그는 바다와 영광스러운 거룩한 산 사이에 왕실 장막을 세울 것이다.
나는 예루살렘에 가서 유다의 반란을 막겠다.
전 본토로 가겠습니다!
하지만 그는 끝에 이르렀으니 그를 도와줄 사람이 없을 것이다.
내가 몹쓸 짓을 많이 해서 이렇게 이국땅에서 죽는구나.

※바다와 영광스러운 거룩한 산 : 지중해와 예루살렘의 시온 산을 가리킨다.

※유다를 멸절하려던 안티오쿠스 4세는 하나님의 진노에 의해 죽임을 당하게 된다.

12장 마지막 때

앞으로 세상이 끝날 때, 한 번도 경험한 적이 없던 어려움이 있을 것이다.
헉! 어떤 어려움요?

하지만 천사장 미가엘이 지켜줄 거야. 그러면, 책에 기록된 너의 백성은 모두 구원을 받게 돼.
쫄지 마! 나만 믿어.
후후
크르르르!

※책 : 하나님 나라에 들어갈 자들의 이름이 적혀있는 생명책. Link 2권 100p

그리고 흙 속에서 잠자던 많은 사람도 깨어날 거야.
우어어
크르르르
히익!
조…좀비?!
그중 어떤 자는 영원한 생명을 얻고, 어떤 자는 영원한 수치와 모욕을 받게 돼.
난 이쪽이야.
크흐흑!
하하하
흑! 난 이쪽.
천국
지옥

tip 흙 속에서 잠자던 사람

대환난이 끝나고 마지막 심판의 때에 죽었던 모든 사람이 부활해 하나님의 심판을 받게 된다는 예언이다. 이들은 심판을 통해 영원한 생명과 영원한 벌로 나뉘는 삶을 살게 되는데, 전자는 천국의 삶을, 후자는 지옥의 삶을 말한다.

지혜로운 자들과 사람들을 올바른 길로 인도한 자들은 별처럼 영원히 빛날 거야!
너는 마지막 때까지 이 말씀을 봉인해 은밀히 보관해라! 많은 사람이 이 지식을 얻으려고 할 것이다!
슥슥
아무리 왔다 갔다 해도 볼 수 없도록 하겠습니다.
그때, 강 양쪽 언덕에 두 사람이 있고, 강 위에는 모시옷을 입은 사람이 있었어.
이 놀라운 일들이 언제 이루어집니까?
!!

※지혜로운 자들 : 안티오쿠스 4세의 회유와 협박에도 굴하지 않고 오직 하나님만을 경외하며 율법을 지키고 가르친 지도자들.

모시옷을 입은 사람이 하늘을 향해 양손을 들고, 영원히 살아계신 분에게 맹세하며 말했지.
1년과 2년 반이 지나고, 거룩한 백성의 핍박이 끝날 때 모든 일이 이루어질 것이다.
아, 그렇군요.
??
그 말을 이해하지 못한 다니엘이 물어보았어.
천사님, 그 모든 일이 일어난 뒤에는 어떤 일이 일어납니까?
얘! 그건 대외비라 내 계급으로도 알 수 없는 거야.

※1년과 2년 반 : 그리스도의 재림 전에 있을 7년 대환난 Link 요한계시록 19장 19~21절 의 후반부 절반에 해당하는 3년 반을 말한다.

※매일 드리는 제사가 없어지고 흉측한 것이 성전에 세워진 뒤 : 안티오쿠스 4세가 제사를 금지하고 성전에 제우스 신상을 세운 일을 말한다. Link 6권 216p

다니엘아! 넌 네 길을 가라. 마지막 때까지, 그 말씀은 은밀하게 감추어질 것이다.
그럼 힌트라도 조금만 주시면…?
헤헤
됐고! 아무튼 많은 사람이 깨끗하게 단련될 거야. 그러나 악한 자들은 계속 악해질 거고, 오직 지혜로운 자들만 네가 본 환상을 이해하게 된다!
난 악인인가 봐! 이해를 못하겠어!
으악!
그건 머리가 나쁜 것뿐이야. 절망하지 마.
매일 드리는 제사가 없어지고, 흉측한 것이 성전에 세워진 뒤 1,290일이 지날 것이다. 그리고 1,335일이 지날 때까지, 참고 기다리는 사람은 복이 있을 것이다.
그건 더 절망이에요. 위로가 안 돼요!
팁을 좀 보든가.
크흐흑!
무슨 말씀이신 거지? 더 모르겠어!
난 영 존재감이 없네.

tip 모시옷을 입은 사람

천사들이 계시에 대해 물었던 것으로 보아, 모시옷을 입은 자는 하나님의 깊은 비밀을 아는 존재, 즉 예수 그리스도로 보인다. 다니엘이 질문하자 그의 길을 가라고 대답한 것은 다니엘이 반드시 알아야 할 것은 이미 충분히 알려주었다는 뜻이다. 그 이상의 비밀은 다니엘이 알아야 할 내용이 아니기 때문에 모시옷을 입은 사람은 더는 대답하지 않은 것이다.

※악한 자 : 하나님을 멸시하는 자.
※지혜로운 자 : 하나님을 경외하는 자.

다니엘아! 끝까지 네 길을 가라. 너는 죽겠지만, 마지막 때에 죽은 자들 가운데서 일어나 네게 돌아올 상을 받을 것이다.
도대체 난 왜 여기에 등장한 거지?
흑흑
크크, 단순하기는.
감사합니다!

tip 1,290일, 1,335일

이 기간이 정확히 무엇을 의미하는지는 알 수 없다. 학자들은 1,290일은 말세에 있을 적그리스도의 박해로부터 그리스도의 재림까지의 기간으로 보고, 1,335일은 적그리스도에 의해 극심한 고통을 받는 기간으로 추정한다.
다니엘은 바벨론 왕으로 느부갓네살 2세, 에윌므로닥, 네리글리살, 라바시 말둑, 나보니두스, 벨사살이 차례로 등극하는 동안 하나님을 향한 신앙을 지키면서 높은 지위에 있었다. 다니엘서를 기록한 뒤 다니엘의 행적이나 죽음에 대해서는 알려진 것은 없다.

※적그리스도 : 예수 그리스도를 대적할 악마를 가리킨다.

참고 도서 및 자료 목록

《개역개정 컬러성경》, 대한성서공회, 아가페, 2006.

《구약 이스라엘사》, 김희선, 총신대학교 출판부, 1981.

《구약 핸드북》, 길버트 비어스, 이윤기 옮김, 성서교재간행회, 1988.

《구약성경의 탐구》, 로버트 D. 브렌슨·짐 에들리 외, 박철우 옮김, 물가에 심은 나무, 2006.

《그랜드 종합 주석》, 성서원 편집부, 성서교재간행사, 1996.

《그림성경》, 아이브아 호스·앙드레 르블랑, 성서교재, 1987.

《그림으로 보는 세계 생활사》, 앤 밀라드·패트리샤 바나스·조지프 매큐언, 창해, 2007.

《더 바이블 맵》, 김주현·정영주, 디자인 토제, 2012.

《바이블 그림 탐정》, 피터 마틴·피터켄트, 권기대 옮김, 베가북스, 2012.

《바이블 문화코드》, 남병식, 생명의 말씀사, 2006.

《백투더 바이블》, 장종길, 그리심, 1996.

《성경의 맥을 잡아라》, 문봉주, 두란노, 2007.

《성경의 비밀을 푸는 생활풍습 이야기, 열린다 성경》, 류모세, 두란노, 2010.

《성막》, 강문호, 한국가능성계발원, 1993.

《성서 속의 도시 이야기》, 이원희, 민영사, 2006.

《성서사전》, 길버트 비어스, 권호덕 옮김, 성서교재간행회, 1988.

《성서이야기》, 편집부, 계몽사, 2011.

《성전》, 강문호, 한국가능성계발원, 1994.

《손에 잡히는 성경 지도》, 폴 라이트, 이용중 옮김, 부흥과개혁사, 2009.

《쉬운성경》, 아가페편집부, 아가페, 2005.

《신약 핸드북》, 길버트 비어스, 이윤기 옮김, 성서교재, 1986.

《아가페 성서 지도》, 요하난 아하로니·미카엘 아비요나, 문창수 옮김, 아가페, 1988.

《어? 성경이 읽혀지네》, 이애실, 성경방, 2005.

《에센스 명화 성경》, 이동진, 해누리, 2007.

《예수를 만나러 유럽에 간다》, 신동운, 스타북스, 2008.

《와! 성경이 살아 있다》, 데니스 존스, 성서유니온 선교회, 2007.

《우리들 성경》, 팻 알렉산더, 두란노, 1994.

《우리말 성경》, 두란노서원 성경출판팀, 두란노, 2007.

《위대한 바이블 연대기》, 토마스 로빈슨, 엄재호 옮김, 안국문화, 1993.

《헬라어직역신약성경》, 생명의말씀사 편집부, 말씀의집, 2010.

《황금의 집》, J. 로우, 황인출·오진관 옮김, 전도출판사, 1981.

《히브리어직역구약성경》, 생명의말씀사 편집부, 말씀의집, 2006.

<예수 그리스도 족보>, 기독교대백과사전편찬위원회, 기독교문사, 1993.